Coaching Across Cultures

コーチング・アクロス・カルチャーズ

国籍、業種、価値観の違いを超えて
結果を出すための7つの枠組み

フィリップ・ロジンスキー◉著
Philippe Rosinski
山内麻理◉監訳・翻訳

プレジデント社

COACHING ACROSS CULTURES

New Tools for Leveraging National, Corporate, and Professional Differences

はじめに

コーチングとインターカルチャリズム[1]は別の学問として存在してきたため、ポジティブな影響を与え合う機会を逸してきました。この10年間プロのコーチとして働き、自ら異文化の中で生活した体験から、これら2つの領域を体系的に統合したいと思うようになりました。この試みを行う中で、パートナーである顧客の皆さまの革新的な経験、洞察から大いに学ばせていただきました。国際会議[2]の参加者からも得るものがありました。私の目標は、コーチングとインターカルチャリズムの架け橋となり、その両方を職業とする人たちに貢献することです。

私は本書を皆さま一人ひとりのために執筆しました。つまり、コーチ、企業の幹部や管理職、コーチになる意欲を持つあらゆる社員、そして自らのコンサルテイングと研修にコーチングの技能を追加したいと願うインターカルチャリストたちです。私が想像するに、皆さま一人ひとりが、人間の潜在能力を最大限に活用するために、自分を含む人々に援助の手を差し伸べたいと共通に思っていらっしゃるのではないでしょうか。最高のパフォーマンスを維持し続けるために、必要不可欠な真のコミットメントを養成したいと望んでいらっしゃるのではないでしょうか。チームと組織の繁栄に向けての努力に一役買いたいのではないでしょうか。あなたは、仕事上の成功を願いつつ、その一方で世界をより良い場所にするために役立ちたいと望んでいらっしゃることと思います。

本書は文化的特性をどのようにコーチングに組み込むか、また、異文化研修にコーチングのスキルをどのように統合するかについて書いています。あなたが、文化の違いに最も生産的に対応できるよう導くものです。皆さまは、異なる文化的見地を最大限に利用することで、いかにコーチングがより多くの人間の潜在能力を活用し、さらなる成功を可能にするか発見されるでしょう。また、もしあなたがインターカルチャリストであれば、第1章にあるコーチングの理論や実践について学ぶことで、ご自分の研究にそれらのプロセスを組み込むことができるでしょう。

日本語版出版に向けて

本書が、10番目の翻訳出版として日本語で紹介されることを心から嬉しく思います。本書は、2003年に英語版で出版されて以来、フランス語、スペイン語、ロシア語、中国語など、すでに9つの主要言語で紹介されています。また、日本語版に続いて他にも多くの翻訳出版が検討されています。

その間、国境を越えた人や企業の移動はますます盛んになり、異なる文化的背景を持つ人々が一緒に行動することは、職場や教育の現場だけでなく、多くの人々の日常生活において今や当たり前のこととなりつつあります。つまり、好むと好まざるにかかわらず、自分の世界に閉じこもって生きることは、もはや現実的な選択肢ではなくなったのです。

コーチング・アクロス・カルチャーズが最初に多くの人々の前に披露されたのは、1999年にロンドンで開催されたリンケージ・ヨーロッパ・コーチング・メンタリング・コンファレンスの席上でした。リンケージ・ヨーロッパ・コーチング・メンタリング・コンファレンスは、当時、コーチングやリーダーシップの分野においてヨーロッパで最も影響力のあった国際会議です。そこで、リーダーシップ論の権威であるケネス・ブランチャードや、国際コーチ連盟初代会長のシェリル・リチャードソンらとともに登壇した著者が文化の視点をコーチングに取り入れることの重要性を強調し、多くの企業関係者やコンサルタント、プロコーチらから注目を集めました。その後、本書の主張は各方面から共感を集め、2003年にブタペストで開催された異文化コミュニケーション学会（ＳＩＥＴＡＲ）年次総会など国際会議の基調講演として取り上げられるとともに、ニューヨーク、ロンドンをはじめとする欧米の主要都市、さらに上海、香港、ブエノスアイレス、シドニー、カサブランカなど主要大陸のすべてにまたがる世界各地のセミナー、ワークショップ、講演会で紹介されてきました。

２０１３年にワシントンＤＣで開催された国際コーチ連盟（ICF：International Coach Federation）総会は、ＩＣＦがコーチングにおける文化のコンピテンスを初めて主要テーマとして取り組んだ大会です。このコンファレンスでも、著者は会場のボランティアをコーチーとして、参加者全員の前でコーチング・アクロス・カルチャーズの実演を行っております。また、本会議前のプレコンファレンスでは、本書の第Ⅱ部で紹介する文化的志向性の枠組み（COF：Cultural Orientation Framework）をウェビナー（ウェブ上で行うセミナー）で提供しました。直近では、２０１４年5月に開催された世界最大のエグゼクティブコーチのオンラインコンファレンス（WBECS：World Business and Executive Coach Summit）で、Coaching Across Cultures：Leveraging Cultural Differences for Creativity, Unity and Purpose と題するプレゼンテーションを行い、参加者の多くから好評を博しております。

ＣＯＦは、権力と責任、時間管理、思考様式、コミュニケーション様式など、私たちの日常生活や職場で課題となる7つの文化的特性を包含する理論的で体系的な枠組みです。7つの領域にわたる17の文化的志向性の両極にある文化の長所や短所を理解し、文化の選択肢を広げることで、国籍、業種、価値観の違いを超えて、組織やチームのメンバーをより好ましい方向に向けるために役立つ実践的なアセスメントツールでもあります。ＣＯＦは２００６年にウェブ上でも公開され、サイトにアクセスした数千人がこれまでこのツールを利用してご自身の、あるいは自分が所属する組織の文化的特徴を測定しています。また、これまでに300人以上のプロコーチ、コンサルタント、企業関係者がCOFの認定トレーニングを修了しており、彼らを通じたアセスメントや研修が世界中の企業や公的な国際機関などにおいて活用されてきております。

ダニエル・ゴールマンが主張する通り、コーチングは組織における重要なリーダーシップスキルの一つです。欧米企業のエグゼクティブたちは、後継者やハイポテンシャル人材の効果的育成のために、自らのコーチングスキルの向上に努めてきました。とりわけ、国境を越えて活動する多国籍企業の幹部にとって、チームの多様性を活用し、より創造的でインクルーシブな職場環境を醸成することは、多様性の中に調和をもたらし、組織の共通目標を達成させるうえで不可欠な能力です。企業合併や買収における組織文化の融合、さらに、変革マネジメントにおける企業文化の転換や強化のプロセスにおいても、文化の違いを敏感に察し、それらの長所を取り入れ、組織の強みに転換させる能力は、今や経営者や組織の管理職にとって最も重要なコンピテンスとなりつつあります。そのような能力を身につけるためには、まず文化を表現する言葉や定義を理解することから始める必要があります。それは、テニスを知らない人にはトップスピンもバックスピンも区別がつかないのと同じように、文化を語る言葉や物差しを知らなければ、違いを活用するどころか、それらを把握することさえ困難だからです。

COFは国文化や組織文化に関する偉大な先駆者の先行研究を基に、コーチングやビジネスの現場における実際の経験を取り入れながら編み出された文化的志向性の枠組みです。本書では第3章の「文化のギャップを埋める」で総括し、続く第4章から第10章でそれぞれのディメンションについて詳細に触れています。各章の実例や演習、巻末のコーチングツールなどを活用し、国籍、業種、価値観の違いを超えて、結果を出すチームや組織を育てるために役立てていただければ幸いです。

現在、日本ではこれまでにない勢いで、ダイバーシティマネジメントやグローバル経営の重要性が謳われているようです。これまでの日本は、同質な国民性がもたらす効率性や安定性が強みであり、日本企業独特のイノベーションや日本国民の礼儀正しさなどはしばしば世界から賞賛されてきました。それについてはここで詳細に触れませんが、おそらく、そのような長所の裏返しは、文化的多様性に対する低い理解やナイーブさであり、日本がこれから向かうダイバーシティへの旅は、もしかしたら、困難と苦痛を伴うものなのかもしれません。いくつかの実証研究に従えば、現在議論されている外国人や女性の登用など従業員構成の変化や多様化は、（分野にもよりますが）残念ながら、すぐさま業績に繋がるものではないかもしれません。むしろ、多様な人材がもたらす異文化のぶつかり合い、組織の混沌などを通じて、日本の友人の多くは、異なる文化をマネージすることの大変さを、初めて痛感するきっかけとなるのかもしれません。でも心配は無用です。欧米においても、多様性を好業績に繋げることができる経営者や管理職の数はまだまだ限られているのが実情です。彼らもまた学習中なのです。

私たちは、本書を通じて、日本の読者が、より多くの新しい気付きや多様な考え方に接し、文化における複数の選択肢を認識することで文化のコンピテンスを向上させ、世界のさまざまな場面でリーダーシップを発揮されることを願っています。付録で紹介するグローバルスコアカードで説明するように、コーチング・アクロス・カルチャーズの発想は4つの次元で活用できます。すなわち、個人、チーム（家族や友人など）、組織、そして社会やコミュニティの豊かさの源泉になりえるということです。チームや組織、あるいは個人、社会にとって、最適な文化は1つとは限りません。その時々の状況によって望ましい文化が異なることもあるでしょう。また私たちは、ある国の出身であると同時に、ある組織やチームの一員でもあり、さまざまな文化的環境の中で生活しています。文化の選択肢を広げ、それぞれの良いところを融合することで、個人としてより豊かな生活を送ることができると同時に、組織の業績、社会の平和や発展に、より貢献できるようになれば素晴らしいことです。

本書では、ソリューションビジネスを促進するために企業文化を大転換させたＩＢＭの変革マネジメント、当時世界最大級のＭ＆Ａといわれた、企業文化の異なるベストフーズの買収を成功させたユニリーバのグローバル展開、ビジネススクール出身のＭＢＡとイギリスの公的医療制度（ＮＨＳ）出身の看護師の間に存在する異なる職業文化の融合に成功したバクスターの例など、文化の違いを克服し多様性を糧に好業績を達成した企業のエグゼクティブたちに、コーチとして関わった著者の豊富な経験が紹介されています。バクスターのケースは、スローン・マネジメントレビューで大々的に取り上げられ、本書はハーバード・ビジネススクールのリーダーシップ部門で推薦図書としても指定されました。そのような経緯から、本書は企業関係者やコンサルタントだけでなく、多くの教育機関でも紹介されてきております。日本では、２００８年からビジネス・ブレークスルー大学大学院（ＢＢＴ）で、私たちが作成した講義が日本の受講生に公開されております。

本書の日本語版出版において、何人かの方々に感謝の意をお伝えしたいと思います。まず、ダイバーシティマネジメントや文化を超えたリーダーシップの重要性をいち早く授業に採用してくださったビジネス・ブレークスルー大学大学院、および学長の大前研一氏に感謝いたします。監訳・訳者の推薦がきっかけで7年前に始まったこの講義は、その後、日本の受講生から大変な好評を博しております。講義の実施においては、桜井敬子さんからご協力をいただきました。本書の翻訳に際しては、和気香子さん、池田宗人さんから貴重なアドバイスをいただきました。３人とも金融機関や会計事務所などに勤務ののち、プロのコーチやコンサルタントとして活躍されています。部分担当を引き受けていただいた林俊宏さんと比留間進さんのお二人にも感謝いたします。

最後に、経営理論だけでなく、心理学、歴史、哲学、物理学など幅広い文献を活用した本書に対してタイムリーに出版の機会を与えてくださったプレジデント社書籍編集部の桂木栄一さん、中嶋愛さん、わかりやすい本に仕上げてくださった中島万寿代さんに心からお礼を申し上げたいと思います。本書を通じて「多様性を活用する」ことのより具体的な意味や効果が日本の読者に伝われば大変嬉しく思います。

2015年冬

著者　フィリップ・ロジンスキー

日本語版プロデューサー兼監訳・訳者　山内麻理

Coaching Across Cultures

コーチング・アクロス・カルチャーズ

目次

Introduction 文化を超えたコーチング――18

Part I　Coaching and Culture

I　コーチングと文化

Chapter 1　The Recent Discipline of Coaching

1　最近のコーチングに求められるもの

28

Chapter 2 Integrating the Cultural Dimension

2 文化的特性を統合する

Chapter 10 How to Leverage Modes of Thinking

10 思考様式をどう活用するか

Introduction

文化を超えたコーチング

組織内で、コーチングがプロフェッショナルなものとして捉えられるようになったのは、ごく最近のことです。コーチングはアメリカで誕生し、その後、リーダーシップの重要なプラクティスになるとともに独立した職業となり、今や多くの指導者がコーチングをレパートリーに加える意義を認識し始めています。

コーチは人々に命令するのではなく、ファシリテーター（援助者）として振舞います。また、コーチは現在発揮している能力よりも潜在的に多くの能力を、人々が持っていると考えます。優秀なコーチが、自分がコーチするスポーツ選手を優勝に導くように、コーチは人々の潜在能力を解き放つためのお手伝いをします。

現代の企業や組織は熾烈な競争と変化する環境に直面し、より少ない資源で、より多くの成果を上げざるをえない状況となっています。また、予期せぬ挑戦に立ち向かい、新しい機会をつかむために、創造性と柔軟性をも必要としています。企業には、もはや人材を無駄にする余裕はありません。むしろ企業は、最適な人材にとって魅力的な存在となる努力を払いつつも人材を育成し、上手く配置する必要に迫られています。

ごく最近まで、コーチは常識やコミュニケーションテクニック、行動心理学、エモーショナルインテリジェンス等の心理的手法に依存してきました。しかし、激変するグローバル環境がもたらす大きな挑戦に対応するためには、このような手法だけでは不十分となりつつあります。伝統的なコーチングでは1つの世界観、つまりはアメリカ的、またはある程度西欧的なものが普遍的に通用すると仮定していましたが、今や文化がその方程式の一部とならざるをえなくなったのです。

文化という言葉からは、イギリス文化やフランス文化等、国別の文化を想起させます。しかし、本書ではさまざまな種類の文化の集団を視野に入れていることを、まず明確にしておきます。国以外で共通しているものとしては、ユニリーバやベストフーズ等の企業文化、アーティストや先生、教授、技術者、管理者等の職業文化等です。つまり本書は、国際的という意味で文化を跨ぐ仕事に従事している方だけでなく、異なる組織やバックグラウンドの人たちと働くすべての人のために書かれたものなのです。

したがって、たとえば特定の国家や組織、職業の文化的特性を描写するというよりも、実際にはコミュニケーション方法の選択肢といった文化的視点や、それらから何を学ぶことができるかということに言及します。

文化的特性を統合することによって、コーチは有意義な目標を達成するために人々が持つ潜在能力を解き放ちます。同様に、コーチングによる豊かさを享受することで、異文化に直面するプロフェッショナルは、人々が世界を見る目を広げ、異文化間の溝を埋め、異文化に関わる仕事を成功させる可能性を高めるでしょう。

インターカルチュラル・アプローチ

定義については第2章で触れますが、文化は集団現象です。1つの集団の文化は固有の特性を表現しますが、それらの中には根底にある規範、価値、信念とともに、観察しうるさまざまな行動を含みます。たとえば、ドイツ人はコミュニケーションの仕方が直接的です。誤解を避けるためにいえば、彼らは自分が意図する通り発言し、発言する通り意図していることが望ましいと考えています。これは時に攻撃的と受け止められることがあります。対照的に、日本人は間接的なコミュニケーションを発達させてきました。彼らは和を保ち、「顔を立てる」ことが重要だと信じています。こちらはこちらで、自信や確信のなさと誤解されることがあります。

あなたがコーチングを利用している管理職であろうと、プロのコーチであろうと、誰かをコーチしていようと、自分自身をコーチしていようと、コミュニケーションにおいてこのような文化的要素を無視することはできません。さらにコミュニケーション以外でも、文化は時間に対する考え方、思考、自分自身の考えの整理、目的の定義、権力との関わり方等、人々のあらゆる活動に影響力を持っています。

本書はあなたがさまざまな活動に従事する際、自分自身の文化的志向性をより自覚することができるように書かれています。あなたは自分の文化的志向性が、いかにあなたのコーチングに影響しているかに気付くことでしょう。また、自分と関わる人たちやあなたのコーチ（または顧客）と、彼らのマネジャーたちとの各々の文化的差異を正確に表現する語彙を習得できるでしょう。もし、あなたがインターカルチュラリストであれば、文化的志向性について、あなたが慣れ親しんだものと異なる解釈の仕方を学ぶことでしょう。本書は、あなたの認識を高めるに留まらず、それらの違いをいかに建設的に活用するかを示唆します。このような能力は、現在のようにますますグローバル化する社会においては極めて重要な能力といえます。

コーチング・アクロス・カルチャーズ――創造的アプローチ

しかし本書は、文化の違いに建設的に取り組むテクニックだけを述べたものではありません。本書の本質は、より創造的なコーチングの形態にあります。伝統的なコーチングがあなた自身の文化的規範、価値観、想定といった限界の中でしか機能しないのに対し、コーチング・アクロス・カルチャーズは、既存の枠を飛び越えた創造的な解決策を見出すために、あなたの文化的想定に挑戦して、これまでの限界を超えさせるものです。

コーチングは人々が潜在能力を引き出すための手伝いをするものです。したがって、コーチング・アクロス・カルチャーズによってさまざまな世界観に触れることにより、あなたは選択肢のレパートリーを広げ、それによってさらに多くの潜在能力を引き出すことができるでしょう。ですが、コーチング・アクロス・カルチャーズを新しいコーチングの専門分野と見なすべきではありません。コーチング・アクロス・カルチャーズはどちらかといえば「パラダイムシフト」であり、多くの人々が今日に至るまでに実践してきたことを拡大したものです。

私は、本書で、重要な人間の活動において、さまざまな文化的志向を体系的に活用するために役立つさまざまなアイデアや枠組み、ツール、事例を提供するよう尽力しました。コーチング・アクロス・カルチャーズは、皆さんが文化的志向性の枠組みを活用しながらより広範な見解を持ち、グローバルな様式で成功を明確に定義し、その枠組みから得られるさまざまな文化的視点に立った教訓を適用し、成功を達成するための手助けとなるでしょう。また、コーチング・アクロス・カルチャーズは、私たちの国際的かつ多様な文化を持つ社会において、1つの前向きかつ不可避なコーチングの進化であり、結果的に主流となる運命にあります。

皆さんがこの本を読み終える頃には、

- コーチングと異文化の概念に関する知見を深め、
- コーチングに文化的視点を統合する体系的な枠組み（文化的志向性の枠組み）を習得し、
- 企業や組織の中、あるいは異なる国の文化を超える際に考慮すべきさまざまな文化的志向性を学び、
- 異文化間で効果的に機能する、内製化された異文化間発展モデルを手にし、
- 個人やチームが高い成果と高い充足感を、容易に達成するための3段階のプロセス（グローバルコーチングプロセス）▼1に精通し、
- 自分自身を労わり、関係を育み、社会全体に奉仕することを奨励しながら、事業における成功を促進する目的の立て方を学習し、
- コーチングの効果を最大限に発揮するために、文化の違いを活用する異文化モデルの最終ステップを適用することができるようになるでしょう。

第2章で詳細に説明しますが、文化の違いを活用するという概念は、多様な文化的視点の中に存在する豊かさを最大限に活用することを意味します。異文化を積極的に取り入れることにより、コーチングと多文化主義が融合するのです。

文化の違いを利用することを学習することで、ユニリーバ、チャブ保険、バクスター、IBM等それぞれの組織のベスト・プラクティスを読み取ることができるようになるでしょう。私の経験はほぼすべてが多国籍企業におけるもので、大部分の事例は国境を越えて存在する組織から得たものです。しかし、本書で提示する多くの文化的志向性は、組織や企業の内部においても有効なものです。

本書のロードマップ

本節では、各パートであなたが何を見出すかを要約すると同時に、コーチング・アクロス・カルチャーズの構成について概略します。

第I部「コーチングと文化」では本書の基礎を解説します。コーチングの概念と実践については第1章で、文化についてはコーチングとの結び付きに重点を置きつつ第2章で紹介します。

第II部「文化の違いを活用する」では、普遍的な課題とこれに対する回答を文化的志向性の形で表現します。第3章「文化的志向性の枠組み」は、コーチにとって実践的な重要性を持つ7つのカテゴリーと17の文化的ディメンションからなるモデルを紹介します。このモデルによって自分自身の文化的志向性が何たるかを評価するのを手助けするとともに、あなたが接する個人、チーム、組織間の具体的な相違点を識別するうえで役立つでしょう。

次の7つの章は各々1つのカテゴリーに焦点を当てています。

●権力と責任に関する意識
●時間管理のアプローチ
●アイデンティティと目標に関する定義
●組織の編成
●領域と境界に関する概念
●コミュニケーション様式
●思考様式

ここではさまざまな文化的志向性が紹介されています。これらを利用することで、あなたはあなたが直面する課題に効果的に取り組むための方法を見出すことができるでしょう。そしてコーチーが、それらに取り組むための手助けともなるでしょう。さらに、具体的な状況において、文化の違いを最大限に活用するために一連のコーチテクニックとモデルを提示します。

本書から期待すべきでないもの

まず、私は読者の皆さんが、この本から貴重な識見、視野、そして枠組みを見出してくれることを望みます。しかしながら、本ではコーチを代用することはできません。また、著者としてコーチングについて記述することはできますが、本によってコーチを行うことはできません。コーチとして働くとき、私は1人の人間、あるいは1つのチームを担当し、彼らが独自のジャーニーに出るお手伝いをします。直観や経験を基に、その特定の状況に最もふさわしいと思われるものを提供し（第1章）、それをタイムリーに行います。したがって私の目的は、あなたをコーチするというよりも、あなたが自分自身や他人をより効果的にコーチするのに役立つと私が信じることをシェアすることです。

第二に、たとえば「グローバル」のような私の使っているいくつかの言葉が非現実的な目標を求めているという印象を与えるかもしれませんが、それは私が意図するところではありません。グローバルコーチ、すなわち異文化を超えて有益に機能することができるコーチという言葉は、決して完璧であることを意味しているわけではありません。いったい誰に、すべての文化の違いを活用することができるでしょうか？　また、いったい誰が、グローバルな能力を持つことができるでしょうか？　絶対的な意味でのグローバルコーチは存在しません。この本が理想郷をもたらすというのは非常に僭越です。

私の目的はもっと控えめです。文化の違いが活用され、人間の潜在能力を最大限に解き放ち、より良い世界を育む目的地を提示することにより、私は進歩を信じ、それを実現するためのジャーニーに乗り出すことを薦めているだけです。すべての前進は重要です。あなたのコミットメントこそが、あなたをグローバルコーチにするのです。

第三に、私は、社員が文化の違いを受け入れ、それらを最大限に活用しているような、本当の意味でのインターカルチュラルな社会や企業を未だに見たことがありません。私の知る限りにおいて、そのような存在は未だに実現されていないのです。しかしながら本書では、私たちが学ぶことができる、励みになる体験やベストプラクティスについて触れています。

第四にコーチング・アクロス・カルチャーズは豊かさの源泉です、しかし、豊かさには犠牲がつきものです。自分の共同社会や「ゲットー」の中に留まることはより快適で安心ですが、別の世界観を探索し、異なる文化の人々と交われば、挑戦を受けたと感じたり、ストレスを感じたりするでしょう。あなたは新しい領域を冒険しているのです。視野を広げることが容易だと誰が言ったのでしょうか？　だからこそ、あなたのジャーニーをコーチの慈愛に満ちた存在と支援ネットワークがお手伝いするのです。より豊かな未来が約束されていることや学ぶことの興奮が、あなたがその道程で直面する障害を受け入れ、それに打ち勝つために役立つのです。

最後に、いくつかの点については取り組むことができませんでした。私はコーチングやインターカルチャリズムを相互に豊かにするための基盤を示そうとしています。これは私たちの現在のパラダイムから距離を置くことを意味します。私が説明する原則は、この段階ではまだ顔を出しているだけです。あなたの創造力が、それに生命を授けるために役立つでしょう。しかしながら、私は自分自身がコーチであるゆえに、コーチとは行動志向であり、単に概念を頭で知るだけでは満足できないものと認識しています。読者の皆さんは、あなた方が使えるさまざまなアイデアやツールを発見するでしょう。読者のうち何人かは、自分が活用しきれないくらいの情報があることに気付くことでしょう。また、他の読者は、より多くのツールを必要としているかもしれません。私は、本書を書くにあたっていくつかの選択をしなければなりませんでしたし、依然として勉強しなければならないこともたくさんありました。皆さんに最も有益であると私が考えることをシェアして、適切なバランスを見つけるために、最善の努力を払いました。「コーチング・アクロス・カルチャーズ」によって、読者の皆さんが潜在能力をさらに発揮し、文化の違いを活用し、グローバルな成功を促進するよう、勇気付けることができれば幸いです。

Part I

Coaching and Culture

コーチングと文化

Chapter 1

The Recent Discipline of Coaching

最近のコーチングに求められるもの

コーチングは実践的な人間中心主義です。コーチングは、幸福と目標の達成を重視し、セルフケア（自己管理）、生活の質、人間の成長を重視します。私はこれを「存在」に関わる面と呼んでいます。その一方でコーチングは、良いパフォーマンスをもたらす方法と、結果をもたらすリーダーシップでもあります。私はこれを「行動」に関わる面と呼びます。言い換えれば「幸福な存在（well-being）」は重要であり、人格の成長は結果を得るための最良の手段です（「存在すること（being）」と「行動すること（doing）」に関しては第6章を参照）。

ただし、セルフケアを強調することと利己的になることを混同しないでください。自分自身の要望や夢を大切にできるようになると、コーチを受ける人（「コーチー」という）は、おそらくコーチングのおかげでエネルギーレベルが向上し、情熱と結び付け、仲間に奉仕する能力を高めることができます。

コーチは人々が直面する具体的な課題、つまりいかにして自分の時間を最大限に活用できるか、指導力とコミュニケーション力を向上できるか、野心的な仕事上の目標を達成できるか、より良い生活のバランスを維持するか、感情を理解し利用できるか、創造力に富んだ発想を展開できるか、有害なストレスを克服できるか、建設的関係を構築できるか等に対する実践的解決を見出すのに役立ちます。

根本的には、コーチはコーチーが一歩下がって大局を把握し、自分が真に欲する生活を築き、すなわち彼らが望んでいる未来を設計する手助けをします。生活の質と生産性は、両方とも自分自身の熱意ややる気を尊重し、それらを発展させるジャーニーに出発するときに達成できるものです。さらに、優れたコーチは、コーチーが自分の願望を尊重しつつ、顧客や同僚および社会に奉仕するために創造的な方法を見出す手助けをします。

コーチは、具体的な効果と目に見える結果を目標とし、最高のパフォーマンスが実現できるよう努めます。最も優秀なスポーツ選手は長期にわたって、コーチとともに訓練します。ピート・サンプラスは優れたコーチングがなければ、ウィンブルドンで7回も王冠を手にし、14回のグランドスラム優勝という記録を打ち立てることはなかったでしょう。今日、急速に変化する厳しい競争社会において、スポーツ選手のみならず、すべての職業人に対する要求水準は高まる一方です。特に管理職は、優秀なスポーツ選手と同様に、奇跡に近い成果を達成することが求められています。この目的のために、自分自身の才能をより一層発揮できるよう、コーチを用いる機会はますます増加しています。彼らコーチーは、自分の部下が潜在能力を引き出せるよう、自分自身がコーチになることもあります。

コーチングは、実際にリーダーシップの重要な構成要素となりました。ＩＢＭの元会長、ルイス・ガースナーは１９９８年にこう述べています。「過去においては、マネジャーは数字を達成し、取引をまとめれば十分だったかもしれない。今日、ＩＢＭにおけるリーダーシップの定義はそれよりも広範囲だ。君たちはプログラムやプロジェクトを指揮するだけでなく、社員を指導し、チームを築き、コーチし、高いパフォーマンスを達成する文化を創造する仕事に就いているのだ」[1]

本書に記述した企業を含む多くのエクセレントカンパニーが、コーチングを利用していることは当然といえるでしょう。これらの企業では、コーチングは管理職にとって重要なリーダーシップ能力の一つと考えられているのです。

コーチングとは？

私は、コーチングを「有意義で重要な目的を達成するために、人々の潜在能力を解き放つことを容易にする技術」と定義しています。この定義の鍵となる要素がコーチングの本質を構成します。[2] 最初に目的から説明します。

①目的

コーチングは具体的な影響と結果を志向するものです。つまり、コーチングは目的を明確に認識し、それを達成する手助けをすることでもあります。コーチングの焦点は、コーチーの現在の生活と将来の計画に向けられます。

②「有意義かつ重要な」の意味

コーチングは、コーチーを本当の意味で積極的にコミットさせることを目的とします。コーチーの真のコミットメントを創出させるには、目的を不自然な形で強制したり、「売りつけたり」するのではなく、コーチーの内面にある動機や価値感と共鳴させる必要があります。コーチは、行動計画の立案を手伝う前に、コーチーにとって何が具体的に重要で、何が彼らの人生を真に有意義で楽しめるものにするかを見極める手助けをします。コーチは、コーチーが自分に奉仕できるようになることに加え、他人に奉仕し、さらに顧客、従業員、株主、社会といったさまざまな利害関係者（ステークホルダー）に奉仕する際に、具体的な目的を追求できるよう手助けをします。[▼3]

③潜在能力

コーチは、人々が現在発揮している能力以上の潜在能力を有すると強く確信しています。特に偉大なコーチは、その潜在能力の可能性について何らかのビジョンを持っています。しかし、より重要なことは、人々が自分の潜在能力を発見し、伸ばし、実現するうえで障害となることに打ち勝つための技能を習得することに専心することです。

④ファシリテーティング

コーチングは、コーチがコーチー自ら解決策を見出し、新しい機会を発見し、行動に移すことを可能にする、相互作用的で発展的なプロセスです。

⑤相手

コーチングは個人やチームに適用できます。後者の場合、コーチは2つの段階で機能します。つまり、チームの相乗効果（シナジー：個人の貢献の総和より全体として多くの成果を上げる）を達成するために役立つこと、そして各チームメンバーがそれぞれの目標に到達するための手助けをすることです。偉大なコーチは、チーム全体にとってウィン‐ウィンの解決策を追求します。つまり、チームと個人のニーズが交わる地点に存在する機会を追求するのです。[4]

⑥芸術

コーチングは、与えられた状況下で効果的なアプローチを選択し、技術的なツールやモデル、特定の課題に対応する見方を創造的に組み合わせ、コーチーのニーズに対応する創造的なプロセスをつくり出す芸術といえます。優れたコーチングを行うためには、技術の習得だけでは不十分です。コーチングは本質的に真実を反映する必要があり、自動的、表面的には実行できません。直観と統合された知性[5]が、偉大なコーチの重要な能力です。

コーチング、メンタリング、セラピー、コンサルティング、ティーチング

メンタリング　リーダーはコーチとして振舞うことができますが、この役割はしばしばメンタリングと混同されているようです。コーチは、ファシリテーターとして行動しますが、メンターはアドバイスや専門家としての提案を行います。コーチは耳を傾け、問いかけ、コーチーに自分自身にとって何が正しいかを見出させます。一方、メンターは自らの個人的経験を、それがメンティー（弟子）にとっても有意

義であると仮定し、語りかけます。コーチは、コーチーが自分自身を支援するためのネットワークを構築するのに役立つ枠組みを提供します。メンターは扉を開き、メンティーが重要な人々と接触する機会をつくります。経験を積むうちに、どのような指導者もメンターとして振舞い、アドバイスや救いの手を差し伸べることができるようになるでしょう。しかし、コーチになるためには、さらに人の気持ちを理解する力と技能が必要となります。メンターは、コーチの仕方、特にどう当事者意識（オーナーシップ）と自己責任を築くかを学習することで、メンティーの利益になるよう自らの経験をより効果的に活用することができます。

セラピー　セラピーは、通常過去の心の傷を癒すことを目的とします（コーチングを補完する場合もある）。一方、コーチングは過去に起因する障害を突き止めるために活用されることもありますが、あくまでも現在の課題に立ち向かうための新しいアイデア、リソース、選択肢を提供する目的で行われます。コーチングにおける会話は、「なぜ」（過去）よりは、「何を」「どのように」（現在）です。[▼6]

コンサルティング　コーチングはプロセスを重視するという点で、伝統的なコンサルティングが解決策を処方することとも異なります。コーチングを使う根拠は、コーチーがより多くのものを身につけ、当事者意識、そして究極的には自信や満足感、遂行能力を高めるためです。専門家の知識を追加することが望ましい場合、コンサルティングはコーチングを補完できるでしょう。

ティーチング　コーチングはコーチーの願望や課題から始まります。一方、ティーチングでは、生徒が自分の状況に適用する必要性のある「カリキュラム」が中心となります。

基本的な見方

本書ではさまざまなコーチングの手法を紹介します。本書では取り上げませんでしたが、それら以外にも、非常に素晴らしい手法やモデルがあります。私がお薦めするのは、コーチングについて数多くの基礎と手法を提案したリチャード・キルバーグ[▼7]とフレデリック・ハドソン[▼8]です。フレデリック・ハドソンは、大人の成長に関する心理学的、社会学的学説をコーチングの理論的な根拠としました。また、リチャード・キルバーグは、著作でクーパーライダーのＡＩ（Appreciative Inquiry：最高の瞬間）を含むいくつかのコーチング手法について触れています。

ここでは、いくつかの基本的なコーチングの見方について概観、評論したいと思います。コーチングは高度なコミュニケーション方式です。そのために、コーチングに関する技能を向上させるには、まずコミュニケーション能力を身につける必要があります。そのためのモデルとして、私は交流分析（ＴＡ）やニューロリングィスティック・プログラミング（ＮＬＰ：神経言語プログラミング）をお薦めします。これらのモデルは以前から知られており、コーチングの基礎として未だに重要性を失っていませんが、残念ながら見逃がされがちです。コーチングにおいては、これらのモデルそのものではありませんが、実際の状況においてこのような理論的観点を活用するための能力が重要となります。

ここでは、交流分析から得た、自分をどう見るか、他人をどう見るか、そしてその影響についての洞察を紹介します。このモデルは、コーチが自ら開発することを必要とする心のあり方（マインドセット）を説明するもので、破壊的で非効率なコミュニケーション戦略を建設的で豊かにするために役立ちます。

そして、それは文化の垣根を超えて作用します。

私たちは状況にかかわらず、「OK」（自身）－「OK」（他人）というマインドセットを選択できます。つまり、自分を信じ他人を信じる意向を持つことです。「OK」とは、尊敬に値し、前向きな意図を持ち、良い結果を生み出せる人物に対して私たちの持つイメージです。ただし、「OK」とは欠陥がないことを意味するわけではありません。この心構えを持っていれば、自然に建設的なコミュニケーションと行動ができ、より豊かで生産的な関係を構築することができるでしょう。

重要な点は「OK－OK」は主観的な選択であり、「客観的な」事実から独立したものだということです。論理的には、他の心の組み合わせ（OK－not OK、not OK－OK、not OK－not OK）をつくることもできます。たとえば、あなたが誰かを信用できない場合（OK－not OK）、彼らを疎外するか、彼らの自信を低下させることになるでしょう。彼らのコミットメントが欠如したり、結果が良くなかったりすると、当初の確信が証明されたと解釈して、悪循環が助長されます。コーチは、有言実行的な予言も前向きに作用するという理由から「OK－OK」の見方を好みます。あなたが自分自身も他人も信頼する場合、尊敬、建設的な態度、創造性という好循環が可能になります。

他方、文化は依然としてコーチングの一部に取り込まれていません。第2章においては、コミュニケーションの文化的特性について探求し、それがコーチングにどのように統合されるかを議論します。

コーチングのプロセス

典型的なコーチングのプロセス[9]には3つのステップがあり、それらはいくつかの重要なコーチングの特

ことです。

徴を備えています。具体的には、「評価を行う」「目標を明確化する」、そして「目標へ向かって前進する」

評価を行う　まず、コーチーが体系的に自らの願望を探し出し、それを尊重するように仕向けます。願望はエネルギーと情熱を宿す、不可欠なものです。何かをしたいと欲することと、何かをしなければならないと思うことの違いを考えてみてください。哲学者のアンドレ・コント＝スポンヴィルが指摘した通り、「愛情があるとき、人々は義務だと感じない」のです。そうはいっても、評価は、コーチーが他人に奉仕する機会について吟味する機会でもあります。したがって評価は、さまざまな利害関係者の期待やフィードバックを含みます。

評価段階では、コーチーに、外部の現実とその内面的な描写の間に無意識のうちに存在する「心のフィルター」を認識させることがよくあります。光学レンズが、写真の形や色を変えることができるように、心のフィルターは客観的な現実とは異なる独自の主観的な見方を映し出します。伝統的なコーチングでは、心理的フィルターを発見することに焦点が当てられます。たとえば、マイヤーズ・ブリッグス型の指標では、心理的選好という形で現れるバイアスについて、具体的な例を示して説明しています。

一方、コーチング・アクロス・カルチャーズでは、心理的なフィルターだけでなく、伝統的なコーチングにおいて不幸にも無視されがちな文化のフィルターについても考えるきっかけをつくります。第II部に示した「文化的志向性の枠組み」は、国籍、職業によって影響を受ける個人的な文化的志向を決定し、文化のプロフィール（人物像）を確立します。コーチーの第一歩は、これらのフィルターを認識・理解し、それがどう人物や事象に関する私たちの認識に影響を及ぼすかを理解することから始まります。そうすれば、彼らはこれらのフィルターを意識的に変更し、効率や成功の妨げとなっているものを克服することができるようになるでしょう。

目標を明確化する　コーチングは結果志向です。したがって次の段階では、コーチーは自分自身を未来に投影し、その後到達すべき目標を明確化します。伝統的コーチングでは、主眼は個人または企業の目的にあります。それに対してコーチング・アクロス・カルチャーズは、コーチーが自分の組織に貢献し、世界をより良い場所としつつも、自らにとって有益な目標を確立する手助けをし、グローバルに成功を捉えるきっかけとなります。付録で紹介するグローバルスコアカードは、広範囲にわたるさまざまな目標を視覚化するために役立ちますが、それらの目標は相互に関係しあうものです。コーチーは、自分の仕事が全体として社会にポジティブな影響を与えることがわかると、やる気を高め、専心するでしょう。

目標へ向かって前進する　第3のステップは、第2ステップで明確にした目標に向かうジャーニーにおける課題に焦点を当てます。コーチは、コーチーに現実の問題が発生するたびに、それらに対処できるツールを提供します。言い換えれば、コーチーの直面する課題によってアジェンダが決まり、学習がリアルタイムに行われるのです。コーチは、コーチーが自分の願望に踏み込んで、自分の強みを利用し、弱みを克服し、成功を築く手助けをします。

プロのコーチングの分類

コーチングという職業は、大きく「個人」「エグゼクティブ」「チームコーチング」の3つの類型に分かれます。

パーソナルコーチング

プロのコーチが、個人に対してコーチングを行い金銭的な報酬を受けることを「パーソナルコーチング」といいます。多数のパーソナルコーチを訓練してきたトマス・レナード[10]は、コーチーに対して自分自身に誇りを持ち、世界を自分の尺度で変革するよう促します。そして、コーチーがその目標を達成する手引きとなる「実践的指針」を提案しました。パーソナルコーチは伝統的にセルフケアという概念を強調します。セルフケアは、コーチングという職業全体に影響を与えました。

さらに、パーソナルコーチは言行一致を主張し、私の見る限り、タレン・ミーダナー[11]、ローラ・バーマン・フォートガング、シェリル・リチャードソン等の最良のコーチは、自ら説いていることを自分も実践するよう努めています。彼らは、自分の理想や信念と首尾一貫する生き方を試みます。ガンジーの言葉を借りれば、「あなた自身が、自分がこの世で見たいと思う変化でなければならない」のです。

エグゼクティブコーチングとコーポレートコーチング

エグゼクティブコーチングの特徴は以下の通りです。

- コーチーがエグゼクティブである。
- コーチーを雇っている組織がコーチングに対して料金を支払う。
- 対話において率直さとオープンさを担保することがコーチングの有効性に不可欠であると考えられるため、セッションの内容は厳重に秘密保持する。

●コーチングは、複数の利害関係者、つまりコーチーとその組織両方のために行われる。

この基準はコーポレートコーチングにも当てはまります。しかしコーポレートコーチングの場合、コーチーは必ずしもエグゼクティブとは限りません。したがって、エグゼクティブのニーズと組織のニーズとの間で、バランスを見出す必要があります。[12] 私は、良いエグゼクティブコーチは妥協点を見出す以上の効果を上げると考えています。彼らは、すべての当事者が、相互の関係を最大限に活かせる新しい方法を発見しうる、創造的解決策と相乗効果を見極める手助けをします。すべてのエグゼクティブコーチは、複数の利害関係者に奉仕するという認識を持っていますが、利害関係者間の利害の対立をどう処理するかについては必ずしも同意見ではありません。

私の場合、冒頭で「私の目標は全員の勝利を支援することです」と宣言します。この目標のために、私は、コーチの対象となる組織とその環境について学びます。これを通して、待ち受ける課題と機会について感触を得るのです。リーダーシップ育成に対する期待と、それらが会社全体のビジョン、戦略、企業文化とどう関わるか、理解しようと努めるのです。[13] 同時に、私はコーチングの最中における自分の務めは、コーチーにとって最良の利益となるよう奉仕することである点を明確にします。私は、本音の会話ができることを望みます。一方、最悪のアプローチは、エグゼクティブを操ろうとすることです。すなわち、彼らが真に望んでいないことを行うよう影響を及ぼすことです。

コーチーの大部分は、コーチングプロセスの結果として、自分の組織を指導することへのコミットメントを高め、より情熱を持ち、そしてより能力を高めるでしょう。しかしながら、何名かは自分の動機が明確になると、自分の希望や願望と組織のそれがまったく調和していないことに気付きます。この違いを埋める方法を見出せない場合、その組織を去る結論に達する可能性があります。この場合、私ができる最善のことは、彼らの退職を、跡を濁さず敬意に満ちたものとすることです。

この三角関係における情報の流れを図表1に示します。

すべての当事者は、継続的に、コミュニケーションを行う責任を負います。しかし秘密保持契約があるために、コーチは、コーチーの進歩に関してコメントすることはできません。そこで、エグゼクティブとその組織の間でフィードバックの交換をするよう奨励します。これは進歩があったことに気付いてもらい、問題が盲点にならないようにするためです。

1999年10月、ローラ・ウィットワースは、コーチングの分野において重要な職業として浮上してきたエグゼクティブコーチングの中で特に傑出した人物を見出すため、世界初のエグゼクティブコーチ・サミットを開催しました。私たちは、彼女が招待したその分野でリーダー格と目されていた36人のシニア・エグゼクティブコーチとオーランドで2日間、会合を行いました。

公表された結論[14]には、エグゼクティブコーチングがコーチングの基礎とどう異なるかに焦点を当てた上級技能リストが含まれます。以下の点はそのリストから引用したものです。

当たり前以上のことを会話する能力　たとえばグローバルな問題、哲学的な項目、社会的な問題、現在の、そして未来のビジネス上の問題等を含めてもいいでしょう。エグゼクティブコーチは、複雑な問題や国際的な議題についても難なくコーチします。

地位の高い個人に挑戦するリスクを取れる能力　エグゼクティブコーチは、他の誰もが本音を言おうとしないとき、真実を語ります。

図表1◆エグゼクティブコーチングにおけるコーチングプロセス

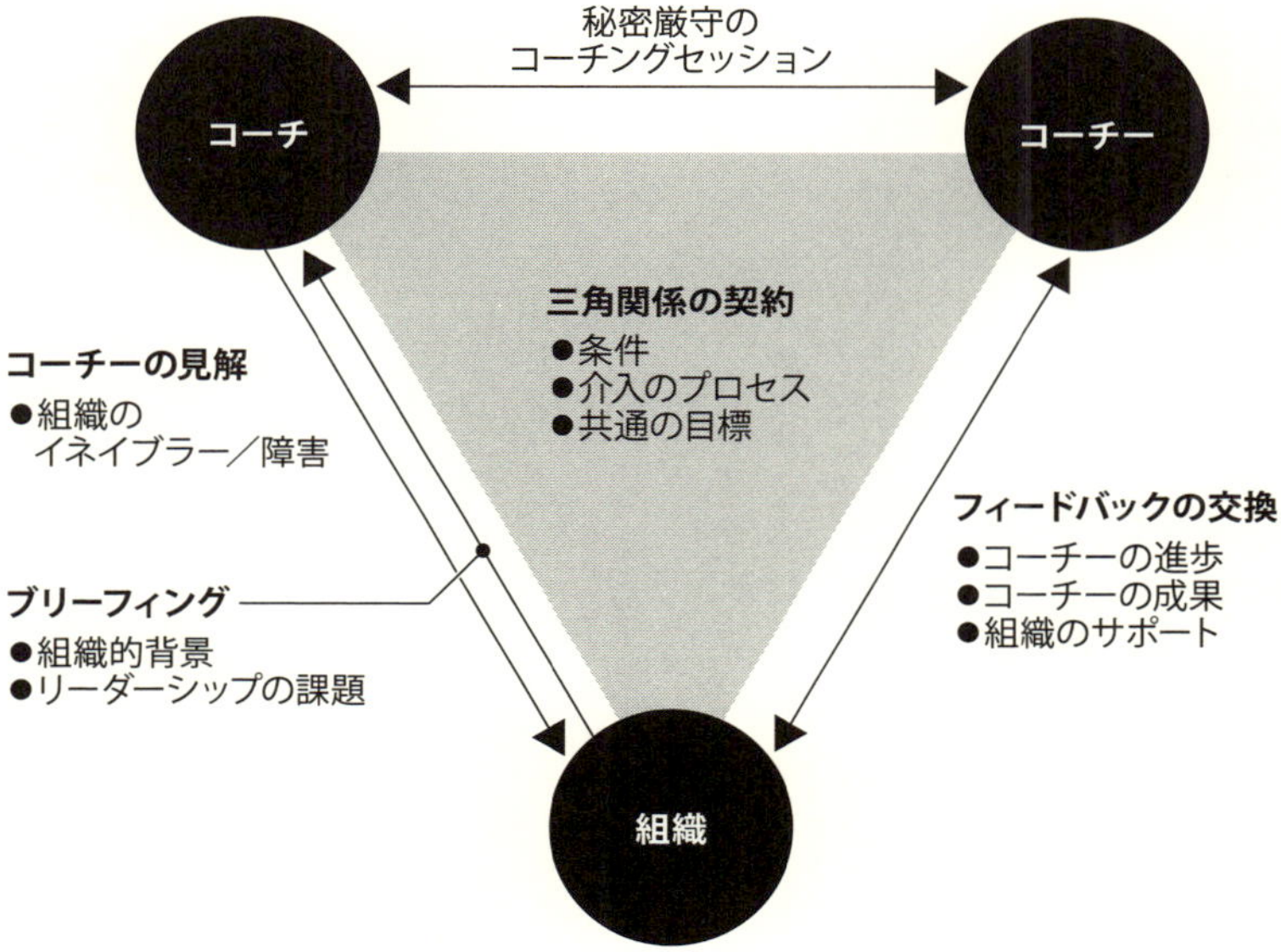

エグゼクティブが自分のあらゆる面をさらけ出せる、信頼に足る人物となる能力　つまり、彼らのおそれや希望、社会的ニーズや自己中心的な願望、組織だけでなく、自分自身の夢を話せる相手になることです。

チームコーチング

チームをコーチするということは、チームメンバーが自分自身や他人にとって、さらに満足のいく生活をする手助けをしつつ、チームとして優れた成績を収めるために役立つことを意味します。

サッカーのファンならば、優秀な選手ばかりを同じチームに集めたからといって、勝てるチームになれるわけではないことを知っていますし、誰もそんなことを期待していません。しかし、その場合でもコーチングは必要不可欠です。ところが、それがエグゼクティブの集団では違ってきます。エグゼクティブの中には、コーチングもなく、ビジネス上の議題にのみ集中すれば高い成績を達成できるという幻想を抱く管理職が、なぜかいるのです。

チームコーチングは「男性的」(つまりビジネス上の命令や業務上の目的)なコンサルティングや、「女性的」(つまり人間的価値や関係上の目的)なチームビルディングとは異なり、ビジネスにおいて一層の成果を上げ、関係を改善するために、コンサルティングとチームビルディングの両方を活用します。

関係に関する部分を含まないコーチングは単なる支援です。また、ビジネスに関する議論のないコーチングも、コーチングとはいえないでしょう。さらに、チームで行う屋外ゲームのような形態を取ることもできますが、それでは楽しく有用なものであっても、ビジネス上の問題に取り掛かるには不十分です。たとえば、コーチはチームメンバーが実際の仕事に取り組む際、どう行動するかを自ら理解するよう仕向けます。学習したことのすべてがチームメンバーの実際の業務遂行を改善することが担保されるよう手助けをするのです。

チームコーチングには洗練された介入プロセスが含まれます。具体的には、各チームメンバーへのインタビュー、チームによる評価、ケースに応じたコーチプロセスの設計、チームのリトリート会議が始まる前のチームリーダーとのフィードバックセッションです。なお、エグゼクティブ・チームコーチングを意識したチームコーチングの目的と実践について詳しくは、第3回リンケージ・ヨーロッパ・コーチング・メンタリング・コンファレンスにおける論文を参考にしてしてください。[15]

チームコーチとして、私は個々のメンバーに個別に奉仕できる分を限度として、チーム全体に対しても最善の奉仕ができると信じています。真のコミットメントは、チームと個人の目標が交わるところにあります。これによって、本来の相乗効果の基礎となる、結束や共鳴を得ることができるのです。コーチは、チームの使命の追求に向けて、個人や集団の潜在能力を解き放つことに役立ちます。

以下はバクスターヘルスケアのピーター・レイランド氏が、チームコーチングに関する自身の経験について述べたものです。

チームコーチングというこのプロセスは、取り組むよう意図されたニーズを、チーム全体の期待を超えてサポートし、それに答えました。事前に認識されていた問題点に対して前向きに対応できただけでなく、2つの新しいビジネスを中核事業に統合する際、グループは増大する複雑性に対応しながら前進することができました。この介入のプロセスが始まって以来、中核事業も50%の成長を達成しています……過去18カ月を振り返ると……チームは長足の進歩を遂げ、多くの目標ポイントをクリアしてきました。昔の自信が蘇りました。人々は自分の仕事を楽しんでいます。私たちは引き続き、研修、新しい人材、競争力のあるツールに投資します。最後になりますが、忘れてはならないことは、私たちはともに新しいエキサイティングな未来を築いたということです。[16]

リーダーシップ養成

レベッカ・ガンゼルは「ソフトスキルに対するハードトレーニング」(Hard Trainging for Soft Skills)で、「アメリカ的マネジメントの黄金時代」について「人間関係のようにやっかいなものではなく、事実や計算や数字を扱うことを好む労働者にとっては、暮らすのが容易だった時代」と記述しています。彼女はさらにこう説明します。「(当時は)職場の規則が単純でした。つまり、時間通りに出勤し、目立たずに仕事をこなす」ということでした。続けて、「エンパワーメント(権限委譲)やら、チームビルディングの透明性やら、アカウンタビリティ(説明責任)のような厄介なものがやって来てしまったのです。あなたが雇われる理由となった分析的能力は、ガレージセールのガラクタのように見過ごされています。つまり、あなたが職業人生において頼ってきたデータはもはや安住の地ではなくなったのです[17]」

コーチングはこの新しい「厄介なもの」の一部です。実際、コーチングは職場における創造性、信頼性、当事者意識を求める1つの新しい経営上のリーダーシップ哲学になっています。かつて経営者は、法令遵守やそこそこの成績を確保しようとするだけでしたが、コーチングは人々の潜在能力を解き放し、全霊のコミットメントを追い求めて闘うのです。

長い間、主要な戦略コンサルタントは、組織のリーダーシップにおけるソフト面を無視してきました。しかし最近では、リーダーシップとコーチングは、徐々にビジネススクールの研修プログラムに取り入れられてきています。確かにコンサルタントが提案する戦略プランは素晴らしいものですが、推薦された変革を実行するうえで、従業員をどうやる気にさせるかという課題に関してはエグゼクティブやマネジャーたちに任せきりで、公然の社会的対立とまではいわないまでも、しばしば大きな不満を引き起こしてきました。今日、頑固な企業でさえ、権威主義の家父長的経営スタイルでは人材の争奪戦に勝てないばかりか、競争力を維持するために必要な最高のパフォーマンスを引き出せないことを理解しています。

ダニエル・ゴールマンは「結果をもたらすリーダーシップ」[18]（Leadership That Gets Results）について調査した結果、6つのリーダーシップスタイルにたどり着きましたが、その一つが正にコーチングです。彼の調査によると、コーチングは組織の職務環境にポジティブな効果を生み、その結果、業績に影響を与えています。[19]

私の見解では、エグゼクティブコーチングとは、個人のリーダーシップ養成に関わります。エグゼクティブコーチは、リーダーが特に自分自身のリーダーシップスキルを行動で示すことで、成長の手助けをします。その成長の一部は、リーダーが自らコーチとして振舞う能力です。たとえば、ユニリーバでは、コーチーが1年間の個人エグゼクティブコーチング課程を完了した後、自らがコーチとして行動できることを期待します。そして、もしリーダーが有効なコーチの役割を果たせなければ、エグゼクティブコーチングを継続すると明言しています。コーチングは重要ですが、リーダーシップには他の多くの活動を含みます。したがって、エグゼクティブコーチはリーダーの多様な業務遂行[20]に役立つ能力を備えているべきなのです。

コーチは最良のリーダーでさえ、すべての分野において完璧ではないことを知っています。それでこそ人間です。より現実的な目的は、エグゼクティブが自分の長所や短所に気付き、前者を最大限に活用し、後者の影響を最小に抑える手助けをすることです。

組織は、全体としての成功を促進するために、従業員が実証する必要のある各企業独自の一連の能力を定義しています。ユニリーバ、ＩＢＭ、チャブ、バクスターなどいくつかの例を以下に紹介します。

ユニリーバ――成長への道筋

ユニリーバの「成長への道筋」には、世界クラスのリーダーシップ能力養成が含まれます。たとえばユニリーバでは、エグゼクティブは以下の資質を実証することが期待されています。

- 相手の能力を開発すること（特にコーチとして行動することによって）。
- 成長に対する情熱を見せること。
- 創造的に考えること。
- 政治的（ポリティカル）な才覚を示すこと。
- 未来を捉えること。
- 変革に対する触媒となること。
- 相手に責任感を持たせること。
- 権限委譲すること。
- 戦略的に影響を与えること。
- チームコミットメントを実践すること。

●チームリーダーシップを示すこと。[21]

リーダーシップ養成研修やコーチングは、これらの才能を開発するよう設計されています。報酬制度や昇進も、望ましいリーダーシップとしての振舞いを強化するべく、整合性を持たせます。

私は、ユニリーバがあらゆるレベルにおけるエグゼクティブ養成のためにまとめた総合的カリキュラムのいくつかの部分に、個人的に関与したことがあります。「リーダーシップの基礎」と「リーダーシップ養成」プログラムをユニリーバと共同で設計し、[22]当時、社外コーチとして何人かのシニアエグゼクティブを担当していました。彼らは、リーダーシップ研修の一環として、当時会長だったナイル・フィッツジェラルドとアントニー・バーグマンス自ら参加者に語りかけ、エグゼクティブコーチと1年間、一対一でコーチングに取り組むオプションを提供するセミナーに参加していました。

IBM——強力なコーチングスタイル

コーチングはIBMにおいてリーダーシップ能力の中核をなすものの一つです。IBMのリーダーは以下のようなとき、コーチとして行動します。

●相手の成果を褒めるとき。
●たとえ自分やチームに犠牲が生じても、部下の成長と進歩を見て喜ぶとき。
●コーチングを提供し、相手が長期的に発展するよう鼓舞するとき。

●相手の職業人としての成長と発展にかなりのポジティブな影響を与えるとき。[23]

さらに、ＩＢＭでも強力なコーチングスタイルを持つリーダーは、常に高成績を達成できる環境を創出していることを発見しました。このことは、ＩＢＭが同社の業績のうち組織風土が28～36％を占める要因であると説明している点を考慮すると、極めて重要なことです。[24]

良いコーチとしての効果的なリーダー

チャブ保険でも、コーチングに対して同じようなコミットメントがあることは明白です。チャブ保険では、組織のトップがコーチングを率先しています。会長のディーン・オヘアは、「能力の高いリーダーは良いコーチ、メンターである。彼らはフィードバックを提供し、期待を超える成果を上げるよう相手を動機付ける」と述べています。[25] コーチングスキルを確立することは、チャブ保険のリーダーシップ養成セミナーにおいて重要な一部となりました。[26]

また、バクスターのピーター・レイランドは、バクスターレナルの英国チームを長期間の能力開発のジャーニーに旅立たせました。ピーターと彼のチームがリーダーコーチとして熟達した技を習得し、実演する際、私は外部コーチとして参加しました。ピーターはその直後、グローバルな責任を持つバイスプレジデントに昇進しました。

要約すると、今日成功した企業の多くが、コーチングを彼らのリーダーシップ養成における主要な手段として採り入れており、中核的な目標と捉えています。

Chapter 2

Integrating the Cultural Dimension

文化的特性を統合する

イントロダクションで触れたように、文化という概念は「その辺に居る人たち」「他人」「外国から来た人たち」だけに当てはまるものではありません。国が文化を有するのと同様、企業、組織一般、職業等にも文化があります。

集団の中には、個人、階級や学歴、民族や人種、個性、ジェンダー等、さまざまな違いがあります。さらに、集団はそれぞれ独自の文化を発展させます。転職した経験があれば誰でも、人々がどのように振舞いコミュニケートするか、つまりその職場の「風土」のように肌で感じるものが以前経験したものと異なることに気付きます。すなわち、集団が独自の文化を発達させることは真実であると、理解できるでしょう。

ある文化のさまざまな側面やタイプには多くの共通点があります。したがって、国の文化に当てはまることは、企業や組織、学問の文化にも当てはまります。もし違いが文化的なものだとわかれば、それらの違いを上手に使い、活用する技能を理解し、発展させることも可能となります。

この章では、文化に関する探索を始め、第Ⅱ部で文化的志向性について掘り下げていきます。ここでは、2つのケーススタディを用意しました。最初のケースは同一企業内での異なる職業文化間の衝突について、2つ目は国別の文化におけるステレオタイプの形成や中傷に繋がる誤解についてです。

職業文化のケーススタディ

世界的なヘルスケアの英国法人、英国バクスターレナルの事業部長にピーター・レイランドが任命されたとき、私は彼の経営チームの社外コーチを引き受けました。私はチームに対して、このコーチングは長期にわたって高いパフォーマンスを維持するために行うと説明しました。1997年に始まったそのジャーニーは、その後大きな進歩を遂げています。2001年に5度目のリトリート会議がありました。2000年には、元マーケティングディレクターのサヒード・ラシッドが、ピーター・レイランドの後任となりました。その間、バクスターレナルは、いくつもの特許の寿命を延長し、その価値を高める革新的な方法を考案することによって、英国市場においてすでに支配的だった地位をさらに強固なものとしました。

英国バクスターレナルはバクスターの組織全体にとって1つのモデルとなり、この成功物語はスローン・マネジメントスクールでも大々的に取り上げられました。[▼1] しかし、1997年初頭の状態では、どうひいき目に見ても、このチームから高いパフォーマンスを得られるとは思えませんでした。

課題の一つは利益重視と人間重視という価値観の対立です。このチームは、学歴の違いからくる2つのサブカルチャー（小集団の文化）から構成されていました。一方は典型的にいえばMBA保持者であるビジネスの専門家、もう一方はバクスターに入社するために国民保健サービス（NHS）から転職してきた看護師たちです。看護師たちは患者の生活向上に役立つことに強い使命感を持っていました。通常より良い報酬とより良いマネジメントを求めてバクスターに転職したにもかかわらず、看護師たちは企業という世界の一部となり、その飽くなき利益の追求に加担する立場となったことに、苦悩や裏切りの気持ちを感じていました。

チームコーチングによって看護師たちは、チーム内の他のメンバーも患者の生活向上に真摯でかつ真剣であることを理解しました。また、彼らは、健全なビジネスの経営によってバクスターが患者に奉仕できることも正しく理解できるようになりました。さらに、チームの看護師たちは、自分たちがバクスターの組織において、看護師として大きな影響力を発揮しえることを確信するようになったのです。一方で、ビジネスの専門家たちは患者のニーズを心から大切にするようになりました。かつては人間味のないマーケティング計画に慣れっこでしたが、思いやりを持ち共感する、という価値観を育みました。彼らは自分の仕事が患者にとって真の違いをもたらすということを知り、誇りと着想を見出すようになったのです。

チームは、腎臓病患者の生活をできるだけ楽にすることに取り組みました。バクスターは透析バッグの処理、浄水、処方箋の更新等、患者が心配するケアに関するサービスを提供しました。

私は、目標の設定や行動計画の作成に取り掛かる前に、彼らの思考を刺激するために、チームメンバーにさまざまな利害関係者の立場に立って、各々のチームの希望や心配事をフリップチャートに自由に書いてもらいました。そのことを通して、文化の違いは不満の元ではなく、豊かさの源泉となりました。お互いの信頼と共通の使命への情熱がメンバーたちを結束させたのです。このチームは今や高いパフォーマンスへのジャーニーに出掛ける準備ができたのです。

国民文化のケーススタディ

ある多国籍企業の英国法人ディレクター、マーク・フィリップが北欧地区の地域責任者だったときのことです。地域本部はストックホルムにあり、社員の大部分はスウェーデン人です。

社内のいたるところで文化的気付きが欠けていたこともあり、スウェーデン人の社員は他のヨーロッパ域内の社員からさまざまな誤解を受け、評判が芳しくありませんでした。一対一のコーチングで、私はマークにスウェーデン人の文化についてもっと勉強するよう薦めました。スウェーデン人にコミットメントがないと仮定するのでなく、自分が観察した彼らの理解し難い行動を、スウェーデン人のレンズそのもの[2]を通して眺め、彼らの文化的志向性の欠点ではなく、利点を積極的に探すようにマークに求めたのです。

たとえば、スウェーデン人は興奮や熱狂はしませんが（マークにとっては、それは当たり前なのですが）、それには利点もあることに気付きました。スウェーデン人にとって「牛のように冷静（kolugn）」と言われることは、一種の賛辞です。それは、忍耐力や何が起きても冷静さを維持する美徳を示します。マークは当初、スウェーデン人社員が短期間に結果を出すプレッシャーをあたかも感じていないかのように静かにコーヒーを飲み、休暇を取るのを見て苛立ちを覚えていました。

しかし、それは怠惰ではありませんでした。スウェーデン人は単に、余暇を非常に大切にするだけなのです。さらにマークは、自分自身の主人になりたいと思っているスウェーデン人にとって、自立が大切であることも理解しました。彼らは自分をよく見せたり、人と違うように見られたりしようとはしません。むしろ強要されると尻込みします。しかし、スウェーデン人は大変率直なコミュニケーションに気分を害することもなく、実際彼らは率直であることを好みます。

その結果、マークは自分の期待を正確かつ穏やかに述べるようにし、必要な場合は援助の手を差し伸べました。彼はスウェーデン人に対して、特定の業務上の課題を克服するために何をすべきか良く考える時間を与えました。そして、彼らは最終的にある計画に賛同しました。スウェーデン人は、プロジェクトを計画通り実行することにおいて非常に信頼がおけることを証明しました。そして、彼らのヨーロッパ内の同僚もそれを正しく評価し始めたのです。

マークもまた、スウェーデン人社員からの尊敬を勝ち取ることができました。さらに重要なことに、彼は期待を超えて、自分の行動がスウェーデン文化に順応するところにまで到達したのです。私は彼に定期的に、スウェーデン人から何を着想し、何を学んでいるかを尋ねました。スウェーデン人の行動を参考に、マークはワークライフバランスを自分自身の最重点項目とすることを決めました。さらに、彼はスウェーデン人から、闇雲に攻撃するのではなく、我慢して平和裡に問題点をテーブルに並べることの美徳を学びました。彼は、これらの特徴を自身のイギリス人的文化的特徴と配合することで、指導力のレパートリーを強化したのです。

ピーター・レイランドとマーク・フィリップのケースから、文化的訓練を積んだコーチは、人間の潜在能力を解き放つことのみを目標とするのではなく（これはすでに伝統的なコーチがやっている）、異なる世界観を最大限に活用することを追求していることがわかります。現実には、コーチやリーダーは、文化の違いに豊かさを見出せる人を常に見習うことはできないかもしれません。しかし、文化の垣根を超えてコーチすると（コーチング・アクロス・カルチャーズ）、最低でも自分自身の文化的特徴に気付き、他人の根底にある世界観を解読し、文化の違いを建設的に利用できるようになるでしょう。

国や企業の異文化に焦点を合わせたコーチングは、今のところあまり普及していません。次節以降で、伝統的なコーチングが、コーチングの発祥地であるアメリカ文化に由来する特定の規範や価値観、基本的想定を暗黙のうちに反映しているため、必ずしも普遍的に通ずるわけではないことを明らかにします。時間に関する観念やヒエラルキーから思考、コミュニケーション様式に至るまで、人間のすべての営みは文化の影響を受けています。この章では文化的特性を統合し、コーチングの教えを拡大するための理論的な「接着剤」を提供します。コーチング・アクロス・カルチャーズによって、コーチングがすべてのビジネス、組織的環境において、十分な効果を発揮するのです。

文化とは何か？

私は異文化論のパイオニア的役割を主張するつもりはありません。何年にもわたって、文化人類学者や異文化学者、コンサルタント、その他の専門家が、文化という概念について研究し、取り組んできました。私の狙いはこれらのスペシャリストと競争することでもありません。

しかし、コーチングを利用している管理職やプロのコーチといったコーチを実践する人たちに、一つの実戦的な定義を提供したいと思います。まず、この定義について紹介してから、インターカルチュラリストの見解と比較します。

集団の文化とは、そのメンバーを他の集団と区別する一連の独特な特徴である。

この定義は、行動、言葉、工芸品といった目に見える特徴と、規範、価値観、基本的想定、信念など目には見えない特徴の両方を指しています。つまり、この定義は文化の本質をついているのです。それは個人の現実ではなく、集団の現象です。バクスターレナルのケースでは、ホワイトカラーと看護師が2つの集団を形成し、それぞれ独特な特徴、すなわち文化を持っていました。

さらに、私たちは各々が複数の集団に所属しており、複数の文化の下に生活しています。時には私たちを文化的に識別する際、国というグループ単位（イギリス人、ドイツ人、ブラジル人等）しか考慮しないこともあります。しかし、国は人々が所属する集団の一つでしかありません。このような集団は、以下のようなさまざまな範疇から発生します。

●地理、国籍、地域、宗教、民族
●専門分野：職業、教育
●組織：産業、企業、組合、部門
●社会生活：家族、友人、社会階級、クラブ
●性別、性的志向

あなたはフランス人であると同時に、企業で働き、カトリックであり、グランゼコール卒業生であるか

もしれません。ジル・ベルブン等の数名の研究者は、多数の文化において国民文化の重要性は減少していると主張しています。彼は「個人は自分自身を文化的に分類する際、国との関係からではなく、価値体系、社会・政治的な目標、生産、消費様式等で区別する傾向が強まっている」としています。[3]

私たちのアイデンティティは、この躍動的な複数の文化の合成物と見ることができます。私たちの行動は、通常、たまたま交わっている集団によってさまざまに変化します。あなたがそうであるように、私はいつも同じ人物です。つまり、私はある一定の個性を持っています。しかし、私の行動はそのとき、自分が交わっている集団によっていかようにも変化します。たとえば、新たなビジネス上のパートナーとなる可能性のある相手と会っているとしたら不適切ともいえる態度で、友人とはお互いに冗談を言い合ったりします。このように、人々は喜びや怒り、ユーモア、あるいは皮肉のような感情を表すか、それとも抑えるか、集団に合わせて選択しているのです。人によっては、ある状況では罵声を浴びせても、別の状況においては完全に沈黙していることもありえます。

私たちの行動が、ある部分特殊な文化的背景に影響されるということは、コーチが文化的視点を、コーチングにおいて考慮に入れる必要性をさらに正当化します。場合によっては、人々の前進を妨げるものは心理的というより文化的なものであり、コーチングの際に異なった対話が求められているのかもしれません。

たとえば、日本人マネジャーは、プレゼンテーションを謝罪の言葉から始めることがあります。具体的には、「私のような不慣れなものが、皆さまのような素晴らしい聴衆の前で演説をさせていただくことにまず謝罪しなければなりません」。さらに彼はお辞儀をし、小さな声で柔らかく話すかもしれません。彼のこうした行動は、西洋人からは自尊心が低く自信がないため、自己主張に欠くと認識されるでしょう。

したがって、この日本人マネジャーは、西洋の聴衆にとっては、信頼に足る聡明な人物とは写らないかもしれません。しかし、日本的な文脈においては、同じ行動は非常に適切であるばかりか、期待され、賞賛されるべきものとなります。この日本人マネジャーの謙遜という文化的価値観を文化のレンズで覗くことができなければ、コーチはこの観察された行動を適切に把握することはできないでしょう。西洋人のコーチは、この日本人マネジャーの自尊心は低いと勝手に想像し、その問題の解決を助けようとして、悲惨な結果を招くことになります。

さまざまな文化の定義を分析するとき、私はほとんどの異文化研究の権威が、文化の2つの階層について触れる傾向があることに気付きました。一つは外的なもの、つまりはすべて目に見えるもので、もう一つは内的なもの、たとえば主として目で見ることができない価値観や根底にある基本的な想定等です。したがって次節「文化の重層性」では同様に分類しました。しかし、すべての専門家が文化の定義に目に見える側面を含めているわけではありません。

たとえば、エドガー・シャイン[4]は明白な行動を区別する定義を提案しています。彼は「奥深く根ざした無意識の基本的想定」についてのみ研究し、それこそ「文化の本質」であると定義しています。他方で、彼は目に見える行動は、もっぱら文化的な要素だけで決定されるものではないと主張します。彼によれば、これらの行動を間違って解釈する危険を警戒すべきだということになります。同様に、ホフステードは、文化を観察可能なものというよりは、内面的な真実を引き出す「心のプログラミング」と定義しています。また、フォンス・トロンペナールスは、シャインが提案した定義に似たさまざまな文化の層を有する「たまねぎ型」モデルを使っています。ただし、彼は明示的文化と暗黙的文化の両方に言及しています。[5]

多くのインターカルチュラリストがやってきたように、文化を1つの氷山だと想像してください（図表2）。氷山の海上に見えている部分に影響するためには、海面下に浸っている部分に働きかけなければなりません。コーチングに文化的ディメンションを追加することで、近づくことができなかった氷山の一部に触れ、扱えるようになります。すなわち、目に見えない深層の文化を理解すると、有形で観察可能な行動に留意することにより、目に見える部分に近づき影響を及ぼす梃（レバー）を手に入れることができるのです。

コーチとして、あなたはリアルタイムで何らかの仮説を立てる必要があります。ある行動、たとえば率直なコミュニケーション方法に気がついたとき、その行動を心理的現象でなく、文化の発露と解釈する選択ができるかもしれません。

そのような行動を文化のレンズで眺めることで、たとえあなたはその行動が確実に文化の発露だとわからなくとも、新しい洞察を得たり、新しい可能性を切り開いたりできるでしょう。同様に、数学者が複雑な方程式を解くという課題に直面した場合、彼はある特定の変数に1つの数字を当てはめてみて、あたかもその仮定が正しいかのように問題を解き始めるでしょう。そして、満足のいく解答に達したら、彼は事後的に当初の選択に満足するでしょうし、解答できなかったら別の当てはまる仮説を立てるでしょう。コーチはある行動を説明する場面において、心理学と文化のどちらに優位性があるかを決めるようなことはしません。複数の視点からコーチすることで、まるで万華鏡のように視点を移し、それぞれが潜在的長所を持つさまざまな角度から問題を注視し、進歩を促進するのです。

文化の重層性

私たちが「一連の独特な特徴」という場合、具体的に何を意味しているのでしょうか？　私は、この質問に答えるうえで最もわかりやすく有用なものとして、「たまねぎ型」モデルが一番気に入っています（図表2）。たまねぎ型モデルは、外側の目に見える意識的なものから内部に埋まっている通常無意識なものに至る異なる文化の階層[6]を強調したモデルです。

工芸品と製品

工芸品や製品は目に見える文化の表現です。たとえば、文字、食品、エチケット、建築、ファッション、美術品等です。これらは海面から出ている氷山の一角で、すべての観察しうる行動もこの階層に属しています。

ここで仮に、あなたをプロのコーチという集団を研究する文化人類学者だとします。[7]当然、あなたは彼らが何を言い、どのように話すかに耳を傾けるはずです。文字以外の行動、たとえば声調、身振り、姿勢等にも注目するでしょう。また、一定期間を通して明らかにされる全体的なコーチングプロセスも観察するでしょう。さらには、すべてのコーチに共通の型も探すことでしょう。そうすると、小グループごとにバリエーションがあることにも気付くはずです。

たとえば、あなたはコーチの多くが電話を用いてコーチングを行うことに気付くでしょう。コーチングで彼らは、率直な問いかけをします。たとえば「何があなたを妨げていますか？」「この会話の結果、具

図表2◆たまねぎ型モデルと氷山モデル

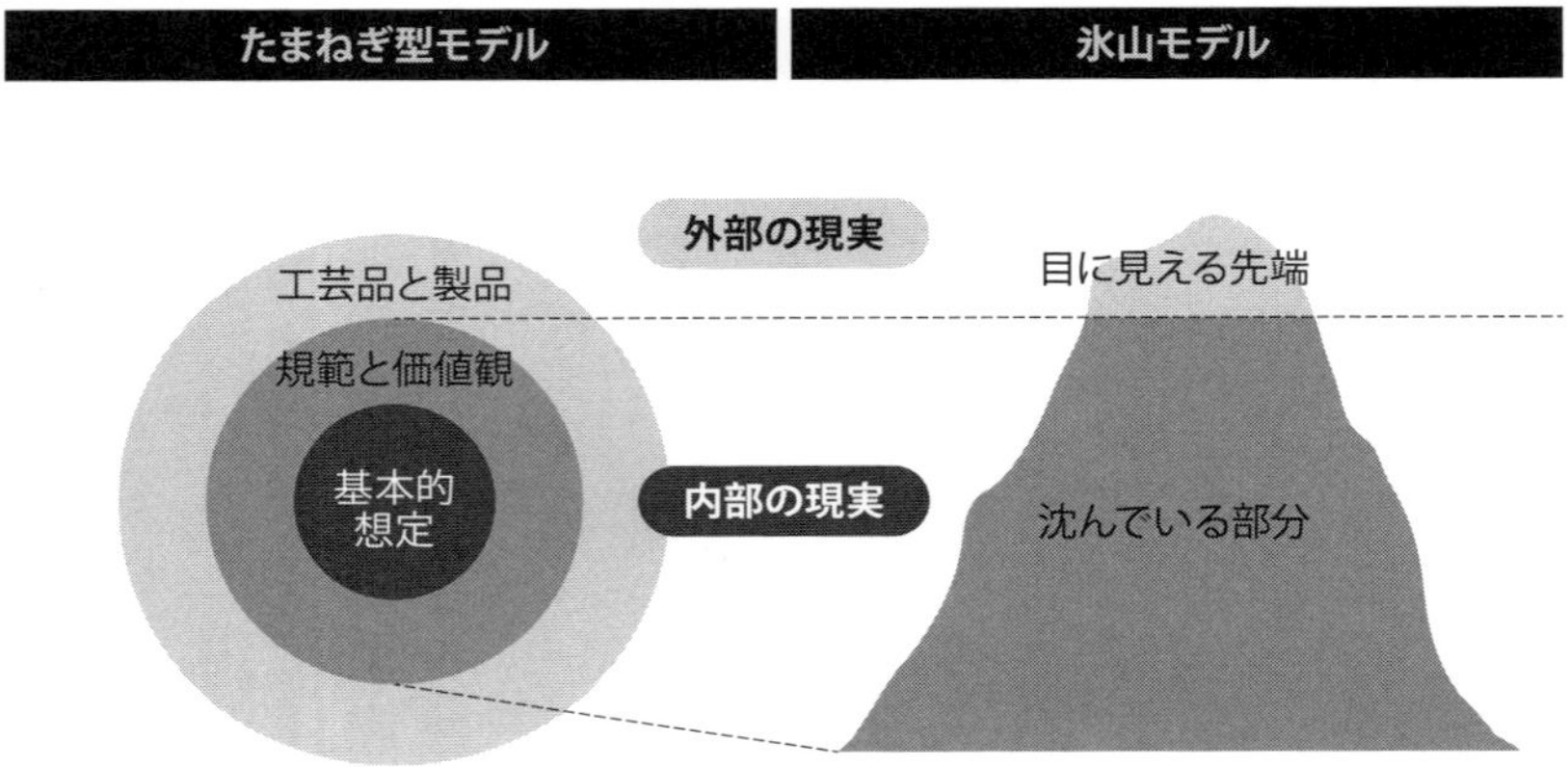

出所：シャイン、トロンペナールスなどを基に著者作成

体的に何をしたいと思いますか？」。彼らは温かくしっかりした口調で語るでしょう。また、全体的なコーチングプロセスにいくつかのバリエーションがあることも観察するでしょう。「(コーチングの)契約」は当事者間で入念な法律的事項の入った詳細な文書を作成することもあれば、簡潔で短い合意文書の作成で済ますこともあります。コーチング自体は、たとえば特定の定量的目標に注力しても、より自由に行なってもよいでしょう。

工芸品や製品の多様性に気付くことは興味深いことです。マクドナルドがベルギーで広告キャンペーンを打ち出したときのことです。その広告で、車を運転しながら2人の営業員が驚いて言いました。「ベルギー人はフレンチフライにマヨネーズをつけて食べている！(まさにベルギー独自の習慣です)」。そのうちの1人が続けて言いました。「どうしてフレンチフライをアメリカのようにケチャップで食べないのか？」」。ここでのポイントは、「それは奇妙な習慣ではあるが、マクドナルドは消費者の好みに適応することを公約している」ということです。

このように目に見える文化の階層に最大限注意することで、このケースは上手くいきました。しかし、上手くいかないケースもよくあります。たとえば、現地の作法に従うことがしばしば強調されますが、私たちの経験によれば、このような文化の表層（工芸品と製品）における過ちは、さらに深層にある文化を正しく評価し損ねる過ちに比べれば、はるかに重要性は低いです。園芸に喩えれば、花を咲かせたければ土壌に注意する必要があるということです。それぞれの植物は成長のために、特定の土壌を必要とするのです。

コーチング・アクロス・カルチャーズは、表層に見えるものを超えて、内側の深層にあるものに考えを巡らします。

規範と価値観

1つ内側の階層は、規範や価値観からできています。規範とはその文化集団にとって何が正しく、適切で許容できるものかを指します。価値観はその集団が共有する理想です。規範と価値観は国民間で異なるものですが、他の文化的集団、すなわち企業、職業、民族、年齢、階級等の間でも異なります。

たとえば、コーチングにおける重要な規範の一つは秘密保持の原則です。これは、特に個人やエグゼクティブコーチングにおいて重要です。コーチとコーチー間のすべての会話は秘密厳守なのです。それは、秘密保持によって包み隠さない情報交換が初めて可能になるからです。そのような規範があることで、コーチングと監査を混同しなくてすみます。コーチングは啓発的なプロセスであり、評価や選抜ではありません。

2つ目の例を考えてみましょう。個人コーチングにおいて電話によるコーチングはごく一般的です。しかしヨーロッパでは、特に重要かつデリケートな話題について議論する際には、直接対面して会話する方が好まれます。ヨーロッパと同様アメリカでも、エグゼクティブコーチは対面型のコーチングが好まれるようです。国だけが文化的多様性をもたらすわけではありません。ここでは職業文化も大きな役割を演じています。

また、時には抽象的規範が、現実の規範と区別されなければならない点にも注目してください。たとえば、差別をしないことは一つの抽象的規範、つまり原則正しいことといえるでしょう。しかし、実際には、差別こそが現実の規範、つまり通常の実践されている規範かもしれません。

抽象的な規範が実際の規範と異なるとき、それらの間の不協和により、混乱や疎外感を生むことがあります。コーチは、これらの規範とその間にありえるギャップに気付く手助けをすべきです。前向きな面としては、抽象的規範は抱負を示すことができます。目標は、現実的規範を抽象的規範（たとえば差別をしないことが現実になる）に合わせるように変えていくか、抽象的規範を現実となりえるように（たとえば非現実的ともいえる「絶対に間違えるな」という規範に対して、「最善を尽くせ」というものに）変えることです。

価値観[8]は、特定の集団にとって何が重要かを意味するものです。勤勉や忍耐は人間の成長の理想ですが、同時にコーチングにおける共通の価値観の例です。これらの価値観は絶対的なものではありません。多くの人は生きることを単純に楽しんでいます。[9]毎日決められた仕事をこなし、人生から与えられたものをそのまま受け入れています。彼らの見方では、人生は幸福と苦難から成り立つものです。コーチングを受ける機会を提供されたとしても、そのような人々はそれを拒否するかもしれません。しかし彼らは非難されるべきでしょうか。私の知るほとんどの人は自省し、積極的になることで満足感を得るものであり、コーチはそのプロセスの進行を助けます。しかし、私は、特別の才能に恵まれた人生の達人も知っています。彼らは、ユーモアと気品をもって、世界が与えるものを何でも受け入れ、それに満足することができるのです。

とはいえ、それが良い人生の秘訣とは気付かずに、現在の自分の状況がどれほど困難ものであったとしても、個人の成長を通して得られるまだ見ぬ素晴らしい未来と交換することを拒む人もいます。「ぐうたらバンザイ！」（原題はAlexandre le Bienheureux。直訳すると「とても幸せ（well happy）」という意味）という映画で、フィリップ・ノアレ演じる主役は静かに毎日を過ごしています。他愛ない工夫によって彼は最小限の努力で、ベッドに横たわったままでおいしい食事にありつきます。この映画は最小限の仕事しかしないという別の価値観を尊ぶものです。

異なる国民文化、組織文化を超えて効果的にコーチするためには、コーチは「成長」のような中核的な規範や価値観についてさえ、その相対性を受け入れる必要があります。時に応じて観点を変えることで、あらゆる人が恩恵を受けることができるでしょう。成長は確かに人生に本来備わっているものですが、コーチが成長をあまりにも強調しすぎることで、一種の強迫観念となってしまうこともあります。常に人生においてさらなる達成と成果を求めるあまり、自分が持っているものに感謝することを忘れ、逆に失望してしまうことがあるのです。人生をありのまま受け入れるという知恵もあるのです。

私たちは価値観について判断を下すわけではありません。しかしその普遍性については、疑問を持ち続けたいと思います。

金銭の飽くなき追求は、ある国においては何人かの、あるいはすべての個人に共通する一つの理想です。2001年に「フー・ウォンツ・トゥ・ビー・ア・ミリオネア」というテレビのクイズ番組が欧米のテレビネットワークで放映されました。この番組が人気を博していた頃、1人のレイバンのサングラスをかけた年老いた男性が出るコマーシャルが放映されました。その老人は、あるニューオーリンズのジャズ奏者に似ていて、穏やかで幸せそうでした。そのコマーシャルは、「億万長者にはなりたくない」というメッセージを伝えていました。翻訳すると、このコマーシャルは以下のメッセージを伝えています。「お金は普遍的な価値ではありません。私は質素な生活を送ることに満足しています。レイバンのサングラスをかけながら……」

規範と価値観を解読することで、文化に対する理解が広がります。それは新しい展望や選択肢を開きます。しかし、文化の研究は、その中枢で最も埋もれた層である「基本となる想定」を吟味しなければ、完全にはならないでしょう。

基本となる想定

時と空間を越えて、人類は普遍的な挑戦に直面し、立ち向かってきました。これらの中にどうしても避けられないものとして、時間の経過があります。あなたがロンドンに住もうと、ナイロビやモスクワに住もうと、あなたの職業が、技術者であろうと、芸術家や大工であろうと、時は経過します。時間と戦うことは人類に共通する挑戦です。時間自体は普遍的ですが、時間に関する経験はそうではありません。

基本的に、時間は希少な資源（西洋、特にアメリカ的想定）と見ることができます。やりたいと思うことをすべてやる時間があったためしなどありません。したがって、時間は「浪費」すべきでなく、どう「使う」か注意すべきものです。あなたは注意深く時間を管理し、効率を上げることを学ぶのです。

ところで、「時は金なり」という概念は事実ではありません。これはコーチングにとって一定の意味を有する一つの想定、または信念[10]です。たとえば、コーチーがあまりにも忙しく、コーチングに30分しか時間が取れないとします。コーチーが自らの体験について話をしている場面を想像してください。彼はきちっとした要約を準備していませんでした。彼は自分の経験について自由でオープンに話していきます。その際、あなたは彼の希望や恐怖を感じ取ることができ、コーチーの直面しているさまざまな課題や機会を発見しつつあります。しかし30分しか時間がありません。時間はいつも不足しています。あなたはこう思うでしょう。「お話を全部聴きたいのですが、30分しか時間がないのでそのまま続けてもらう余裕がありません。私たちに与えられた短い時間で目的が達成できるよう集中しましょう」

結局、このコーチングセッションが終われば、コーチもコーチーも、その日の報告を書き、50通の電子メールを読み、子どもを迎えに行かなければならないうえ、さらに運動をしたり、友人との食事を楽しんだりするために1、2時間空けておかなければならないのです。

時間が希少だと想定すると、人々はあらゆる瞬間を大切にしなければならなくなります。それは生産性を向上する刺激となるので、ある意味では役に立つ見方かもしれません。反面、慌しいペースについていく努力を強要するという点で有害な信念ともなりえます。

別の文化では、時間はたっぷりあるものと想定されています。時間がたっぷりあるので、ゆっくりすることができます。私はコーチをするとき、だいたい2、3時間取るようにしています。ヨーロッパの私の同僚も同じくらい時間を見積もるようです。私は顧客に次のように説明しています。「2、3時間かけましょう。ただ、コーチングの直後にはアポを入れないようにしておきます。会話が盛り上がってきた最中に、唐突に終わらせるようなことをしたくないからです。もし必要があれば、もっと時間をかけましょう」

時間をかけることは、私が時間同様に重視する価値観である効率を損ねるものではありません。時間をかけることによって、さらに効果が増大することもあるからです。時間がたっぷりあるという信念を持てば、たとえ一瞬でも、単調な仕事から離れ、ゆっくりとし、息をつくことができます。それは時間に対する別の新鮮な見方です。

基本となる想定や信念のもう一つの例は、私たちの自然との関わり方です。あなたは自然を支配しますか？　それとも支配されていますか？　人生は自分でつくるものだと信じている人がいます。「とにかく実行しましょう！」。勤勉に働き、辛抱すれば夢は実現するでしょう。それを実現するのはあなた自身なのです。その一方で、外部の力があなたを支配している、と考えることもできます。人生は運や運命にかかっているかもしれません。コーチとしてのあなたの目標は、これらの想定のどちらが正しいかを決定することではありません。むしろ、両方の異なった見方を理解しようとすることです。それぞれの見方の持つ潜在的な長所と短所を検討することです。

自分が人生を支配しているという考えの美徳は、それによって人生に積極的に対応し、自己実現的な予言に向かって前進することです。あなたが夢を実現するのです。他方で、この信念は世間知らずとか傲慢とさえ見られることもあります。物事が計画通り捗らなかったときには、罪悪感をもたらすこともあります。結局、自分が支配していると考えるならば、成功をつかめないときは自分を責めることにもなるのです。

反対に、自然が人間を支配するという考えの利点は、起こったことに常に責任を感じる心労から開放されることです。しかし、外部の力が支配すると信じることのデメリットは、起こることを受動的に受け入れる「運命論者」となってしまうことです。

コーチングという職業の本質は、「自分の人生は自分で操縦でき、自分の才能を発揮し、成功に至ることができる」という想定を示唆しています。しかし、謙虚な気持ちを持ち続けることは有益です。たとえ最善の努力をしても、それ以上のことはできないこともあるからです。運はやはり必要です。たとえば、飛行機事故や自動車事故で命を落とすこともあるのですから。

第II部では、文化の違いを分類する枠組みの中で、このような例についてさらに多くをより詳細に取り上げます。そうした違いがコーチングに対して意味することについても体系的に取り上げます。しかしここでは、各文化的集団は、普遍的な挑戦に立ち向かう際に一定の選択をすることで、環境に最も効果的に対応するよう自らを律してきたと理解してください。基礎となる想定や価値観、規範は、これらの挑戦に対する集団としての共通の回答です。いくどとなく洪水やハリケーンの被害に遭ったために、ベネズエラの人々は自然が支配していると信じるようになりました。また、情報化時代のビジネスマンは時間が希少だと思っています。時が経つにつれ、これらの想定は内部化され、当たり前のものとなり、疑問を抱くこともなくなります。それは現実であるかのように混同され、私たちにとって疑いのない真実となります。しかしながら、今日のようなグローバルな世界と絶えず変化する環境においては、基本的な想定を再評価することが求められています。

その結果、問題は以下のようなものになります。私たちはこの集合的な心のプログラミングにおける違いをどう扱うべきでしょうか？　その発展軌道はどのようなものなのでしょうか？　文化の違いを活用する以前に、たどらなくてはいけないステップはどのようなものでしょうか？　どうすればコーチーに、自分の文化的偏向を認識できない人たちと付き合う能力を身につけてもらうことができるのでしょうか？

彼らが自分の課題に対して新しい解決策を発見するために、どのような手助けができるでしょうか？「文化の違いに対応する」と題する次節で1つのロードマップを提供したいと思います。

●**規範**

・あなたは何が正しい／間違っている、適切／不適切とお考えですか？
・実際にどのような規範に従って生きているとお考えですか？

●**価値観**

・あなたにとって何が大切ですか？
・それらの価値をどのように表現されますか？

●**基本的な想定／所信**

・あなたにとって真実は何ですか？
・何を真実／虚偽と見なされますか？

文化の違いに対応する

図表3に示したモデルはミルトン・ベネット[11]の研究から引用したものです。彼は異文化に対する感受性の発達について、6段階からなる興味深いモデルを考案しました。それ自体はコーチングのモデルではあ

図表3◆文化適応モデル

所与の文化

自文化中心主義*の落とし穴

1.違いを無視する
- 物理的または精神的に隔離、分離される
- 否定する

2.違いを認識するが、否定的に評価する
- 他者を中傷する
- 自分の方が優れていると感じる
- 他人を一段上に載せる

3.違いを認識するが、その重要性を最小化する
- 歪小化する
- 独特さに気付かない——"皆同じ"

文化相対主義的アプローチ**

4.違いを認識し受容する
- 認め、評価し、理解する
- 受容≠同意、服従
- 受容は知的であると同時に、直観的で感情的である必要がある

5.違いに順応する
- 自分の快適の範囲から出る
- 共感(短期的な視点の変化)
- 順応≠採用、同化

6.違いを統合する
- 異なる枠組みを心の中に留めておく
- 多様な文化的視点から状況を分析し評価する
- 事実に立脚する。可能性の多さに目がくらまないために必要不可欠

7.違いを活用する (leverage)
- 違いを最大限に利用し、相乗効果をもたらす努力をする
- 異なる文化の中にある宝を前向きに探す
- 多様性から統合性を達成する

プロセスとしての文化

＊自文化中心主義的なコーチング

＊＊文化相対主義的なコーチング
＝グローバルコーチング
＝コーチング・アクロス・カルチャーズ

出所：Milton Bennett, "Toward Ethnorelativism: A Developmental Model of Intercultural Sensitivity,"1993, and Philippe Rosinski, "Beyond Intercultural Sensitivity:Leveraging Cultural Differences,"1999.

りませんが、私は、コーチにとってもコーチーにとっても、それが1つの発展の経路として有益であると考えます。ここでは、ベネットのモデルを踏まえて、文化の違いを活用するという究極の目標を7番目の発展段階として提案します。この段階は、人々の潜在能力を解き放つというコーチングの概念と一致します。

このモデルは、文化の違いを認識し、それへの対応能力を向上させる段階的な方法を提供しています。あなたは自分がどの段階に到達したかを評価し、次の発展段階は何なのかを見極め、そして前進していきます。あなたはおそらく現時点で1つの既定の段階にいるかも知れませんが、さまざまな状況下において異なった段階で機能しているかもしれません。

このモデルを使うと、コーチーが文化の違いにどう対応し、何を違った方法で行えるかを決定するのに役立つでしょう。しかし、自分自身が習得した段階を超えて効果的にコーチすることは困難です。

以下を読み進みながら、あなたが一種の文化の違いに直面している困難な状況を想定してみてください。たとえば、あなたは異なる価値観と想定が衝突しあうような企業合併の最中にいるかもしれません。あるいは自分にとっては馴染みのない文化的習慣を持つさまざまな国の出身者で構成される、遠隔地をまたがるチームの一員かもしれません。また、自分の会社の経営者に不満を抱く技術者の集団をコーチしているかもしれません。

①この状況を感情面で再現してみてください。他の文化は何が違い、それらの違いに対してどんな経験をしましたか？　戸惑い、失望、立腹、あるいは楽しみ、興奮でしたか？
②そのような文化の違いにどのように対応したか考えてみてください。この状況における心の態度はど

んなものでしたか？　そして態度や行動にどのような影響がありましたか？

図表3に示したモデルは、文化の違いに対してどのような態度を取るべきかを決定するのに有益です。文化の違いを活用する特定の方法について調べる前に、まず自分の発達段階を素直に評価し、必要に応じてそれを向上させるべく理性的な決断をする必要があります。

自文化中心主義の落とし穴

伝統的なコーチングやリーダーシップ論は、往々にして自文化中心主義的見方を取りやすいという罠にはまることがあります。自文化中心主義とは何でしょうか？　ベネットの言葉を借りれば、それは「自分自身の文化がすべての現実の中心であると仮定すること」です。その仮定に何らかの邪悪な意図があるわけではなく、単に文化に対する配慮がないか、無知なだけです。

自文化中心主義は次の3つの形態で起こります。

①違いを無視する。
②違いを認識するが、否定的に評価する。
③違いを認識するが、その重要性を最小化する。

私の経験では、自文化中心主義の最初の形態はコーチやリーダーの間ではかなり珍しく、2つ目の形態は稀で、3つ目の形態がしばしば起きます。

第1段階——違いを無視する

この段階では文化の差異を認識していません。無知や否定[12]は、隔離や分離という状況から起こります。これは、あなたが離れた地域で生活し、文化の違いから距離を置くために物理的、または社会的な障壁を意図的につくるような場合に起こりえることです。いずれにせよ、あなたは文化の差異に注意を払わないでしょう。

18世紀にフランス国王ルイ14世の正妻であるマリー・アントワネット妃は、快楽と贅沢に満ちた生活を送っていました。彼女は、人々が耐えていた厳しい生活やその状況の悪化に目をつむりました。マリー・アントワネットは一般の人々とあまりにも隔絶されていたため、自分と彼らの違いがわからなかったのです。その結果、彼女は人々の憤慨を買い、文化の違いを無視したことに対してギロチンの前にひざまづくという高い代償を払うこととなったのです。

居住地区、たとえば金持ちと貧乏人、黒人と白人、キリスト教徒とユダヤ教徒は、都会における集団間の分離をつくり出し、文化の違いに否定的態度を取ることを可能にしました。しかし、心理的な障壁もありえます。たとえば、基本的な違いに気付かないままでも、海外旅行はできるのです。西洋人は「東京は自分の街と同じだ。車や高層ビルやコカコーラがいっぱいある」と言うかもしれません。

私は、この否定的態度の段階にいながらにして効果的にコーチングを実践できるコーチに遭遇したことがありません。しかし、人が異なる文化集団との交流を避け、偏狭な態度を取るときはいつも「ソフトな」否定的態度を取ることを見てきました。たとえば、同じ国の社員の集団は、違う国の同僚に注意を払わないかもしれません。彼らは、あたかも違いが存在していないかのように、同僚の文化がどう違うかについてまったく好奇心を示さないかもしれません。[13] たとえ外国人が異なった見方を提供しても、支配的な社員の集団は、あたかも聞こえていないかのごとく、それを認識することもないでしょう。

もし、あなたのコーチーが文化の違いを否定したならば、コーチとしてのあなたの目標は、コーチーが文化の違いを認識する手助けをすることです。おそらく、それ以上のことは最初から期待できません。あなたは、コーチーが自分では気付いてもいない違いを活用することまでは期待できません。このような場合、まずは芸術作品に触れる機会を創ることから始めましょう。コーチーは、建築物、音楽、絵画、映画、文学等の美術品を発見し、食物を味わい、政治的および社会的体制やそれ以上のことを学ぶことができるでしょう。

第2段階――違いを認識するが、否定的に評価する

ベネットが指摘した通り、これには3つの状況があります。それは、「中傷」「優越感」「(自他の立場の)逆転」です。

中傷とは他人を自分より劣っていると見ることで、否定的なステレオタイプの当てはめや人種差別という形を取ることがあります。この場合、敵対的な態度を取ることは頻繁にあります。穏やかでも危険な中傷は、残念ながらよくあることです。知的労働者が肉体労働者を見下したり、年長者が若者を無責任と見たり、若者が年長者を保守的と見たり、農夫が外人の移民労働者を劣っていると見たりすることです。

優越感は自分の文化集団(国民、宗教、職業、性等)が優位だと感じることですが、これは正に中傷の裏返しと考えられます。優越感は健全な誇りを超えるものです。愛国主義の負の側面は、極端な国粋主義

です。同様に、宗教の影の側面は原理主義と呼ばれます。これらの否定的な態度は21世紀にも引き継がれ、世界中に恐怖や苦難をもたらしています。

コーチングで自分の文化の優越性を信じることは、コーチーの文化を無視して、「時は金なり」「達成こそが命」等といった自分のアプローチを押し付けることにつながります。そうするとコーチーを失望させ、コーチーから学ぶ機会を失うことになるでしょう。

自他の立場の逆転は、否定的な評価のより微妙な形態です。私はアジアに魅了されている西洋人を知っていますが、彼らは東洋の精神的な知恵と西洋の物質的退廃を対照させ、短絡的に自分の文化を中傷しながら他の文化を一段高いところに置きます。ベネットがいう通り、「これはより文化的に啓蒙された立場と見えるかもしれませんが、単に自文化中心主義の中心をシフトしているだけです」。ベネットにとって、彼が呼ぶところの自文化中心的段階（私の「所与の文化」の段階）を超えることは、第3段階である「最小化」を通過することを意味します。これは違いよりも共通性を強調することを意味します。

第3段階――違いを認識するが、その重要性を最小化する

この段階では、人々は文化の違いを認識しており、否定的な評価もしていません。つまり、この前の段階から進歩していることを意味します。私たちが共通に持つものに注目すると、コミュニケーションは円滑になります。たとえば、人間は皆生物的な欲求を持っていますし、似通った普遍的課題に直面しています。結局、コミュニケーションという言葉自体が異なるものの中に接点を探し、それらを統合することを意味するのです。

そうはいっても、違いを最小化するのは、違いを共通性の下に埋没させてしまいます。そういう意味で

は、それは自文化中心主義として位置付けられます。言い換えれば、文化の違いを軽視しているのです。「己の欲することを人に施せ」という黄金律は、賢明で人間的な発言であるように聞こえますが、それは根底に共通性があるということを仮定しているからです。

たとえば、1人の女性管理職が男性管理職の集団の中にいると想像してみてください。もし男性が「彼女は男みたいだ」とか、「私たちは皆同じだ」と言ったならば、彼らは彼女の違いを評価することができない、と伝えていることになるでしょう。男性連中は、彼女が独自性を発揮しなければ、大切なチームの一員として認識します。（会社における女性の昇進を妨げている）ガラスの天井を最初に破った女性は、投資利回りや競争を強調する「男性的な」文化を受け入れざるをえませんでしたが、ようやく企業は協調的で関係を重視する女性的な価値観や、企業の成功に対するそれらの重要性を認識しつつあります。

最小化は、前の2つの段階よりは好ましい形態の自文化中心主義だといえます。それでも自文化中心主義であることに変わりはなく、前述した通り、コーチにも比較的多く見られる特徴です。エグゼクティブコーチとして私は、自分自身の価値観、規範、信念を他人に投影する傾向のあるマネジャーと向かい合うことがよくありますが、彼らは、自分に当てはまることは他人にも必ず適切なものだと思い込んでいて、人々を動かすものや動機の源泉が多様なものであることを認識していません。その結果、彼らは多様な人々を自分のプロジェクトに動員し、本物のコミットメントを育て、努力を引き出すうえで本来の力ほど効果を上げることができないでいます。

たとえば、仕事上の目標を達成する願望に駆立てられているマネジャーだとしたら、部下によっては人間的な関係が重要なモチベーションとなる、ということを見逃してしまうかもしれません。部下が社会的な触れ合いやより良い生活の質を求めているにもかかわらず、彼らは大きな車を提供するでしょう。違いの最小化より先の段階へ到達していないマネジャーは、おそらく知らず知らずのうちに多くの社員を遠ざけ、本来できることに比べ、ほんの少ししか達成していません。

私はコーチとして、コーチーが否定的な評価から最小化を飛び越して、直接受容の段階まで行く手助けができることを発見しました。本質的に、目標は文化的差異を消極的ではなく、積極的に評価することです。バクスターの看護師とホワイトカラーがそうであったように、コーチーに対して他の見方の長所を見せることで、違いを正しく評価する手助けがコーチにはできるのです。

そのような飛躍は、ティーチングよりコーチングで行う方が容易です。それは、コーチングが行動志向であり、カリキュラムに縛られるのではなく、コーチーの実際のプロジェクトによって推進されるからです。もう一つの理由は、コーチングはプロセスであり、独立した1つのイベントではないということです。コーチングは一定の期間にわたって行なわれるので、元のパターンに戻ってしまう傾向があっても、容易に対処することができ、主要な目的を達成できます。実際、コーチングによって啓発のジャーニーのスピードはより早まります。

文化相対主義的アプローチ

次の4段階は、自文化中心主義の落とし穴を避け、文化相対主義または異文化アプローチを採用する段階になります。コーチング・アクロス・カルチャーズやグローバルコーチングという言葉を使って、私はこのタイプのコーチングについてすでに説明しました。

文化相対主義の段階では、文化の違いは避けて通れないものと認識し、あなたの世界観が、すべての人々にとっての現実の中心ではないことを自覚します。それによって脅威と感じるのではなく、従来認識はしていたものの否定的な評価を下していた（第2段階）文化的差異に好奇心を持ち、それらを懸命に学ぼうとします。異文化コーチとして違いを受け入れて、正しく評価し、そしてそれに適応し始めます。重要なことは、あなたがあなたであることを放棄することなく、そうするのです。自分自身を変えずに、さらに柔軟になるのです。そして実際のところ、さらに自分らしくなれます。あなたは自覚を高め、レパートリーを豊かにすることで成長していきます。

1つのアナロジーを使って説明しましょう。ビヨン・ボルグは最高のテニス選手の一人でした。彼はウィンブルドン大会で5回連続優勝の記録保持者です。ウィンブルドンの芝生は、ボレーの得意な選手に有利に働きますが、彼はそうではありませんでした。フォアハンドとバックハンドで打ちながら、ベースラインでプレイすることを好みました。クレイコートは得意だったので、全仏オープンを6回制覇しました。偉大な選手であったライバルのピート・サンプラスは、ウィンブルドンで7回優勝したにもかかわらず、ボルグに一度も勝つことができませんでした。ビヨン・ボルグはネットに近づきボレーをすることで、自分のプレイを強化しました。彼は、自分に心地よく自然なものにのみこだわろうとしなかったのです。彼は、自分のテニスのあり方を狭い型に嵌めることを選びませんでした。適応することで、より多くの潜在能力を解き放ち、さらに偉大な成功を収めたのです。

第4段階――違いを認識し、受容する

受容することとは、工芸品と製品、価値観と規範、基本となる想定等、すべての文化の層を尊重し、正しく評価することです。文化の内側の層を受け入れることは、通常よりも困難が伴います。違う食べ物を

味わってみることは簡単かもしれませんが、違う信念を尊重することは容易なことではありません。たとえば、あなたは明瞭なコミュニケーションを好むとします。そして、あなたはコーチとして、誤解がないようにすべてのものをテーブルの上に並べたいと思っているとします。しかし、ある文化では、コミュニケーションはより間接的なものです。肝心なことは、あなたが何を言うかだけでなく、どう言うか、何を言わないか、声調、姿勢、そして身振りです。

間接的なコミュニケーションを正しく評価できるようになることは、コーチングにとって興味深い意味があります。あなたが、間接的なコミュニケーションを志向するコーチーに向かっていると、電子メールや電話ではある程度までしか進めないことに気付くでしょう。その場合、対面でのコミュニケーションの重要性を理解し、微妙なメッセージに慣れる必要があります。

私はベルギーに住んでいるので、イギリスに住むエグゼクティブとの対面コーチングの予定を立てるのに苦労したことがあります。私は顧客（イギリス人エグゼクティブ）と頻繁に連絡を取り合えるようにしたかったですし、次のコーチングまで3週間も間をおきたくありませんでした。そこで、対面コーチングの代替案として、例外的に電話で会話することを提案しました。しかし、私の顧客は対面で会う方を望みました。彼は飛行機でブリュッセルに来て、私と一緒に3時間過ごし、また飛んで帰りました。

彼は、電話より対面コーチングの方がずっと心地よく、効果が高いと感じていました。彼は、私が彼の微笑みやしかめ面、その他の表情を見ることができることを知っていました。彼は、自分が前や後ろに身体を傾けたり、突然直立したり、椅子の奥に沈み込んだりするのを、私が観察していると確信していました。彼は私に、彼がどう感じているかを知るための鍵となる、言葉以外の間接的なシグナルをすべて捉えてほしいと思っていたのです。そうすれば、私があたかも鏡を向けているかのように、彼に自分の気持ちを自覚させることができ、決断を導くことができるからです。

受容が服従につながることがあるというのは、正当な懸念の一つですが、別の文化を正しく評価することが、自分自身の文化を否定することを意味するわけではありません。受容することは、合意することとは違います。あなたは、自分の生活で同じ選択をすることなく、異なる文化の特徴を尊重することができます。あなたは、それが自分自身にとって適切でなくても、他の人にはちょうど良いかもしれないということがわかるでしょう。たとえば、あなたは格式張らず、ブルージーンズや運動靴を履くことの良さを理解しているかもしれませんが、ある文化では格式張ったものをより快適に感じるということも尊重できるのです。

もう一つの懸念は、すべての文化の違いは相対的であり、ゆえに私たちは文化の違いに寛容であるべきだという前提の下に、どんな文化でも受け入れるべきだと考えることです。それは間違っています。異なる文化的見方を受容するということが、民族主義や外国人排斥、反ユダヤ主義といった不寛容さを助長するところにまでいくべきではありません。受容することは単純に文化の違いを何でも受け入れることを意味するものではありません。しかし、ほとんどの場合、文化の違いを受容することは望ましいことです。そして、不寛容さ以外の異なる世界観を寛容し、奨励すべきです。

最後になりますが、受容は知的であると同時に、本能と感情からくるものであるべきだと付け加えておきます。これは、単に違いを頭で受け入れるだけでは十分ではないという意味です。異なる真実や理想が正当なものだということを、心から確信する必要があります。

第5段階——違いに順応する

違いに順応するという行為は、自分の快適地帯[14]を出て、外側の世界を冒険する段階に入ったことを意味します（図表4）。これは、適切なときに、自分の振舞いを他の文化に合わせるということです。自ら異なる見方をし、異なる価値観や想定を進んで持つのです。言い換えれば、別の人間の立場に立ち、その立場から現実を注視することです。共感は人間の重要な才能であり、違いに順応するためには、広く共感する必要があります。

私は、快適地帯という概念は、一般的に人間の啓発のコンテクストにおいて非常に有用な比喩だと思っています。

異文化の環境は、自分の快適地帯の外側に踏み出す貴重な機会を与えてくれます。コーチは、コーチーが充電するために、定期的に内側に戻るよう促しつつ、成長のためにこの機会を積極的に取り入れるよう、動機付けすべきです。差異を認識し、受容する段階では、まだ自分が慣れ親しんだ世界の内側に留まっています。しかし、違いに順応するには、自分の世界から踏み出し、自分の行動のいくつかを変えてみるという実験をしなければなりません。バクスターーレナルでいえば、看護師の立場に立って支配することを止め、新しいコートを身につけるかのように沈黙を試してみることです。

ただし、快適地帯の内側に居ることと、外側に出ることの間で適切なバランスを見出す必要もあります。あなた、あるいはコーチーの快適地帯を広げることは建設的ではありますが、行けるところと行ける速度には明らかに限界があります。ある限度を超えてまで「気質に逆らう」のは、かえって非生産的です。その場合、コーチーに虚脱感を与えるか、単にコーチングのジャーニーでの喜びを感じる能力を減退

図表4◆快適地帯

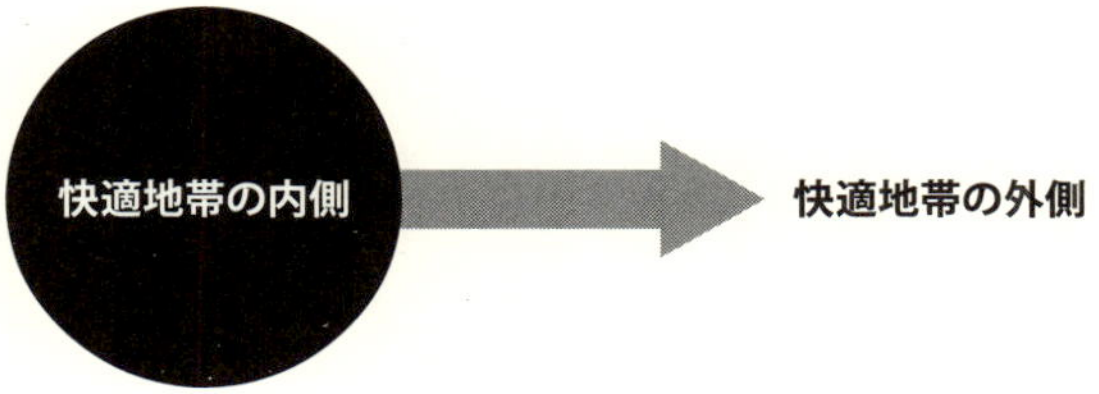

させてしまうでしょう。

共感は、文化の垣根を超えてコーチするための十分な条件だと言う人がいます。もしあなたが開放的で、好奇心があって、差異を尊重し、学習する覚悟があるのならば、彼らに言わせると、それだけで素晴らしいコーチになれます。この主張はある意味で真実です。結局のところコーチの役割は、コーチーが自分自身で解決策を工夫できるようにすることだからです。

コーチー自身が専門家なのです。しかし、コーチングはそんなに単純なものでしょうか？　文化について学ばずに、あらゆる文化に対して真に共感することができるのでしょうか？　私はそう思いません。危険なのは、自分自身の異文化に対する啓蒙の必要性を見落とすことです。

ビル・クリントンとモニカ・ルインスキーのスキャンダルが盛んだった頃、何人かのアメリカ人の友人と話したことがあります。彼らは、自分自身の文化においては非常に共感度の高い人たちでした。

しかし、以下の例では、共感が文化を超えられませんでした。これは、文化の違いに順応するうえで十分ではないことを意味しています。ミッテラン元フランス大統領は、かつてエリゼ宮に愛人とその子どもを住まわせていた——私がアメリカ人の友人たちに、この事実はずっと内密に扱われスキャンダルに発展しなかったと話したところ、彼らは大変なショックを受けていました。さらに、清教徒的なアメリカ文化において、クリントン大統領は不倫について口を割らないという嘘をつく以外に選択肢はなかっただろう、とフランスのマスコミが考えていると言ったところ、彼らは自然な共感から厳しい批判に代わり、「このフランス人という輩は、明らかに私たちと同等の道徳水準を持っていない！」と述べました。これは自文化中心主義的態度の現れです。批判する人たちは、自分自身の文化的背景にある見方からそうするのです。倫理観はさまざまな文化的な面で現れます。一般化は、常に不正確であることを避けられませんが、金銭や財産がフランス人にショックを与えるかもしれないように、アメリカ人にとってセックスはショックなのでしょう。この例では、アメリカ人を取り上げましたが、他の例を選ぶこともできます。どの文化も自文化中心主義の誘惑から免れることはできないのです。

特に有益なのは、自分で外国の文化やさまざまな組織、企業の異なる文化に飛び込んでみることです。海外駐在員として仕事をすることは大きなチャンスですが、だからといって、自動的に異文化に順応できるようになると保証されているわけではありません。私はベルギーに住む2組のアメリカ人夫婦と仕事上深い付き合いがありました。1組目の夫婦は現地の言葉を習って、ベルギー人やブリュッセルに住むヨーロッパ人と付き合う努力を惜しみませんでしたが、2組目の夫婦は離れた場所に居を構え、ほとんどの時間を自分たちだけ、または他のアメリカ人仲間と過ごしていました。離れた場所に引きこもっていた夫婦でさえ、アメリカにずっと居たならば知ることができなかったさまざまな違いを発見しましたが、全体的にいえば、彼らは最後までベルギー人に対して批判的な姿勢を崩しませんでした。対照的に、現地の文化を経験しようと努力した夫婦は、ベルギー的な冗談や機知、率直さを楽しむことができるようになり、これを自ら試みるところにまで到達しました。すなわち、彼らはベルギー的生活に順応したのです。

異なる文化に適応するのに、大変有用な組織が2つあります。一つは、最も主要な国際的インターカルチュラリストのネットワークである異文化コミュニケーション学会（SIETAR：Society for Intercultural Education, Training, and Research）[15]です。もう一つは、特定の文化や国々に関する手引書や海外赴任に適応するための文化全般に関する書籍を出版しているインターカルチュラル・プレス[16]です。

重要なのは、順応することは同化することを意味するものではないということです。第1章で触れた交流分析の語彙を参考にすると、順応は「ＯＫ－ＯＫ」の心の態度を意味しますが、同化は「ｎｏｔ ＯＫ－ＯＫ」の心の体制を暗示しています。同化は自己のアイデンティティを放棄し、それが新しい文化によって吸収されてしまうときに起こります。言い換えれば、順応は潜在能力を活用し、相乗効果を高め、コーチングの助けとなりますが、同化は違いを排除し、独自性を埋没します。

第6段階――違いを統合する

順応は、見方を一時的に変えることや、必要なときに振舞い方を変えることを意味します。ベネットモデルの最終段階である統合は、常にあなたが心の中に異なる枠組みを保つことができるようになったときに起こります。あなたは、1つの状況をさまざまな角度から見つめることができます。コーチーに向かうとき、とても役に立つ知識や精神的な柔軟さを身につけたことになります。

あなたは「1つ以上の文化的見地を選択し、状況を分析し評価」できます。つまり、文化的見地を変えて別の選択肢を提案することができるのです。ピーター・アドラーが言うように、「自分自身の生活様式と異なったものを自分の本質的なアイデンティティに包含し、現実の多面性を心理的、社会的に把握できる」人になったのです。[17]

たとえば、パターンや相互関係を識別することができないコーチーがいるとします。彼はよく問題をより扱いやすい小さなパーツに分解しますが、分解することで人為的な小部屋をつくってしまうおそれもあります。統合の段階においてコーチは、コーチーの問題に注目しながら、プロセス自体が展開していくのを見ることができます。また、コーチーが西洋の分析的思考法に限界を感じているかもしれないことにも気付くでしょう。

この意識は、コーチが東洋の体系的思考（第10章）のような別の思考方法の存在やその応用方法を知っていて初めて可能になることです。コーチがこの知識を身につけることで、コーチー自身に、自分がどのように思考しているかを気付かせることができます。質問や示唆、その他のコーチングのテクニックで、コーチは、コーチーがより体系的アプローチを取れるように手助けします。

統合は文化的発展の一つの進化した形態であり、一定の犠牲を伴うものです。自問することは確実性のある生活を送るより難しいことです。文化は1つのプロセスであり、「正しい」方法が複数存在することを理解すると、あなたはもはや自ら責任を負うことなく、他人を非難する消極的な傍観者ではなくなります。あなたはダイナミックな文化の形成に貢献できる一人の行為者となります。あなたには選択肢があり、それゆえ正しい文化的環境をつくるために責任を負うのです。

しかし、あまりに多くの可能性がありすぎて目がくらむかもしれません。ベネットはこう書いています。「統合の段階においては、いかなる想定も〝メタ〟レベルへ意識的に高められるようになったおかげで、あなたはあらゆる既存の文化的枠組みの外にいることになります」「あなた自身が、自分自身の実体をたゆまず創造する」ことを経験します。これは建設的ではありますが、「脆弱さ、まとまりのないアイデンティティ、虚偽、人格崩壊は、文化の境界線を準備不足のまま飛び出そうとするところに現れる危険です。人々はどの文化の一部にもなれないと感じたり、文化の外で建設的な役目を果たすことを明確に感じられずに、一種の空虚感を経験するかもしれません」

現実に立脚することは極めて重要です。「メタ」な立場に単に安住してはいけません。文化に浸ってその体験を楽しんでください。一歩離れてみれば、本当の人生に通ずる恩恵を享受することができるでしょう。

ここに書かれている概念を、単に頭で理解するだけでは十分ではありません。第4段階から第6段階まで軽く飛ばすことはできません。他の世界観を有効な選択肢として真に受け入れられるようになるには、十分な人生経験と自問自答が必要です。頭だけでなく本能と感情でも理解しなければならないのです。

自分のインテグリティを脅かされていると感じずに、文化の違いを受け入れる意思と能力を発展させられたとき、あなたは第5段階である順応に進むことができます。この時点での、あなたのコーチとしての異文化に対する感受性は、おそらく他のどの人よりも高くなっているでしょう。第6段階の統合への移行とは、最初は違和感があった新しいテニスの打法が練習を重ねるうちに習い性になるの同じように、自然に起こります。第6段階では、テニスの選手は単に複数の打法を習得しただけでなく、試合中、瞬時に最適な打法を選ぶという並外れた才能に発展させたことになります。同様に、コーチのレパートリーも、必要に応じて複数の文化的見方を選んで適用する能力とともに拡大発展していくでしょう。

このように、さまざまな異なった文化的見方に違和感がなくなることやコーチーの問題点に異文化の光を当てることは、確かに素晴らしいことです。しかし私は、読者がもっと先にある新しい段階、第7段階にまで到達すると、文化の違いをむしろ大きな利点として活用できるようになると提案します。

第7段階──違いを活用（レバレッジ）する

文化の違いを活用することは前向きな態度です。あなたは自分自身の文化の中に宝石を探し、それ以外の文化にも宝物を探します。コーチーにも、同じことをするように薦めます。それらの宝は、有益な洞察力や物事に対する別の見方という形で現れ、空間や時間を通して蓄積された人間の知恵から収集できます。

活用するということに関しては前章で触れましたが、まだ明確に定義していませんでした。力学において、梃とは「1つの端に力を加えることで、もう1つの端にある重たい、あるいは強固に固定された負荷を動かす役目を果たす、軸上の堅い棒のことです」[18]。梃の原理とは、梃を使うことによって力を倍増させることです。別の言い方をすれば、力を活用するということは、梃を利用することで、あなたが使っている力以上の力を得ることを意味します[19]。

私は、「活用する」という概念は、コーチングにおいて必要不可欠だと信じています。活用するということは与えられたインプットより大きなアウトプットを達成するという意味です。インプットは個人または人間の集団の潜在能力です。さらにいえば、コーチング・アクロス・カルチャーズでは、インプットは異なる文化的志向性です。そして、文化的多様性の中にある豊かさは、私たちの潜在能力の一部分です。つまり簡単にいえば、文化の違いを活用することは、これらの違いを最大限に利用することを意味します。つまりコーチングのプロセスは、大きな成功を達成し、複雑な課題を克服する手助けとなる梃なのです。

活用する（梃を利用する＝レバレッジする）ことは、文化に対する動態的な視点と関係しています。それは文化について積極的に学び、異なる文化的視点の中から最良なものを見出す創造的手法を探求することです。活用することは、別々に取り出した文化の構成要素の和より大きな合成物を創造するという相乗効果を醸成することです。[20]

逆説的にいえば、このプロセスにおいて究極的には統合性を発見するでしょう。しかし、これは弱いバージョンではありませんし、第3段階のことでもありません。第3段階ではまだ、「均一性」と「統合」が混同され、「私たちは皆同じ」と考えたり、多数の見方を優先し、最小限の共通点を見出すような考え方が支配的です。統合とは1つの完成された形、完全性、全体性を意味します。統合は違いの合成物です。この文脈において完全になるということは、文化の違いを尊重する心の態度を発展させることです。[21]さらにいえば、変化する世界において、この統合は、はかなく不安定で、絶えず再発見され、再構築される必要があるため、決して自己満足してはいけないのです。

これで第2章の初めに戻ったことになります。バクスターーレナルは、利益重視の価値観と人間重視の価値観の両方を併用して、卓越したパフォーマンスと人間的な業務遂行の両方を達成しました。マーク・フィリップは、スウェーデン人の特性を自分自身のイギリス人の文化と統合させることで、より能力を発揮しました。第Ⅱ部では、さまざまな文化的志向性とその定義、異文化間の障害の例、違いを活用する例、そしてコーチに対しての活用方法および助言について触れたいと思います。

最後に、違いを活用することは、実践的な、また道徳的な理由から、常に可能というわけではありません。時にはいくつかの選択肢から選ばなければならないこともありますし、妥協やトレードオフしか望めないこともあります。また、いくつかの例では、「この文化的見方が正しく、あれは間違いです」と強い姿勢を取る必要があります。たとえば、生命を神聖なものと捉えることは常に正しく、罪のない犠牲者を殺すことは、許容できることではありません。

文化の違いを活用する企業

コーチング・アクロス・カルチャーズは文化の違いを活用して、人間のより多くの潜在能力を解き放ちます。その結果、成果や達成感が増大します。次のケーススタディは、コーチング・アクロス・カルチャーズがさまざまな状況においてどのように活用されるかを説明しています。

ユニリーバとベストフーズの文化を活用する

ある研究では、「2件につき1件以上の合併は失敗する。3件のうち2件は約束した価値を創出できない。人間や企業文化の問題が失敗の最大要因」であることが示されています。[22]

2000年に、ユニリーバはベストフーズを250億ドル以上の金額で買収しました。これは、その年の企業合併・買収規模で世界20位以内に入る案件です。[23] ユニリーバは、自らの文化を事実上強要せずに、合併を上手く機能させるには、2つの企業文化の違いをよく理解する必要があると考えました。コンサルティング会社のヘイグループの助けを借りて、統合のためのタスクフォースは図表5に示す違いを発見しましたが、このような一般化には多くの例外があることに気付きました。

タスクフォースは、これらすべての志向性が、潜在的に長所を持つことを認識していました。彼らは、両方の企業文化の最良なものを融合することを考えましたが、その評価を行うには、全体を貫く何らかの

図表5◆ユニリーバとベストフーズの企業文化

	ユニリーバ	ベストフーズ
マインドセット／行動	●概念的／知的な焦点 ●平等主義／危険回避的 ●拡散的／集団的責任 ●型を広げる ●思慮深い観察 ●理性的	●日常業務（作業的）へのフォーカス ●高リスク・高報酬を求める ●個人責任の意識 ●型を破る ●積極的な実験 ●直観的
意思決定の様式	●コンセンサスによる決定 ●遅い決定 ●分権的だが、強い企業の影響	●個人的／小集団の決断 ●迅速な決定 ●分権的で、強い地域ごとの裁量
影響力／社内政治	●決定に問いかけ分析する ●巧妙に社内政治（駆け引き）を扱う	●「とにかく、やれ」（適合／威圧） ●社内政治の扱いに不慣れ

考え方が必要であることに気付きました。そして、その考え方は全体的なビジョンと戦略から得られました。結局のところ、ユニリーバとベストフーズ両方の文化から特徴を引き出す新しい企業文化が求められることになったのです。

この目的を達成するため、文化のレパートリーはユニリーバとベストフーズの企業文化の両方を活用しながら広がっていきました。たとえば、ユニリーバのエグゼクティブは、分析の深掘りが実施の妨げになるのであれば、分析よりも迅速に決断を下すことを学んでいます。一方、ベストフーズのエグゼクティブは、拙速な行動を起こさないように、一度下した決断を建設的に疑ってみる習慣をつけようとしています。

私は両社の幹部を数人コーチしましたが、その際、彼らのフォーカスがユニリーバは知的なもの、ベストフーズが日常業務的なものにあることに気がつきました。私は、彼らに自分の企業文化をさらに豊かにするために、相手の企業文化から学ぶよう求めました。たとえば、私はユニリーバのエグゼクティブには、自分のビジョンをもっと具体的な言葉で表現し、日常業務における重点事項を細かく規定するように要求しました。その一方で、ベストフーズのエグゼクティブに対しては、部下を幹部の斬新なアプローチについてこさせるために、幹部の直観的なアイデアと具体的な発案をベースに、一般的哲学や説得力のあるビジネスケースを明確に表現するように求めました。

[24] 時間の経過とともに、ベストフーズの買収がどのくらいの成功を収めるか、はっきりしてくるでしょう。しかしそれぞれの企業から学ぼうという姿勢は、合併後のユニリーバ・ベストフーズをすでに強化しています。ベストフーズからもたらされた才能は、よくあるように疎まれることはなく、むしろ維持され、発展されています。

チャブ保険における西洋文化と東洋文化の合成

チャブ保険のアジアパシフィック地区は大変な成功を収めています。2001年における同地区の業務は、全体として37パーセントの成長（1・58億ドル強の実績）で、2002年3月時点での市場全体の成長予測である3〜7%を大きく上回りました。この数字は多くの要素によって可能になりましたが、私は、西洋文化とアジア文化を統合しようとする最高幹部たちのコミットメントが大きな一因だったように思います。

チャブ・アジアパシフィック社長のクリス・ジャイルスと人事部門の上級バイスプレジデントであるクリス・ハミルトンは、常に成功するビジネスを構築するためには、チャブの幹部は優れたリーダーであるる必要があると日頃から確信しています。彼らは、これが特にコーチとして振舞う能力であり、しかも文化の垣根を超えてそれを行えるということを知っています。

私はクリス・ハミルトンから、チャブ保険のアジア・オーストラリア地区の上級幹部を対象としたリーダーシップ養成プログラムの設計と研修の依頼を受けました。私たちは皆、自分の方法を押し付け、アジアの人々に指導の方法を見せるような、傲慢な西洋人の印象を与えたくないと思いました。クリス・ハミルトンは、私たちはお互いから学べることがあり、違いこそが豊かさの源泉であるという謙虚な意見を述べました。▼[25]

チャブ・アジアパシフィックで最初のリーダーシップ養成セミナー（２００１年10月）を行っているとき、私はアジアグループ内に多くの力が収束して上層部における統合性を創造し、それがチャブの原動力となり、アジアにおける存在を構築する重要な資産となっていることに気付きました。その力とは調和を求める文化志向であったり、内部の協力を好むことであったりと、１つの共同体への帰属意識を包含するものでした。調和を保つためには、間接的なコミュニケーションに依存し、すべての人が顔を立て合い、誰も気を悪くしないように配慮する必要もありました。このことは組織や顧客に対して、完璧なサービスを提供する手段としての規律（たとえば、指示に対して常に厳密に従うこと）に対してより快適でいられることを示唆していました。

セミナーの最中、私はオーストラリア人幹部たち——彼らは文化的には西洋に近いですが、チャブ・アジアパシフィックの重要な一員が、より率直で自由闊達に、自分の考えや気持ちをグループに伝えるのを見ました。その後、彼らはアジアの人たちから、人の話に耳を傾けることと沈黙を守ることの美徳を学びました。反対に、彼らはアジアの人たちに、グループが間違った方向に動いているときには、その調和を乱すリスクを冒しても声を上げる方法を示しました。

このグループは、相互に尊敬しあうことやお互いから学ぶ気持ちによって、非常に効果的な方法で、かつ相乗効果をもたせながら、西洋と東洋の文化を互いに豊かにしていきました。これによって、アジアと西洋の特徴を融合しながら、より高い成果とより高い達成感という新しい文化を発展させることになったのです。

チャブ・アジアパシフィックの幹部は、西洋の個人によるリーダーシップとアジアの集団の調和を配合することを学びました。たとえば、潜在的に関係を悪化させることを避けようとするアジア的な文化に依拠しつつも（西洋人にはより自然に感じられる）直接的なフィードバックを行うことです。彼らは、たとえば、否定的なフィードバックを与える前に十分な信頼、相互尊敬、正しい評価を常に構築することでしょう。面目を保つために、この判断がその人の人格に対するものではないことを明確にし、彼らの行動やその影響に焦点を当てながら説明するでしょう。さらに、常に「4つの目で」（一対一で）繊細な対話を行うでしょう。[26]

チャブ・アジアパシフィックの幹部は、権限委譲の方法として自分の部下に、より多く質問することを学びました。クリス・ジャイルスは、これはビジネスの成果を達成するために重大なことだと主張しました。彼らは、チャブ全体の目標と整合性を保つために、部下たちが持っている規律や集団の和に対する意識に信頼を置きつつ、部下の自主的な決定を尊重する習慣を身につけました。

1人の中国人幹部が私にこう言いました。中国人はよく集団主義的だといわれますが、中国の英雄（孔子、孟母、朱子、孫子等[27]）はいつも個人でした。それゆえ、彼は個人主義的志向と集団主義的志向の両方を持つことに何ら抵抗がないそうです！

もちろん、文化の違いを活用することは簡単なことでなく、いつも可能なわけではありません。時にはトレードオフも必要となります。さらに、決して満足してはいけません。その成否は、期待以上の成功を達成すべく、人間の潜在能力と文化の違いを活用するさまざまな方法を探し続ける、チャブ・アジアパシフィックの全社員にかかっているでしょう。

第II部では、「文化的志向性の枠組み」に沿っていくつかの重要な文化的ディメンションを探求します。おなじみの変数に若干異なった定義を用いていますが、インターカルチュラリストでコーチの方法論について勉強されている方々には、これらの文化的特性がよく理解できると思います。

Part II

Leveraging Cultural Differences

文化の違いを活用する

Chapter 3

The Cultural Orientations Framework

文化的志向性の枠組み

コーチングと文化を統合するために最初に必要となるものは、文化を語る言葉です。言葉がなければ、文化的現実は存在しないも同然です。たとえば、エスキモーは多種多様な雪を描写する無数の言葉を持っていますが、私たちの多くはそのような言葉を知らないので、微妙な違いを解読することはできません。これと同じことが、あらゆる学問や人間活動にいえます。素人にとっては、テニスのサーブはただのサーブです。しかし、テニスをよく知る人は、サーブにもトップスピン、スライス、フラット等いくつものサーブの種類があることを知っています。コースについても、相手の身体に向かってサーブすることも、バックハンドやフォアハンド側の遠いところにサーブすることもできるのです。

言葉は必要不可欠ですが、問題は文化が膨大な題目であることです。価値観、規範、行動にはありとあらゆる種類が存在します。外国語を習得するとき、数千の語彙や表現を会得することは簡単ではありません。同様に、コーチが急にインターカルチュラリストになろうというのも、非現実的です。一生をかけても、せいぜい空間と時間をまたぐ多数の文明を探求し始められればいい方でしょう。

幸いなことに、傑出したインターカルチュラリストたちが、重要な文化的特徴を発見してくれています。それらを利用すれば、基本的特徴を判別することができます。文化的側面をすべて探求することは、私たちの手に及ぶ範囲ではありません。しかしながら、フローレンス・クルックホーン、フレデリック・ストロッドベック、エドワード・ホール、ヘールト・ホフステード、フォンス・トロンペナールスら多くの文化人類学者、コミュニケーションの専門家、異文化研究家やコンサルタントの発見によって、文化的志向性や文化的ディメンションに焦点を当てることができるようになりました。

「文化的志向性」とは、自らの文化により規定された方法に基づき、考え、感じ、行動する志向性のことです。たとえばアメリカでは、概して意図した通りに発言し、発言通りの意味を持つという率直な意思の疎通を行います。このスタイルは、メッセージが明確に伝わる反面、攻撃的と受け取られることもあります。したがって、彼らの文化的志向性は「直接的コミュニケーション」で、アジア人に一般的な間接的表現とは対照的です。それに対して、アジア人は他人の感情を傷つけることを避けるために、誤解される危険を冒してでも、意図することをあまりはっきりと表現しません。

文化的志向性に白黒をつけることはできません。すなわち、どのような人も全面的に直接的だったり、間接的だったりするわけではありません。個人や文化は、両端に位置する顕著な特徴の間を結んだ直線のどこかにあるものです（図表6）。たとえば、70％は直接的であっても、残りの30％は間接的な傾向がある人の文化的志向性は、「直接的‐間接的コミュニケーション」という文化的ディメンションにおいて、主に「直接的コミュニケーション」ということになります。

図表6◆直接的ー間接的コミュニケーションという文化的志向性の例

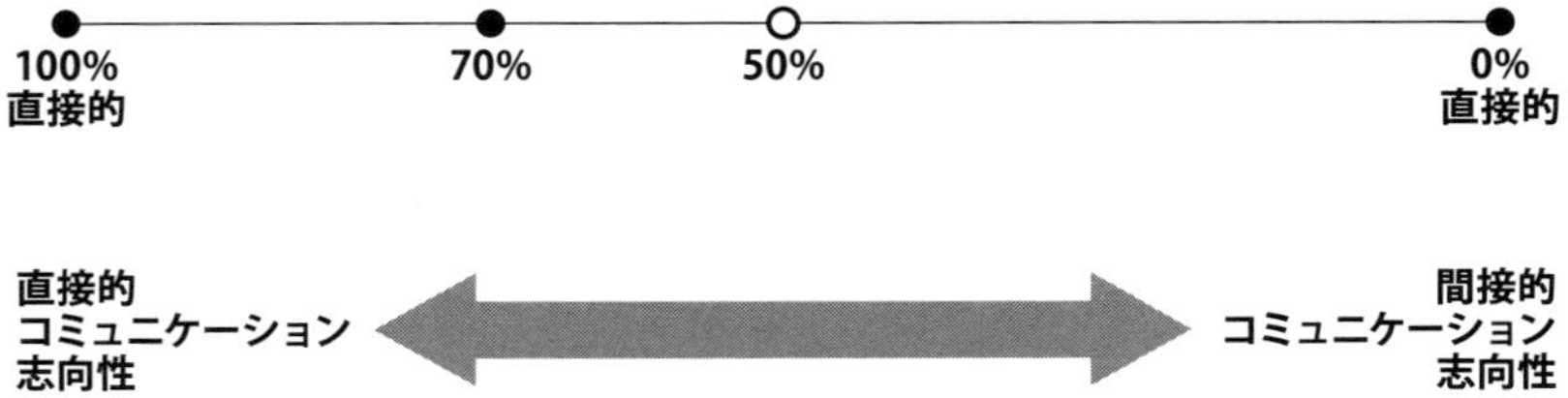

文化を評価し比較するために、コーチはコーチングを実践するうえで重要な文化のディメンション（志向性）を包括する統合的な枠組みを必要とします。ここでも、前述の著者たちがその多くを発見した文化的ディメンションに基づき、何人かの著者がモデルを提案しています。トレーニングマネジメント社（ＴＭＣ）の「文化の志向性モデル」は有益な情報源です。[1] ＴＭＣは「文化の志向性指標（Cultural Orientations Indicator）」と呼ばれる計量心理学的ツールを考案しました。創造的リーダーシップセンター（ＣＣＬ）の「学習の枠組み（Learning Framework）」もまた、貴重な参考資料です。[2]

皆さんは、この章と第Ⅱ部全体を通じて、「文化的志向性の枠組み（COF：Cultural Orientations Framework）」という1つの統合的な枠組みを見出し、理解を深めることができるでしょう。この枠組みは、特にコーチにとって、そして組織で働くコーチーにとって重要な文化的領域の見取り図となるもので、多くの用途があります。

文化を評価する　ＣＯＦはある文化における顕著な特徴を表現する言葉を提供し、重要な文化の変数と傾向に焦点を当てることを可能にします。

新しい文化の選択肢を発見する　たとえば、ヒエラルキー型組織に対する志向性を認識すると、フラットな組織を選好することと比較できます。自然で普遍的に思えていたパターンがその対極にあるものと対照されることで、にわかに相対的で偏ったものにさえ見えることがあります。今まで見落とされ、発見されずにいた志向性を認識することは、困難な問題に立ち向かうための新たな選択肢を与えてくれます。

文化の違いを評価する　スチュワートやベネットの調査が示すように、「異文化間の交流における中心的な問題は、単純にいえば文化的相違を適切に認識できないことです」[3]。いくつかの文化が関係している場合、ＣＯＦはそれらの文化的類似性と相違性を明確にする体系的なアプローチを提供します。

異なる文化の架け橋となる　特定の文化的相違を的確に指摘することで、次にそのギャップを埋める労力に集中できるようになります。

望ましい文化を思い描く　ＣＯＦは理想的な文化を語る語彙を提供します。そこから、現在の文化と望ましい文化の架け橋となることが課題となります。それは依然として大きな挑戦ですが、少なくとも手に負える課題です。

文化の多様性を活用する　文化的選択肢が明確に定義されることで、それぞれのディメンションの２～３の観点から、最適なものを採り入れる努力ができます。可能な限り、文化の差異を最大限に活用することで相乗効果を得ることができるでしょう。

ＣＯＦは、コーチが個人的判断や固定観念に左右されずに、文化の違いに取り組むことを可能にします。すべての文化的志向性には長所と短所があります。コーチは、文化相対的な姿勢（第2章）を推奨し、具体例に沿ってリードすべきです。

文化的志向性の枠組みにおけるカテゴリー

私は、コーチとコーチーが直面する普遍的な課題や、異文化に関する文献から引用した重要な文化的ディメンションを念頭に置き、私たちが自身の文化や職業にかかわらず必ず直面する重大な課題のうち、コーチングの場で特に重要なディメンションを7つのカテゴリーに分類しました。前述の通り、すべての文化は以下の志向性のそれぞれの特徴を内包しており、文化間の重要な違いは、その中で何を強調すべきかということにあります。すべてのディメンションを通じて、各志向性は平均すると直線上のどこかに位置する傾向があります。

①権力と責任に関する意識　「あなたは自然を支配していますか。それとも、自然があなたの生活を支配していますか？」という問いかけに繋がります。コーチーの答えは、あなたがどのようにコーチングプロセスを組み立てるかに影響します。コーチングは、コーチーが自分の人生に対して少しでも支配力を持つと仮定するところから始まります。さもなければ、個人的な目標を口にする意味がどこにあるでしょうか。

②時間管理のアプローチ　私たちは皆いつか死と向き合う運命であることから、おそらく私たちにとって

最も大切な有限の資源である時間をどう見るかについての選択肢を研究します。

③アイデンティティと目標に関する定義　自己認識（アイデンティティ）は、コーチーが重要かつ意義深い目標を達成する手助けをするという、コーチの使命と直接関わるものです。誰かにとって何に意義があるかということは、その人の目標によって左右されますが、それは文化によっても影響を受けるものです。

④組織編成　大部分のコーチーが組織で働いていることから必要不可欠な問題である、さまざまな組織上の取り決め（アレンジメント）について探求します。

⑤領域と境界に関する概念　領域（テリトリー）も、また貴重な資源です。これから詳細を説明しますが、コーチングにおける対話は、物理的・心理的領域をどのように構築するかによって影響を受けます。

⑥コミュニケーション様式　コミュニケーションを通じて私たちが関係を構築し、情報交換を行うことから、明らかに重要性を持っています。

⑦思考様式　思考様式は、コーチーが自分の抱えている問題をどう考えているかを理解するために重大な課題となりえます。思考様式自体が問題の一部で、別の思考様式が解決策の一部であることがよくあります。

図表7はCOFのカテゴリーとディメンションの要約です。私は、それらの文化的志向性について、最初に紹介した著者たちとは異なる方法で使うことがあります。また、まったく違う用語を使うこともあるかもしれません。たとえば、最初のカテゴリーでは、クルックホーンやストロッドベックが初めに使った

カテゴリー	ディメンション	記述	
組織編成	階層ー平等	**階層**：社会や組織が適切に機能するためには階層化する必要がある **平等**：人間は、しばしば異なる役割を果たす平等な存在である	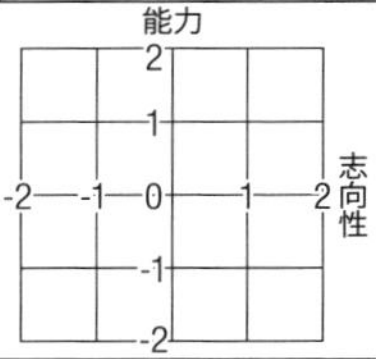
	普遍主義者 ー特殊主義者	**普遍主義者**：すべての事例は普遍的方法で取り扱われるべきである。一貫性と規模の経済のために、共通のプロセスを採用する **特殊主義者**：状況の特殊性を重視。分権化と個別の状況に応じた解決策を好む	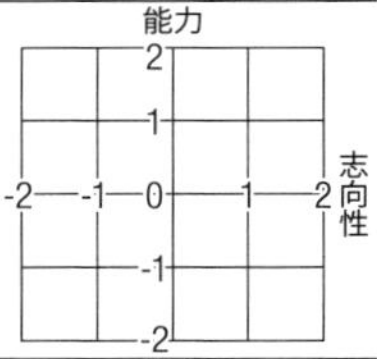
	安定ー変化	**安定**：静的で秩序ある環境を尊重する。体系的で規律ある業務を通じた効率性を推奨する。混乱を生じる変化や曖昧さを最小化する **変化**：動的で柔軟な環境を尊重する。適応力や革新を通じた効果を促進、退屈とされる日常業務を回避する	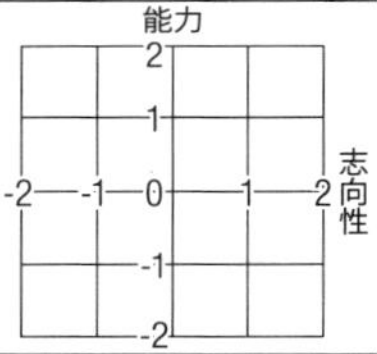
	競争的 ー協力的	**競争的**：競争的刺激を通じて成功や進歩を促進する **協力的**：相互支援、ベストプラクティスの共有、結束を通じて、成功と進歩を促進する	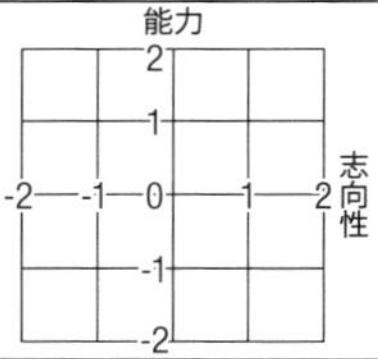
領域と境界に関する概念	防衛的 ー共有的	**防衛的**：個人の生活や感情を私的に留め（精神的境界線）、自分の物理的空間（物理的境界線）への侵入を最小限にすることで、自分を保護する **共有的**：心理的、物理的領域を共有し、より親しい関係を構築する	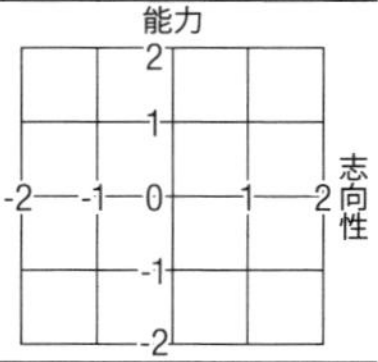

図表 7◆COFのカテゴリーとディメンション

カテゴリー	ディメンション	記述	
権力と責任に関する意識	支配ー調和ー謙虚	**支配**：人間は自分が欲する生活を送るために決定的な力と責任を有する **調和**：自然との均衡や調和を追い求める **謙虚**：不可避な自然の限界を受け入れる	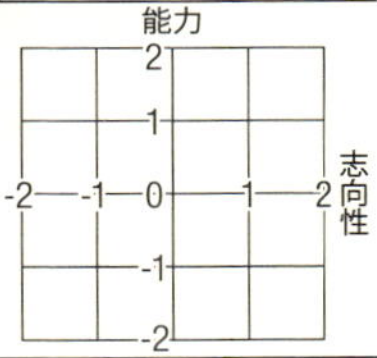
時間管理のアプローチ	希少ー豊富	**希少**：時間は希少な資源。注意深く管理しなさい！ **豊富**：時間は豊富、リラックスしなさい！	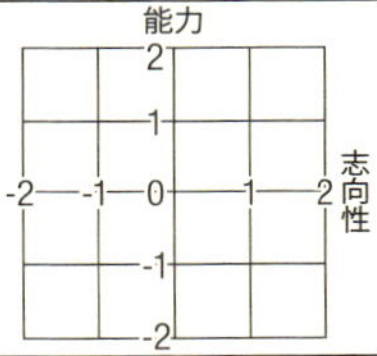
	モノクロニックーポリクロニック	**モノクロニック**：一時に1つの活動や関係に集中する **ポリクロニック**：同時に複数の業務や関係に集中する	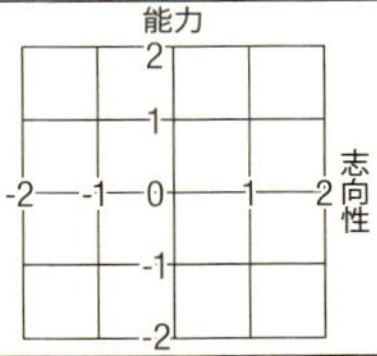
	過去ー現在ー未来	**過去**：過去から学ぶ。現在は本質的に過去の継続か反復である **現在**：「今ここにあるもの」や短期的利益に注目する **未来**：長期的利益を志向し、遠大なビジョンを奨励する	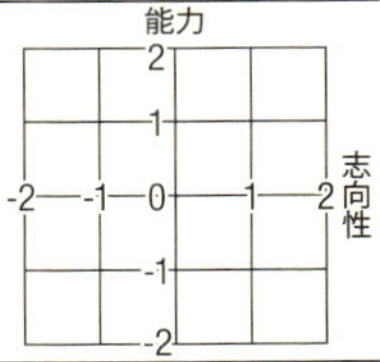
アイデンティティと目標に関する定義	存在することー行動すること	**存在すること**：生活すること自体や、能力や関係の発展に重きを置く **行動すること**：成果や目に見える達成に注目する	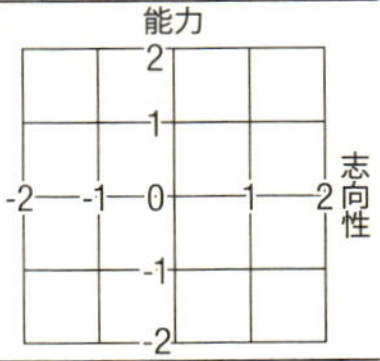
	個人主義ー集団主義	**個人主義**：個人の属性やプロジェクトを重視する **集団主義**：集団との関わりを重視する	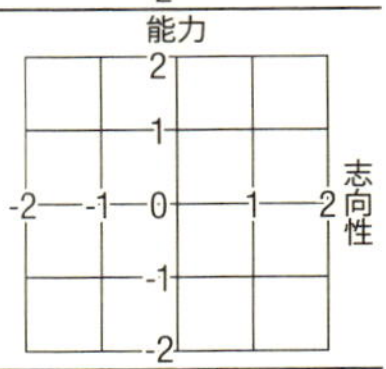

図表7◆COFのカテゴリーとディメンション

カテゴリー	ディメンション	記述	
コミュニケーション様式	ハイコンテクスト－ローコンテクスト	**ハイコンテクスト**：暗黙のコミュニケーションに依存する。ジェスチャー、姿勢、声、文脈を察する **ローコンテクスト**：明白なコミュニケーションに依存する。明確で詳細な指示を好む	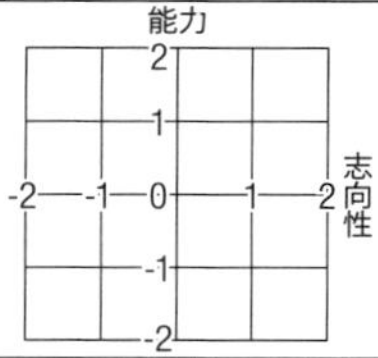
	直接的－間接的	**直接的**：意見の対立や難しいメッセージを伝えるとき、相手を怒らせ傷つける危険を冒してもはっきり伝える **間接的**：意見の対立や難しいメッセージを伝えるとき、誤解が生じても、良好な関係の維持を好む	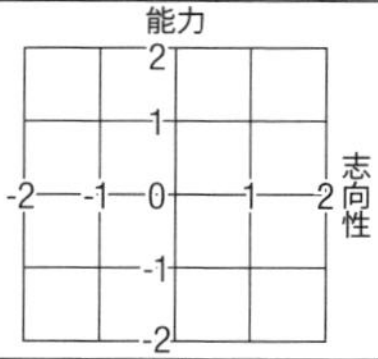
	情緒的－中立的	**情緒的**：コミュニケーションで感情や温かさを表現する。個人的、社会的関係の構築や維持が重要 **中立的**：コミュニケーションで簡潔さ、正確さ、超然とした態度を重視する	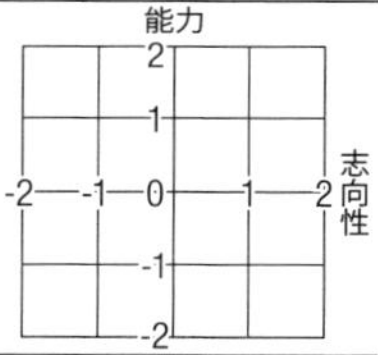
	フォーマル－インフォーマル	**フォーマル**：厳格なしきたりや形式を順守する **インフォーマル**：馴染みやすさと自発性を好む	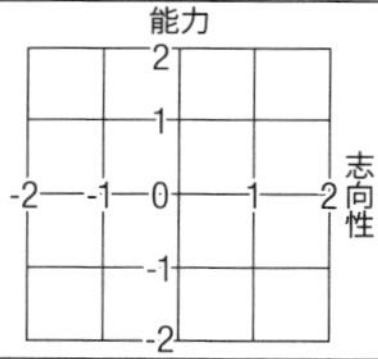
思考様式	演繹的－帰納的	**演繹的**：概念、理論、一般的原理を強調する。論理的理由づけを通じて実践的応用や解決策を引き出す **帰納的**：経験や具体的状況、ケースから始める。直観を用い、一般的なモデルや理論を考案する	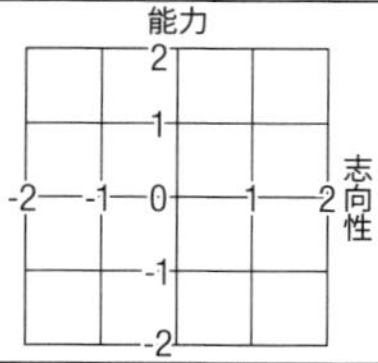
	分析的－体系的	**分析的**：全体を構成要素に分解、問題をより細かく分けて検討を加える **体系的**：部分を集めて1つの全体像にする。要素間の関係を探究し、全体の体系に注目する	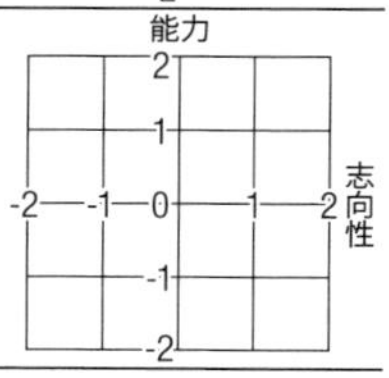

「自然への服従」という言葉の代わりに「謙虚」という言葉を使っています。謙虚という言葉は、私のコーチとしての経験では、よりポジティブに認識されやすい価値観を示唆するものです。私にとって、謙虚という概念は、「支配」（第4章）という概念に相対するもので、超越（transcendence）という哲学的概念——私たちの外に権力が存在することを容認する謙虚さと繋がるものです。

COFを使って文化的プロフィールを決定する

ＣＯＦは、自分のあるいはコーチーの文化的プロフィールを決定するために使うことができます。これはコーチングの評価プロセスの一部です。文化は集団的現象なので、少なくとも原則としてはＣＯＦを個別のチーム、部署、企業の特徴を描写するうえで使うことができます。

ヘールト・ホフステード[4]は、１９８０年の著書で、各国のＩＢＭ社員を対象とした彼の研究に基づいて４つのディメンションを定義し、40の国々を各ディメンションの数値に沿って１つの直線上に位置付けました。[5]

しかしながら、個人の文化的志向性が国の特徴から大幅にずれていることもあります。たとえば、フランス人は一般的にヒエラルキー組織を好むとされますが、私は平等を好むフランス人を何人も知っています。したがって、私はそれぞれの個人、チーム、組織が、個別の文化的プロフィールを確立すべきだと思っています

文化的プロフィールを確立するために、コーチーはそれぞれのディメンションの意味を熟考し、実際経験した状況における彼らの典型的な傾向について考察する必要があるでしょう。もちろん、有益な指導を

図表8◆元素と性格の関係

元素	人格属性
土	安定性、実用主義
空気	柔軟性、創造性
水	率直さ、愛想
火	決断力、情熱

行うために、あなた自身もこれらのディメンションについて深く理解する必要があります。これらのディメンションに関しては、4章から10章で詳細に説明します。さらに、コーチングがこれらの文化的志向性を明らかにすることにもなるでしょう。なぜならば、それらはしばしば無意識的なものだからです。たとえばコーチーが、「時間は豊富である」という見方があるにもかかわらず、時間は乏しい資源であるという見方をしていることに気がつかなければ、自分の枠を超えて、もっとゆったりと生きる機会を認識することはできないでしょう。自覚することが、生産的な行動をもたらすのです。同じ手法は、グループの集団的特徴を決定したり、企業文化を描写するうえでも使うことができます。

興味深いことに、文化的プロフィールの確立は新しい現象ですが、プロフィール自体の確立はまったく新しいものではありません。心理的分類は古代から人間の伝統でした。たとえば、ヒポクラテスの[6]「ユーモア」は、体液に基づく性格の分類（たとえば、リンパ液と関連する粘液的、リンパ的な気質等）を生み出し、古代からいわれている4元素は性格と結び付けられるとされています[7]（図表8）。

より最近では、カール・ユングの『心理学的類型（*Psychological Types*）[8]』は、性格の違いを表現するために最も広く使われている心理測定のツールであるマイヤーズ・ブリッグスの性格類型（MBTI[9]）の中に採用されています。

COFを効果的に使うための方法論的考察

文化プロフィールに対する性格プロフィール

文化プロフィールと性格プロフィールの間に共通項を見出すことはできますが、これらの構成概念は異なる現実、すなわち文化的なもの（＝COF）と心理学的なもの（＝MBTI）について言及していることを念頭に置く必要があります。

ユングに言わせると、私たちは一連の心理的嗜好性（つまり性格プロフィール）を持って誕生しますが、それは変化するものではなく、▼10文化から独立したものです。そのため、少なくとも原則的には、私たち一人ひとりの安定的な性格プロフィールが決定されることになります。

もちろん態度は変わりえるでしょう。なぜなら、態度は私たちの性格のみならず文化によっても影響を受けるからです。たとえば、外向性（ユングの研究から引き出されたMBTIの1つの選好指標）は、さまざまな文化的方法で発現します。イタリアではより情緒的ですが、スウェーデンではより中立的です。それゆえ文化的プロフィールの作成という考え方に繋がるのです。

しかしながら、コーチならば、文化的プロフィールという概念に若干無理があることに気付くでしょう。私たちの文化的志向性は、実際かなりの範囲で、（心理的選好とは異なり）文化的背景に依拠します。

これが意味することは、私たちの志向性は状況に応じてしばしば（少なくともある程度は）変化するということです。たとえば、仕事ではローコンテクスト、家族や親しい昔ながらの友人との間ではハイコンテクストというようにです。そうであれば、どのようにすれば信頼に足る文化的プロフィールを構築することができるのでしょうか。一つの解決策は、状況ごとに、文化的プロフィールを作成することです。その場合、特定の文化的プロフィールは、一定の状況においてのみ有効ということになります。もう一つは、個人の文化的プロフィールは、私たちの初期設定的な、つまり全体的な傾向を現すものと割り切ってしまうことです。たとえばアジア人の持って生まれた志向性は体系的な思考法ですが、彼らの中にも、特に西洋で教育を受けた人は分析的な思考法を好む人もいます。

コーチは、私たちの文化的プロフィールが私たちの行動を必ずしも決定するものではない、ということを忘れてはなりません。たとえば、私たちは競争に対する志向性を持っていても、ある特殊な状況では協力を選択します。MBTI指標はCOF以上に予測力がありますが、完全に決定できるとまではいえません。なぜなら、外交的な人が、時には内向的に振舞うこともあるからです。したがって、コーチはコーチーに対して、彼らの文化的プロフィールによって、潜在能力が制限されるわけではないことを教えてあげる必要があります。実際は制限されるどころか、コーチーが自分のプロフィールを自覚することで、その外にある新しい選択肢を発見し、予期しなかった潜在能力を活用するようになるでしょう。

内的現実と外的現実

コーチングは2つの補完性のある領域で作用します。つまり、「内的現実」と「外的現実」です。私たちの内側の世界は、記憶、感情、信念、想像、そして思考といった要素から構成されています。それは、私たちの外側の世界（＝領域）に関する描写（＝地図）を包含しています。しかし、アルフレッド・コージブスキーが指摘する通り[11]、「地図は領土ではない」のです。外側の世界は私たちが触れ合い、行動し、何かを起こすところです。優秀なコーチは、外的現実と私たちの内部にあるフィルターのかかったその描写間の永続的な関連性を育みながら、この2つの世界の相互作用を促進します。

たとえば、「この問題の解決策は存在しない」というように否定的に結論づけていることに気付くことができれば、逆に「私にはこの状況に解決策がある」という、より生産的な（＝内側の世界）信念を身につけようと意識的に決心することができます。これによって新しい（＝外側の世界）行動を取ることを容易にし、実際の問題解決に通じるのです。

コーチは、コーチーに自らの「世界の地図」（すなわち内的現実）を認識させ、それが現実の世界において、彼らの行動をいかに支配しているかに気付かせることができます。詩人のデヴィッド・ホワイトが巧みに表現しているように、「困難は、私たちが外側の作業を簡素化し、内側の領域を拡大することにより消滅する」のです[12]。

文化はまた、2つの基本的側面を持っています。スチュワートとベネットは、想定や価値観、思考様式等を含む内面的文化の特徴である「主観的文化」と、それらを外面的に表現したものである「客観的文化」、つまり経済体制や社会的習慣、政治構造・プロセス、芸術、技術、文学等[13]の文化的制度や工芸品と、対比させています。コーチは、コーチーがこれらの2つの側面を結び付ける手伝いをします。

COFは、多文化でグローバルな環境において自らの座標を得るのに役立つ地図として見ることができます。それは、自分自身の現在の世界観を評価し、別の選択肢を提供することで、自文化中心主義から文化相対主義的見地にどうやったら移行できるか教えてくれるでしょう（第2章）。

弁証法的 vs. 二進法的考え方

ＣＯＦのそれぞれの志向性は、潜在的に有益と有害のどちらにもなりえます。それぞれのディメンションにとって重要なのは、多様性を統合し、活用するためにその両面から現実を読み取る能力を向上させることです。

危険なのは、二進法的な考え方（二値論理）を採用することです。二進法的思考法はアリストテレスの時代から西洋人が慣れている思考様式ですが、この思考法ではどちらか一方の文化的志向性を選択させることになるので、さまざまな選択肢を検討し、それらを調和させる新しい方法の発見を妨げます。

コーチがＣＯＦを使ってポジティブな効果を得るためには、二進法的思考法に代わり弁証法的といわれる別の思考様式を必要とします。弁証法的思考法は、対照的なことや正反対の見解を求めます。新しいアイデアや解決策、そして選択肢が対立の中から浮上するのです。弁証法的思考法それ自体が、唯一の最適解（それは時には正しいこともありますが）があることを前提とする二進法的思考法に相対するものです。

反駁が特徴とされる弁証法は、いつの時代も、第三の解を排除する二進法と一線を画してきました。第三の解を排除する考え方は「2つの相容れない前提において、1つが正しければもう1つは間違いである」と規定します。古代ギリシャの思想家たちを思い起こすと、アリストテレスはその中でも二進法論者のチャンピオンといっても差し支えないでしょう。他方で、プラトンは弁証論を採用し、「すべての事象は相対する概念からなっており、この二面性によって類似し、かつ異なっている」と主張しました[14]。

いくつかの対照的な事例で、弁証法的対話を活発にすることができます。たとえば、昼と夜、全体と部分、陰と陽、波と粒子、自由と隷属、内包的と超越的、神聖と通俗等です。スタンフォード大学教授のフィリップ・ジンバルドは、たとえすべてとは言えなくとも、大部分の人間的事象はコインのように機能することに気付きました。つまり、表と裏は切り離すことができないということです。善は同時に悪でもありえますが、その逆に悪もまた善でありえるのです。また、ユングは、人間が誰でも持つ影の側面について語っています。

ジェームズ・コリンズとジェリー・ポラス[15]は、私たちの考えを「or」(排他的)から「and」(包括的)へ移行するよう提案しています。そして、この思考様式が朽ちることのない最高の組織と次善の組織を峻別する一つの要因であると主張しています。これは、彼らの哲学がアリストテレスよりプラトンを好むのと同じことです。私は、弁証法的に考えられる能力は、最も有能な指導者やコーチを他者より際立たせるものだと信じています。

志向性、能力、行動を区別する

COFは、コーチやコーチーにとって重要な文化的志向性を体系的に評価する枠組みを提供します。しかし、文化を表現するにあたって、「志向性――あなたは何を好みますか?」と「能力――あなたは何ができますか?」、そして「行動――あなたは現実にどう行動しますか?」はよく混同されます。

この3つの概念を区別することは、コーチにとって重要なことです。たとえば、業績の低い(=行動)社員と向き合うとき、コーチーに率直さが欠如していると認識したならば、あなたはその問題を対処する前に、何が原因なのかを判断する必要があります。それは率直に話すことが不適切(=志向性)だという信念から来ているのか、それとも率直に話す技能(=能力)が不足していることが原因なのか、そのどちらなのでしょうか。前者の場合には、新しい状況に対応して自らの信念を再評価することが要求されるでしょうし、後者であれば、実践を通じて、コーチーが技能を向上させることが正しいことだと考えられるでしょう。

この選好－能力間の区別は、心理的診断（プロファイリング）に応用されます。MBTI（性格）やCOI（文化）のような計量心理学上の測定指標は、選好（志向性）を測定するために有益ですが、能力や行動を測ることはできません。他方、COFの各ディメンションに用いられるマトリックスは、志向性と能力の両方を視覚的に表現することができます（図表9）。このように評価の精度が高まるので、結果となる行動はより適切で効果的になります。

演繹的－帰納的ディメンションを例にとると、評価プロセスは以下のようになります。

①志向性──あなたは何を好みますか？

質問

●この個人（集団）は、演繹的または帰納的のどちらの思考様式を好むでしょうか？

●彼（彼ら）は、何が最も居心地が良いと感じるでしょうか？

志向性に善悪はありません。さらに、個人の（または集団の）志向性は演繹的思考と帰納的思考の間のどこかに位置します。たとえば、-2から+2の間のどこか任意の数字で表現されるでしょう。▼16

図表 9◆志向性と能力

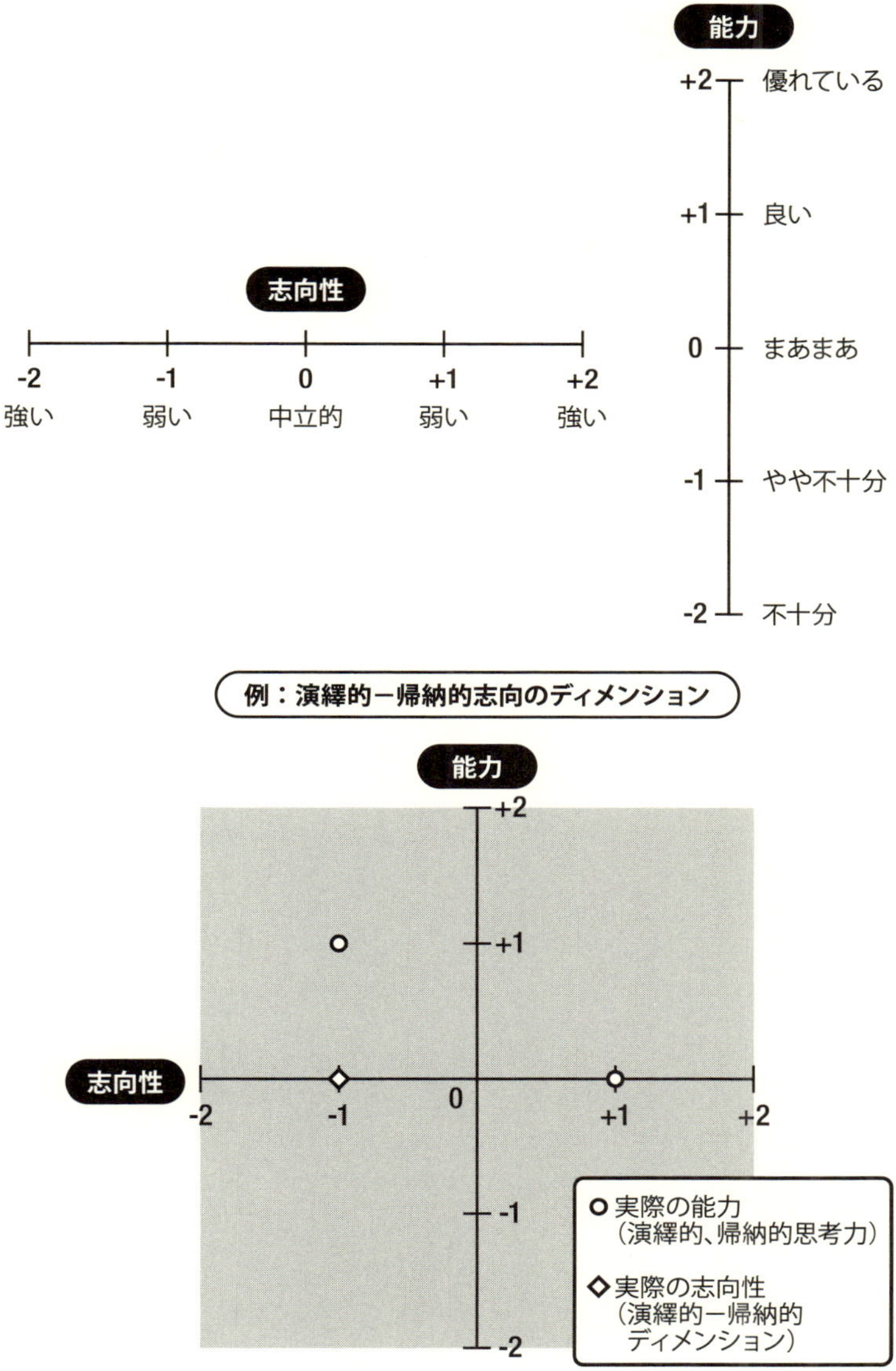
能力
+2 優れている
+1 良い
0 まあまあ
-1 やや不十分
-2 不十分
志向性
-2 強い
-1 弱い
0 中立的
+1 弱い
+2 強い
例：演繹的ー帰納的志向のディメンション
能力
+2
+1
-1
-2
志向性
-2
-1
0
+1
+2
実際の能力
（演繹的、帰納的思考力）
実際の志向性
（演繹的ー帰納的
ディメンション）

②能力――あなたは何ができますか？

質問

- どれくらい柔軟に行動していますか？
- 言い換えれば、もし個人（または集団）が帰納的思考を好むならば、彼（または彼ら）はどのくらい演繹的に考えることができますか（文化的には帰納法に惹かれていても、演繹法を使える人がいるかもしれません）？

行動上の柔軟性もそれぞれの志向性について-2から+2のスコアで表すことができるでしょう。図表9のマトリックスでいえば、ある人の志向性は演繹的で、その選好は「弱い」程度です。さらにグラフからは、その人はもう一つの思考方法である帰納法においても「まあまあ」の能力があり、演繹的思考法については「良い」能力を有することが示されています。

③行動――あなたは現実にどう行動しますか？

質問

- 実際の行動はどのようなものですか？
- どのような志向性に見られますか？

個人の志向性がどのように彼の問題解決へのアプローチに反映されていますか、という質問に対して正確な回答を得るには、３６０度フィードバックの仕組みが適しています。また私は、それに代わるものとして、最も頻繁に示している行動様式とその効果を表す定性的なコメントや証拠を活用しています。

文化を評価する

図表10のワークシートは、個人・集団の文化的志向性を記入するために使用します。このワークシートに、自分の文化的プロフィールを記入してみてください。第II部の残りを読み進めることで、さまざまな文化的ディメンションの意味がさらに明快になり、徐々にこの評価を完成させることができるでしょう。これは、あなたを高いパフォーマンスと高い達成感に向けたジャーニーに誘うコーチングプロセスのインプットとして役に立ちます。

実際、私は文化の評価において、帰納法と演繹法を上手く組み合わせられることを発見しました。次に、その方法について説明します。

帰納的アプローチ——絵はがきによる演習

直観というのは、その定義通り、論理的な類推を経ずに即座に知る一つの様式です。直観によって、私たちは思考のレパートリーを広げることができます。絵はがきによる演習は、コーチーの直観を試すために行います。演繹法が、論理を通じて連続的な心理プロセスとして見なされるのに対して、帰納法では直観を通じて知識に直接的にたどりつきます。

絵はがきによる演習は、絵はがきという視覚的な刺激（物）を利用して想像力を刺激する創造的手法で、文化を考察するための帰納的アプローチの一つです。絵によって類推と連想を呼び起こし、現在ある文化が持つ多様な側面に対するコーチーの理解力を高揚させ、その結果、文化の理想像を思い描くことを可能にします。絵はがきを使うと、直観によって先見性のある独創的な思考を表現するうえで妨げとなることもある論理的思考法を回避することができます。コーチーに対して実践する前に、自分で試してみるといいでしょう。

ファシリテーターの準備用インストラクション

床やテーブルの上に、いろいろな種類の絵はがきを、何枚かは表を上に、残りは裏返しにして並べてください。これによって、参加者はあとで完全に無作為に選択することができます。そうすることでさらに驚くべき、興味深い連想を得ることがしばしばあります。

参加者用インストラクション

①絵はがきに近づく前に、以下のような質問についてよく考えてください。

質問

- あなたの文化的特徴を構成するものは何ですか。
- あなたを成功に導く文化的特徴は何ですか。
- あなたの成功を阻害する文化的特徴は何ですか。

注記

- あなたは、誰の、どの集団の、またはどの組織の文化について語っているか特定する必要があります。
- 成功が何を意味するか、自分で明らかにする必要があります。たとえば、成功は高いパフォーマンスと高い達成感（チームにとっては集団としての、チーム・メンバーにとっては個人としての）と定義することができます。

●自分の現在の文化について語っているのか、理想とする文化について語っているのかを決めなくてはなりません。

②これらの質問について明確に理解したならば、それらを忘れて、絵はがきの方に近づいてください。あなたは絵はがきを選ぶ必要はありません。絵はがきにあなたを選んでもらってください！

③「絵はがきがあなたを呼んだら」、それを手に取ってください。

注記

●ファシリテーターは、参加者がすでに思い抱いていたアイデアを描写する絵はがきを選ぶことで、このプロセスを論理的にコントロールさせてはいけません。それでは新しい洞察力を生み出すことができなくなります。これを避けるために、ファシリテーターは、事前に何枚のはがきを拾うべきかを決定し、参加者に告げます。

●ファシリテーターは、事前にこの演習の流れも決めておきます。たとえば、最初の絵はがきは表向きで最初の質問の回答となるもの、2枚目の絵はがきは裏向きで2番目の質問の回答となるもの、というようにです。一般的にファシリテーターは、1つの質問に対してたいてい1枚か2枚の絵はがきを選ぶよう指示します。

④絵はがきを選んだら、最初の文化に関する議論と質問に戻り、「最初の絵はがきが質問1に関して、2枚目の絵はがきが質問2に関して、何を言おうとしているか?」、あらかじめ決めた流れに沿って、参加者に問いかけてみてください。

私は参加者が生み出す力強い洞察力にしばしば感動します。最初は、合理性を欠く子どもの遊びのような活動に参加することに抵抗を示す人もいるでしょう。少なくとも何人かは「悪い」印象を持つことでしょう。重要なことは、コーチーに試してもらい、そのプロセスを少しでも面白いと感じてもらうことです。最悪の事態でも、せいぜい斬新で有用なアイデアが浮かばない程度のことだと教えてあげてください。そういう可能性があることを事前に受け入れ、何かいつもと違うことを試すリスクを取るように薦めてください。懐疑的で非常に理屈っぽい人でさえ、極めて頻繁に、自分で驚くほどの発見に遭遇することがあります。さらにこのプロセスは、そのセッションだけで終わることはありません。コーチーはあとで何ら意識して努力せずとも、たとえば眠りに落ちるとき、帰宅するとき、またはシャワーを浴びているときに新しい連想や類推を思い付くこともあります。

絵はがきによる演習の実践例

2001年に、ユニリーバのラテンアメリカ地区の人事部門上級バイスプレジデントだったバート・ワイル氏をコーチしたことがあります。彼は親切にも、以下の例を本書で紹介することを許可してくれました。彼の主要な役割の一つは、ユニリーバの文化的変革を促進することです。

私は、以下の質問をしてから、4枚の絵はがきを選ぶよう彼に言いました。

①今日の貴社の文化において、成長を可能にするポジティブなものは何ですか？
②今日の貴社の文化において、成長を阻害するネガティブなものは何ですか？
③貴社の将来の（理想的な）文化はどんなものですか？

バートは真っ先に、何かに取りつかれているような表情で微笑んでいる、上品な着こなしをした明らかに1950年代の人物を描いた奇妙な絵はがきに惹き付けられました。彼らは、固いハンマーでモダンなアイキ・ヌードルズ（ヨーロッパで販売されているカップ麺）の袋を破ろうとしている女性を見つめています。カップ麺のパッケージの黄色と赤が白黒の背景から浮き上がっていて、古臭さが強調されていました。

バートは以下のような連想をしました。「私は人物の多様性を好む。ユニリーバは、新しいアイデアや視点をもたらす多様性を重視する」。彼はあとでこう付け加えました。「ユニリーバはアイキ・ヌードルズを売却した。ユニリーバはより絞った数のブランドに注力することを決定した。（ユニリーバは）過去において、広く浅く拡大する罠にはまったことがある。集中は私たちが築こうとしている重要な文化の側面だ。大ヒットが重要だ。小規模なブランドを排除しよう！」。バートはチームワークについても指摘しました。絵はがきの人物は皆、同調していました。

一方、裏返しの絵はがきは、巨大な口、黒と紫の角、黄色いトランペットのような鼻を持つ緑っぽい生き物の絵でした。そして絵はがきには、「モンスター！」と書いてありました。バートは直感的に以下のような感想を口にしました。「この絵はがきは、ちょっと狂っていて、野性的だが、愉快な気持ちや自由気ままな気分を喚起する。楽しんで、自分自身を深刻に捉え過ぎないように心がけよう。私たちは、お祭り気分になって、既存の枠から踏み出し、自分をいっそう解き放ち、自身の心や魂で語る必要がある。私たちはあまりにも頻繁に分析的手法に依存し過ぎる。もっと創造力や直観を使う必要がある」

理想とする文化は何かという問いに対してバートは、私がプロヴァンスで購入した日時計を描いた絵はがきを拾いました。最初の洞察は、切迫感をつくり出すことについてでした。「分析に時間をかけ過ぎる時間的余裕はないので、理想的文化としては勘所を大切にすべきだ。厳しい競争下では時間は希少なものだ」。後日、バートは当初私たちのどちらも気付いていなかった、日時計の中の碑を見せてくれました。そこには、「命の限りある人間よ、君たちはなぜ私がここにいるか知っているか。君たちが何時間を無駄にしたか記録するためだ」「私は通り去っても戻ってくる。君たちは通り去ったらもう戻れない」「時間は過ぎ去る。言葉は残る（demeure la parole)」。これらの芝居がかった挑発的な文章が、バートが感じていた緊迫感と責任感を強調しました。それらは手に入る時間を最大限に活用するよう呼びかける、強力な目覚し時計のような役目を果たしました。

バートと私は、二人とも感動しました。なぜなら、これらの言葉はユニリーバが築こうとしていた企業文化の一面を明確に捉えていたからです。バートはこう書きました。「私たちには1つのキャリア、1つの人生しかない。それを最善なものにしよう。私たちは有言実行――約束は守る。言葉は残るからだ(demeure la parole)」。彼はまた、命に限りある人間とは異なる、日時計のごとく時代の風雪に耐える将来を見据えたビジネスを構築することについても触れました。

最後の絵はがきは裏返しのものでしたが、そこにはプレゼントを差し出す男性が描かれていました。その絵はがきにはこう書いてありました。「あなたは魅惑的な下着、銀の指輪、ビデオカメラ、テクノCDを探しているのですか？　あらゆる方面に駆け出しなさい。そうすれば何でも見つかります（「駆け出す(Scoot)」という言葉はブランド名)。バートは、その男性が微笑んでいることに気付きました。悦びはユニリーバが欲する文化の一部でなければなりません。さらにバートは、目標を高く持つのと同様、「やればできる（can do)」と思うこと、サービス精神についても言及しました。

よくあることですが、無作為に選んだ絵はがきでさえ、ある文化の重要な特徴を引き出します。このような直観的な手法は、頭だけでなく、心が語りかけるのです。この演習のよくある落とし穴は、最初の洞察に満足し、それで良しとしてしまうことです。創造力を引き出すには、もう一度見つめ直し、さらに探求する時間を必要とします。

コーチは、コーチーに静かに絵はがきを観察し、アイデアと連想を自由に働かせ、それらを事前に排除しないようアドバイスしてください。まずは浮かんだままのアイデアと意見を残しておき、当初の質問との関連を見つけるのは後回しにしてもよいでしょう。あとで再考するので、絵はがきは次のミーティングまでコーチーに持っていてもらいます。

バートは、新しいユニリーバ・ラテンアメリカの文化的特徴を表わすために、一連のスライドを率先して作成しました。明快なビジョンを持ち、それを仲間と共有することは、文化を増進するうえで有効な手法ですが、それだけでは十分とはいえません。報酬制度、業務プロセスといった進歩の梃となるものも揃える必要があります（体系的アプローチについては第10章参考）。そして、自分自身が描いた文化の模範とならなければなりません。

バートは、以下の7つの重要な価値観について明示しました。彼は「この価値観は現在非常によく実行されている」を最大値として+5に、「この価値観と反対の価値観が実行されている」を最小値として-5に設定したスケールを考案し、自分自身、ユニリーバ・ラテンアメリカとユニリーバ全社をランク付けし、それぞれの価値観が、それぞれのレベルで現在どの程度実行されているかを評価しました。

- 有言実行。目標に到達する。価値観を体現する。
- 一緒に勝利する。

●意欲を拡大する。
●焦点を絞る。
●サービス精神。心構え、効果的な結果－顧客満足。
●多様性。▼17
●楽しみ、祝福。

自分の評価を見て、彼は、例を挙げるならば自分自身がユニリーバの中で「一緒に勝利する」という価値観を擁護する役目にあるという結論に達しました。また「焦点を絞る」ことによって、ポジティブな目的を目に見える結果に転換できることもわかりました。私たちは進歩を測定する特定の手法について議論しました。それは、現在の文化と目標とされる文化の間のギャップ――特に、意識調査や主要な管理職の採用・勤続統計等で測定される――を埋め、国ごとに正確な目標を設定し、それぞれの国で最も尊敬される企業の一つとなることです。

演繹的アプローチ――COFを活用する

この章の冒頭で触れたように、文化を評価するには帰納法と演繹法の両方を適用する方が上手くいきます。絵はがきを使った演習は、帰納的手法を例証するためのものです。しかし、文化的志向性の枠組みは演繹的アプローチです。体系的にCOFディメンションの記述をレビューし、何が最も関連があり、自分が学習している文化を正確に表しているかを決定します。

ユニリーバ・ラテンアメリカの例では、いくつかのディメンションが際立っていました。それらは特に変革を必要とする文化です。

●支配－調和－謙虚
●希少－豊富
●競争的－協力的
●情緒的－中立的
●演繹法的－帰納法的

ＣＯＦを使わなければ見落としていたかもしれない側面も、ＣＯＦによって体系的に検討することが可能となります。バートは調和の精神で、社会的意義のある行動を起こしました。たとえば、ユニリーバの管理職１００人が、ブラジルの恵まれない子どもたちの施設を修理するためにまる一日費やすなどです。多くの管理職は、それが今までで最善のチームビルディング経験だったと言いました。子どもたちと直接触れ合うことで社会的背景をよりよく認識するようになり、仕事を通じて社会に積極的貢献をもたらそうとする動機をより強く感じるようになったからです。支配に関する志向性が、バートに成功するために大変重要な勇気、野心、自信といった他の気質に気付かせました。

これまでのところで、皆さんには文化を評価する能力が備わり、文化的ギャップを埋める準備が整いました。ここからの7章で、文化を描写するためにＣＯＦがどのように使われるべきかについてより多くの事例と詳細を紹介します。

文化のギャップを埋める

異文化間の挑戦は、文化のギャップから発生します。1つのあるいは多数の志向性に相違があると、誤解やフラストレーションを引き起こします。COFは客観的な手法で、文化的相違を語るための語彙を提供します。さまざまな見解を議論し、それらの違いを上手くかみ合わせる（調停）言語を提供します。文化の選択肢が明確に表現されることで、コーチーが違いを活用し、相乗効果を達成する手法を発見できるよう創造性を促します。もちろん常に違いを調停し、相乗効果を得ることができるわけではありません。しかし、「または（or）」ではなく、「かつ（and）」を好むという前述の弁証法的アプローチから、私はこのように主張します。

図表10のワークシートは、たとえばAとBの2つの文化を体系的に評価し、埋めるべきギャップを特定するために使います。ギャップを埋める行動リストは、別のシートや学習日誌に記入します。上手く選択すれば、1つの行動で複数のギャップを埋めることができるでしょう。

個人レベルでは、Aという文化があなた自身のもので、Bという文化があなたのコーチーのものでもいいですし、Aがコーチーの特徴を表すもので、Bがコーチーの利害関係者の文化を表わすのでもいいです。チームレベルでは、AもBも同一企業内の2つのサブカルチャーと関係しているかもしれません。第2章のバクスターレナルにおける看護師とビジネスプロフェッショナルの例を思い出してください。組織のレベルでは、AとBは合併される異なる組織や企業を代表してもいいでしょう。文化Aが現在の文化で、Bが望ましい理想的な文化でもいいです。この場合、ギャップを埋めることは、理想の文化に近づけることを意味します。基本的には、このプロセスは単純です。プロセスはAとBの文化を評価し、ギャップを特定し、そのギャップを埋めるための行動を決定するというものです。

必ずしもどちらかを選択したり、ある志向性を別のものに置きかえることが課題ではありません。文化の相違を埋め、活用する方法は第2章で紹介しました。違いに対する認識を高め、それらを受容することは、それ自体で重要な一歩です。なお、快適地帯の外側に出て適応することは、また別の選択肢です。違いを統合し、それを活用することができれば、それだけで理想的なのです。

バートは、ユニリーバ・ラテンアメリカが、自分をはじめとして、過ぎゆく時間を最大限に活用していないことを示しました。彼が描く理想は、時間を希少と見なすと同時に豊富と見なすことです。彼は焦点を絞る、すなわち時間を入念に管理し、優先順位をつけたいと思いました。その一方で、常に時間のプレッシャーに追われるよりも、楽しみ、リラックスすることも望みました。実際、彼はそのすべてを求め、希少と豊富という両方の見方を併用できる文化の中で生活したいと思ったのです。どうやって実現するかについては、第5章を参照してください。

COFにあるディメンションを、どのように明確に表現すべきでしょうか。それぞれの志向性の長所と短所は何でしょうか。それぞれのディメンションに対する文化的志向性を活用するということは、どのようなことでしょうか。このような知識は、あなたがコーチし、リードする手法にどう影響し、それをどう向上させるでしょうか。第4章から第10章にかけて、これらの問いに対する答えを提案しましたが、自分自身のアイデアや解決策もぜひ追加してみてください。弁証法的に考え、「または（or）」の代わりに「かつ（and）」を追求することは挑戦的な試みです。しかし、それはまた高いパフォーマンスと成果に到達するための最良の方法でもあります。

		文化A	文化B	埋めるべきギャップ
組織編成	階層 ー平等	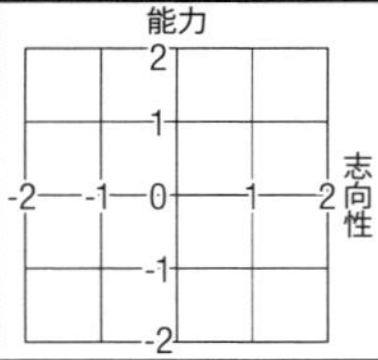	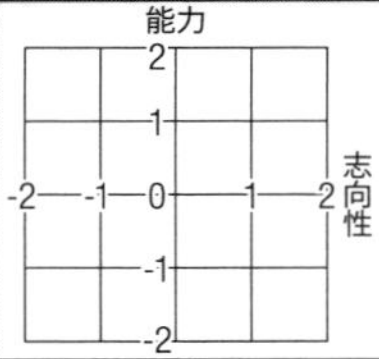	
	普遍主義者 ー特殊主義者	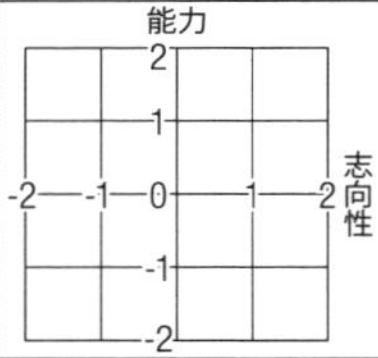	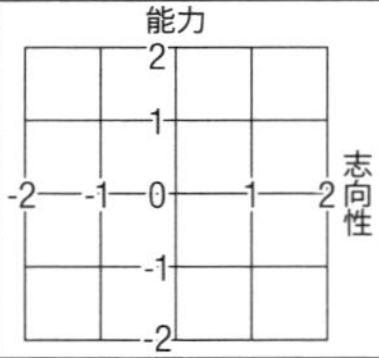	
	安定 ー変化	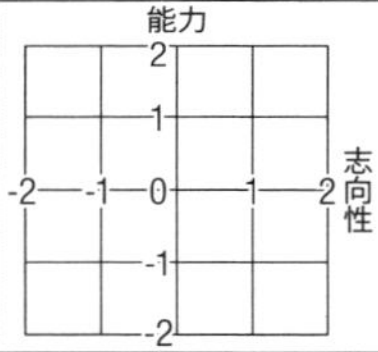	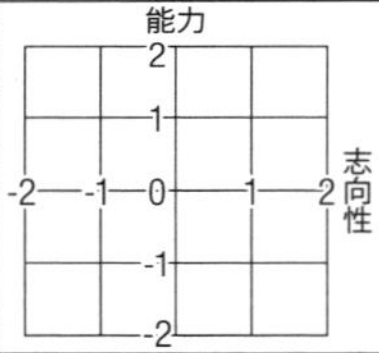	
	競争的 ー協力的	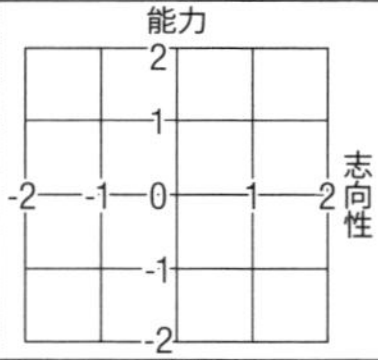	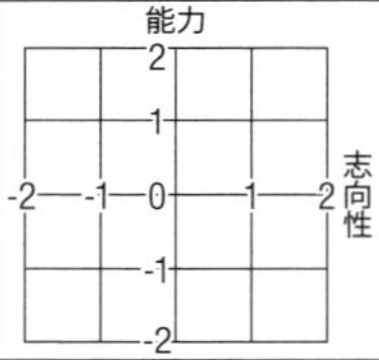	
領域と境界に関する概念	防衛的 ー共有的	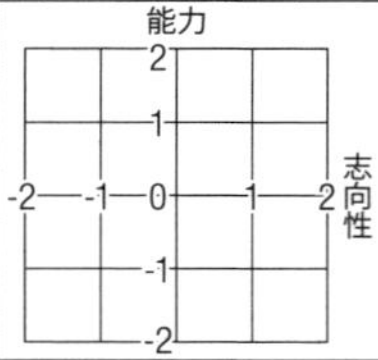	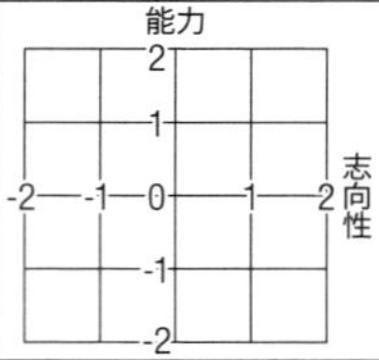	

図表 10◆文化のギャップを埋める

		文化A	文化 B	埋めるべきギャップ
権力と責任に関する意識	支配 ―調和 ―謙虚	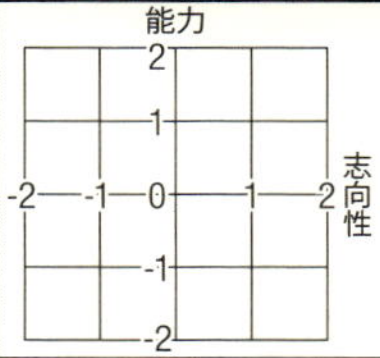	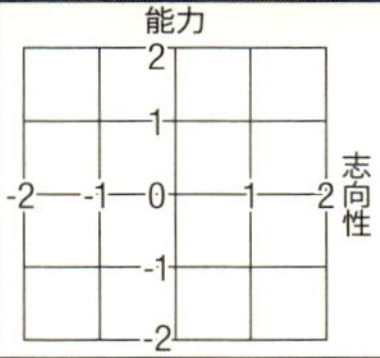	
時間管理のアプローチ	希少 ―豊富	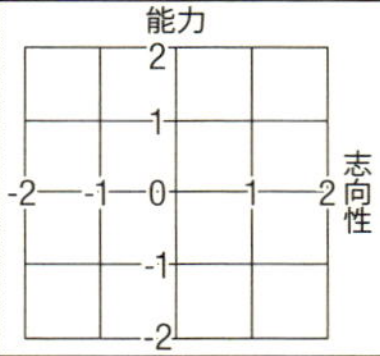	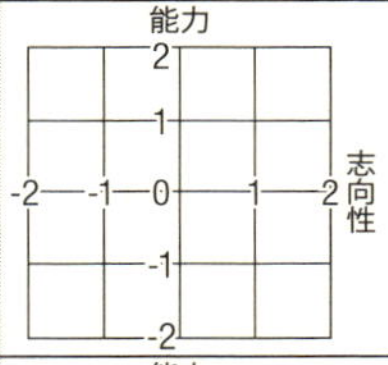	
	モノクロニック ―ポリクロニック	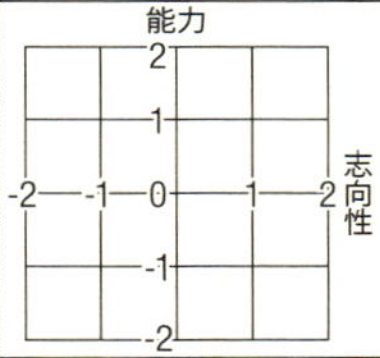	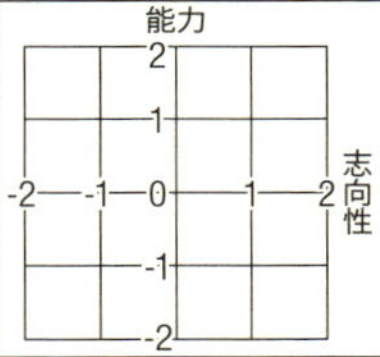	
	過去 ―現在 ―未来	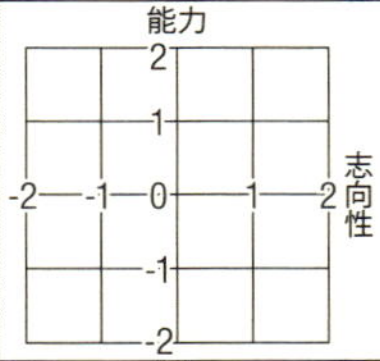	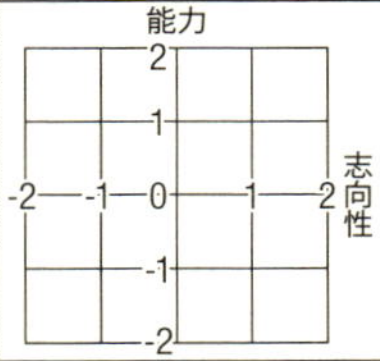	
アイデンティティと目標に関する定義	存在すること ―行動すること	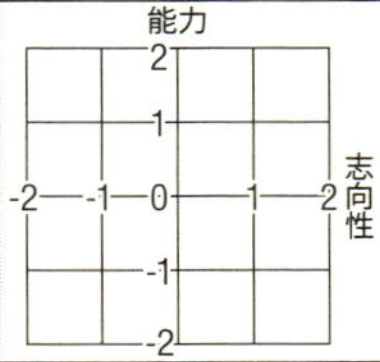	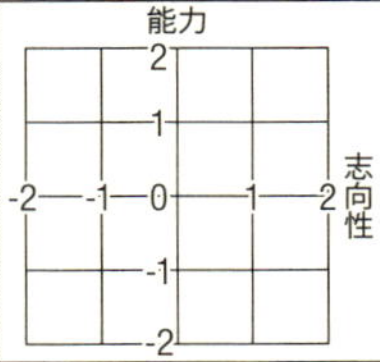	
	個人主義 ―集団主義	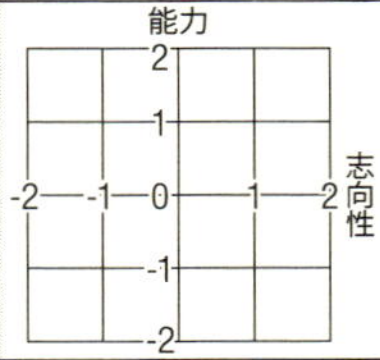	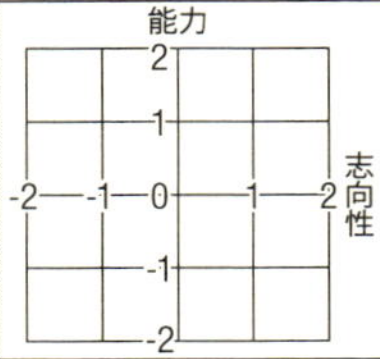	

図表 10◆文化のギャップを埋める

		文化A	文化B	埋めるべきギャップ
コミュニケーション様式	ハイコンテクスト―ローコンテクスト	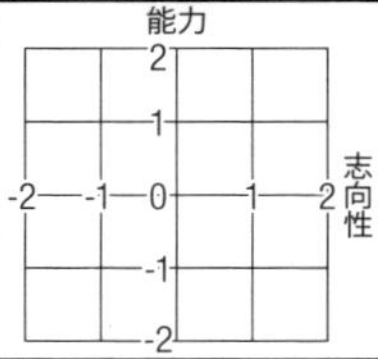	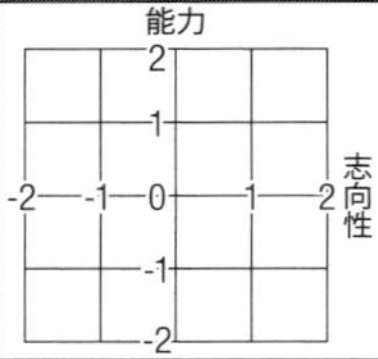	
	直接的―間接的	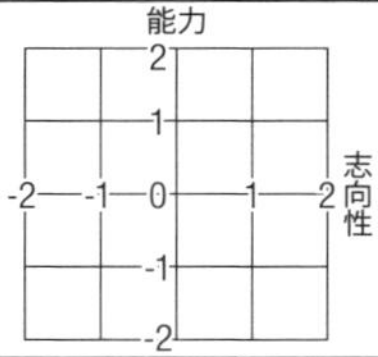	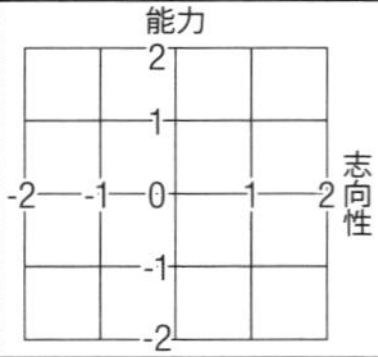	
	情緒的―中立的	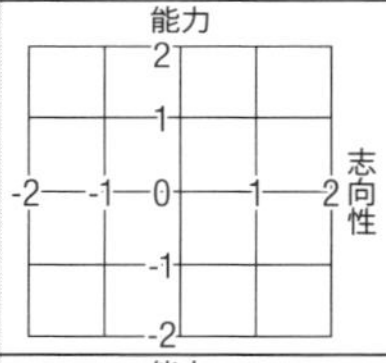	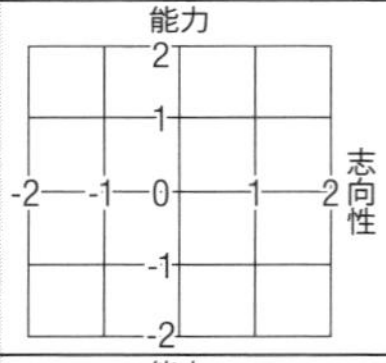	
	フォーマル―インフォーマル	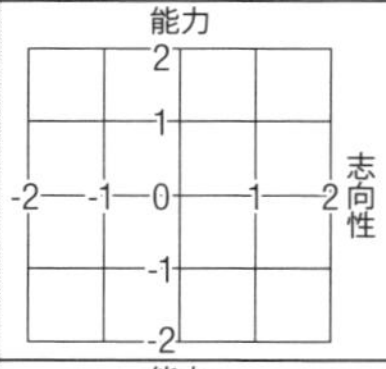	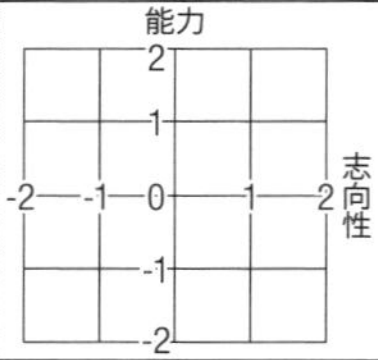	
思考様式	演繹的―帰納的	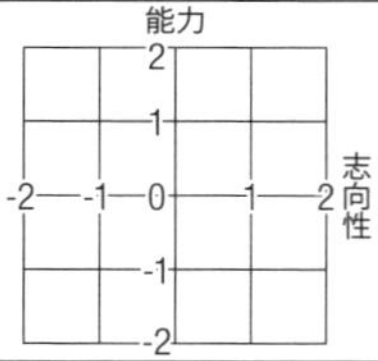	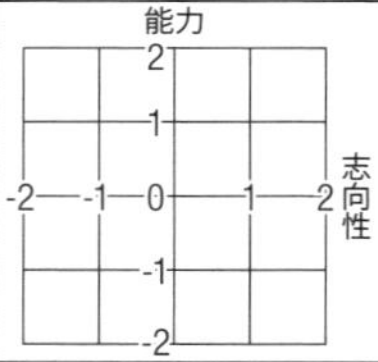	
	分析的―体系的	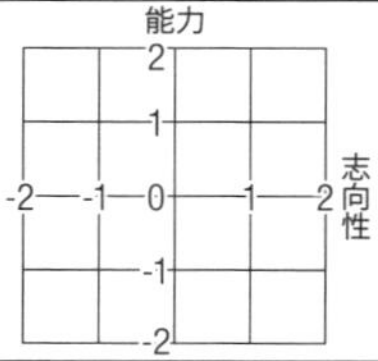	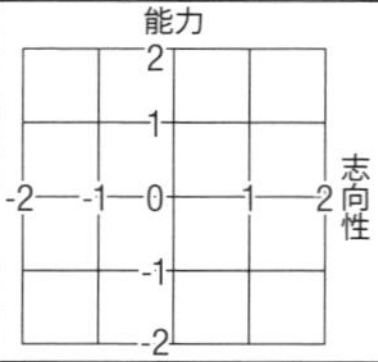	

Chapter 4

How to Leverage

Our Sense of Power and Responsibility

権力と責任に関する意識をどう活用するか

あなたは、自分の
権力と責任に関する意識を
どう見ていますか？

支配と調和と謙虚

支配
人間は自分が欲する生活を送るために決定的な力と責任を有する。

調和
人間は自然との均衡や調和を追い求めるべきである。

謙虚
人間は不可避な自然の限界を受け入れるべきである。

フローレンス・クルックホーンとフレデリック・ストロッドベックは、彼らの著作『価値志向の多様性』(***Variations in Value Orientations***)[1]で、人間と自然の向き合い方には3つのバリエーションがあると書いています。その3つとは、「自然への服従」「自然との調和」「自然の支配」であり、哲学者や文化歴史家の研究ではよく知られています。

テレンス・ブレークとダニエル・ウォーカー、ティム・ウォーカー[2]の3人も同様の概念を用いましたが、人類と自然の関係を表現するために、「支配」「調和」「制約」という言葉を選びました。私は、その志向性がある種の美徳を暗示するという希望を込めるためにも、「謙虚」という言葉を使いたいと思います。そうでなければ、服従や制約といった概念は、西洋人からすれば趣味の悪い単なる戯言として避けて通ろうとするかもしれません。それ以上に、服従という言葉は、不必要に複雑なものと映る可能性があります。

ここで重要なことは、有能なコーチになるためには、これら3つの志向性のありとあらゆる長所や短所について理解する必要があるということです。コーチングは、コーチーが新しい選択肢を発見し、見方を変え、さらに可能であれば、異なる志向性を活用するために役立つことです。

支配

支配志向の強い文化にいる人々は、自分の運命に責任を持ちます。その典型的な例がアメリカ人の志向性でしょう。「人生において所与のものはほとんどありません。そのまま受け入れなければいけないものや変えられないものは、ほとんどありません。やる気を出して必要な努力を惜しまなければ、あなたができることやあなたがなれるものに限界はありません」。「世界を牛耳ろう」としない人は、「何でも実現させる」人のように尊敬を受けません[3]。この志向性は自然、人間関係、幸福、仕事や学問での成功またはその欠如などについても適用されます。

支配志向は、神が宇宙に宿るという内在論を信奉します。つまり「私たちには力がある」と信じるということです。このことは「頑張れ！」「人生はあなたが変えるもの」という発言に繋がります。アンソニー・ロビンズは、著書の一冊に *Unlimited Power*（邦題は『一瞬で自分を変える法――世界No.1カリスマコーチが教える』本田健、三笠書房、２００６年）というタイトルをつけました。同書は私たちに力があることを言っているだけでなく、私たちの力は無限であると言っています。プロテスタントのカルビン主義のエトス（精神）では、勤勉と忍耐は報われます。物事は好転できるからこそ、努力する価値があるのです。

「支配」を信じることは、積極性と自己実現的予言に繋がるというメリットがあります。あなたは夢を実現できるのです。一方、デメリットは、この志向性を持つと世間知らずとか、傲慢と見られるかも知れないことです。もう一つのデメリットは、物事が計画通りに進まないと罪悪感を抱いてしまうことがあることです。支配を信じるということは、成功できないときには自分を責めることになります。支配志向は、最も上手く作用する場合には、楽観主義や並大抵でない目標を達成できる能力を溢れさせます。「やればできる」と固く信じるからこそ、あらゆる賭けに勝てるのです。

自由裁量性、当事者意識、アカウンタビリティ、自己管理、エンプロイアビリティ（雇用能力）、エンパワーメントなど、欧米の経営概念は、支配という文化的志向性を反映しています。コーチング自体、文化的なバイアスが存在します。コーチングは、自分が送りたい人生を築き上げる一定のパワーが誰にでも備わっていると信じることから始まるからです。コーチングがアメリカで誕生したことは驚くべきことではありません。それは、コーチはあなたの可能性を実現することに役立つからです。あなたは目標を達成することができるのです。

そうはいっても、結局、アンソニー・ロビンズは間違っています。私たちに無限の力はありませんし、実際のところ人間は脆い生き物です。どれほど気をつけても、飛行機の墜落事故や交通事故に遭うときには遭います。もちろん、一生懸命頑張って成功したことを認めてもらうことはできます。しかし、幸運に恵まれ、悪運に遭わないことも必要です。反対に、失敗したときは、批判の対象となるかもしれません。しかし、超越――つまり、力が私たちの外にあると信じることによって、自分自身を苛まないということを教わります。自分だけではどうにもならないとわかっているからこそ、結果がどうであれ、全力を尽くしたのであれば、心を平和に保つことができるのです。

調和

調和は、支配から謙虚に至る直線の中間点と考えてもよいでしょう。この見方において、賢明さとは均衡を保つことです。つまり、いつ行動し、いつ自然の流れに任せるかを知ることです。ここでいう均衡とは、支配と謙虚の両極を取り持つことであり、東アジア諸国の基本的な志向性の一つともいえる陰と陽という両極間で均衡を保つことです。「陰と陽は必ずしも反意語ではなく、相互補完的でもあります……。この世のすべてのものは異なる比率の陰と陽の要素からできているのです[4]」

調和は、もう一つの文化的視角でもあります。ジョン・ハイダーの『タオのリーダー学――新時代を生きぬくための81の戦略』（*The Tao of Leadership*）に、この見方が説明されています。彼の本では老子の道徳経からいくつかの教訓を引用しています。

ハイダーは「自然に任せることの逆説」について、次のように書いています。

己を捨てることで、理想の自分を実現できるでしょう。

自分の所有物にこだわらなくなると、必要なものを入手できるようになります。

これらは女性的、つまり陰の逆説です。

・譲ることで、耐えることを覚えます。

・何もない空間は埋まっているのです。

・他人に自分を与えることで、より大きな存在になります。

・最も絶望しているとき、まさに成長しようとしています。

・何も望まないとき、多くのことが実現できます。

他人に感銘を与えようとすることを諦めると、感銘を与えることができます。

他人の希望に従うとき、一切抵抗されなくなります。

これは女性的なこと（陰）の賢明さです。こだわりをなくすことで目的を達成することです。賢明な指導者はこれを実践しています。

別のレッスンでハイダーは指摘しています。「リーダーは時には戦士（warrior）として、時には治療師（healer）として行動する」

リーダーは、戦士として、力と決断力をもって行動します。これはリーダーシップの「陽」または男性的な側面です。しかし、多くの場合、リーダーは治療師として、オープンで寛容で慈愛に満ちた行動を取ります。そのときは、女性的あるいは「陰」の側面のリーダーシップです。いつ耳を傾け、いつ行動し、いつ撤退するか知っているリーダーは、ほぼ誰とでも上手く働くことができるのです……[5]

クルックホーンとストロッドベックが説明するように、「調和」が存在しているのです。

人類と自然および超自然の間で真の意味での乖離が生じません。それらの一つは他方の延長線でしかなく、全体（wholeness）という概念はそれらの統合から発生します。このような志向性は、中国史上多くの時代において支配的であり、日本の文化においても歴史的にまた現在でもかなり明らかな傾向です。[6]

儒教、道教および仏教は、人々に内面からも外面からも深遠な調和を保つよう教えています。このような志向性は、おそらく、あらゆる障害を乗り越え、自分の夢を追求することを鼓舞する「アメリカンドリーム」に通ずるものではありません。その一方で、人々に自分の感情や感覚に耳を傾け、同時に他人の感情や感覚も聞き分けるように働きかけます。私たちは、自分たちの体が送る信号を尊重することも学びます。たとえば、疲れたときにひたすら働き続け、あげくの果てに病気になったり、倒れるのではなく、休めばよいのです。

調和は、自然――自分自身の持って生まれたものと外部環境――と一体になることと考えられます。この一体性は、可能な限り陰（女性的）に、そして必要なだけ陽（男性的）に依存することで達成されます。

謙虚

謙虚志向は、世の中には人々が支配できないものが多く存在していることを認識しています。「人間にはそれ以上行けない、また行くべきでない限界があります。このような与件は尊重されなければなりません。成功は努力と幸運の組み合わせです。決して人間の所業だけではありません」[7]。謙虚は、すべてのものを支配しないことや、完璧さとか偉業を十分達成していないことに対する罪悪感を払拭します。

すでに、調和で発想の転換の一つを提示しましたが、謙虚は支配に対して文化的なアンチテーゼとなります。イドリース・シャーは「王様と狼」というスーフィズム（イスラムの神秘主義）の寓話でこの見方を説明しています。

ある王様が、狼を飼いならしてペットにしようと決心しました。このような願望は、無知や他人から認められ、褒められたいという気持ち――世の中の多くのトラブルの原因ですが――によるものです。

彼は生まれたての赤ちゃん狼を母親から引き離し、飼いならされた犬たちと一緒に育てようとしました。

この狼は大人になってから、王様のところに連れていかれ、何日もまるで犬のように振舞いました。この驚くべき光景を見た人々は大変感激し、王様を奇跡の人と感じました。

そこで、人々は、何事も王様と相談し、彼に偉大な権限を与えました。王様自身も、奇跡に近いことが起こったと信じるようになりました。

ある日、王様が狩りを楽しんでいるとき、狼が群れをなして近付いて来るのが聞こえました。狼が接近したとき、その飼いならされた狼が飛び跳ね、牙を剥き出しにし、狼を歓迎するために走っていったのです。一瞬のうちに、その狼は遠ざかり、自然の仲間たちのところに戻っていきました。これが「狼の赤ちゃんは、たとえ人間と一緒に育てられても、いつか必ず狼になる」[8]という諺の由来です。

謙虚は直線の反対側に位置し、超越がその指標となる哲学です。自然や外界の力が支配するのです。「インシャラー（アラーの思し召し）」、つまり「それは運しだい」「それは運命」なのです。「人生が与えるものを受け入れる」のです。

謙虚志向は、運命をただ受動的に受け入れたり、前向きな変化を促すために能動的な手段を採ることを妨げたりする場合に、無益なものに転じます。「どうせ大した違いはない」「どうせいつもそんなものだ」「どうせ変わりやしない」という決まり文句は、現状維持を常態化し、人々が向上する機会を喪失する自己予言となります。

しかし、謙虚志向は賢明な教訓を提示してくれることもあります。私たちは、いつも起こっていることが自分の責任であると感じる重荷や悩みから開放され、人生が自分たちに与えてくれるものを感謝して、あるがままに受け入れることを学ぶのです。

支配と調和と謙虚のケーススタディ

私は、謙虚が良い例となったケースをいくつか見てきました。組織では、頂点に近づくにつれてポストの数は限られてきます。このことは、必ずしもコーチーは自分にふさわしいと考える昇進の機会を与えられるわけではないことを意味します。もし、彼らが昇進することを求めており、それによってコーチーが独自の才能を発揮できるのであれば、たとえば建設的なポリティックス（社内政治）を使っても（第7章）、それに向かって邁進するよう薦めます。この場合、自分にはできる（can do）という「支配」に対する信念は刺激的に作用します。

しかし、時には昇進を逃したエグゼクティブが、自分は実際は昇進ではなく、何か別のものを望んでいると認めることもあるでしょう。謙虚のおかげで、自分には次の仕事を引き受けるようなやる気や才能は備わっていないこと、そしてこの現実は自分の支配が及ぶ範囲ではないと自覚するようになります。つまり、失敗によって新しい可能性に繋がる扉が開かれるのです。すると、そのエグゼクティブは、高い地位や高い収入の仕事に就くという社会的プレッシャーを忘れて、「自分が得意なものは何だろう」「自分が本当にやりたいことは何だろう」と、自分自身に問いかけるようになります。このように謙虚に内省した結果、元エグゼクティブの何名かは、劇的に自分の人生を変えるまでに至ったケースもあります。たとえば、高校の先生になったり、どこか珍しい場所でレストランを始めたり、人生を楽しみ、社会に奉仕する新しい方法を見出したのです。

調和については第2章で説明しました。チャブ・アジアパシフィックの成功の大部分は、特にアジア地区のエグゼクティブたちに見られる調和志向の賜物です。調和を保つよう努力することで、チャブのエグゼクティブたちは思いやりに富み、お互いに敬意を払う雰囲気を創出したのです。このことで一体感を育み、最高のチームとその才能が、会社を確実に成功に導くことができました。

最後にＩＢＭの例を用いて、支配志向について詳しく説明します。何年にもわたってＩＢＭはコンピュータ産業において、ライバル不在の支配的な地位を占めていました。有名な地味な紺色のスーツに身を固めたＩＢＭのエグゼクティブたちは、自分たちが無敵であると思い込む、よくある間違いを犯してしまいました。当時は「ＩＢＭ金太郎飴」ともいうべき均一性が、多様性に取って代わっていました。私も１９８０年代はコンピュータ産業に従事していましたが、ＩＢＭが自社開発のシステムソフトウェアに顧客を文字通り囲い込んでいた頃、ライバルたちはＵＮＩＸなどのオープンシステムをつくろうと必死になっていました。見込み客には、冒険するよりＩＢＭ製を購入するという安全な選択を行うよう、仕向けていました。その後、ＩＢＭが瀕死状態に陥っているうちに、マイクロソフトのような小人が巨人になっていったのです。[9]

２００１年5月、私は4人のＩＢＭのエグゼクティブと、ベルギーのラウルプにある大変素晴らしい研修施設で昼食を共にしました。エグゼクティブは全員女性で、私は、やる気に満ちた友好的なエグゼクティブとの会話を大変楽しみました。間違いなくＩＢＭは、まったく異なる会社になっていたのです。起業家精神や、社員が誇りを持てる企業を自らの手で育てようという熱意が感じられました。また、かつての自惚れの強い姿勢は、学び、そして成長しようという健全な熱意に取って代わられていました。エグゼクティブたちは、リーダーシップは日々培うものであることを理解していました。グローバルな研修責任者であったミア・バンストラーレンは、自分の直属の部下たちに、彼女のフィードバックを定期的に与えていました。昔のＩＢＭ独自の哲学も、明らかに消えていました。つまりＩＢＭのソフトウェアは、「オープンな業界基準に沿って構築される」ようになったのです。[10]するとフォーチュン誌がＩＢＭをモデルとして取り上げ、ルーセントにＩＢＭ再生のサクセスストーリーから学ぶよう薦めました。その記事は以下の通りです。

1993年以来、会長兼CEOのルイス・ガースナーは、ＩＢＭを瀕死のメインフレーム製造業から、企業のデータシステム全体の設計、構築、運用という、時代に合ったサービス企業に変身させるため、ネットワークの統合やコンサルティングにおける強みを活用してきました。今日、ＩＢＭのソリューションビジネスは、その成長戦略の中核です。つまりＩＢＭの収益の約37％は、ＩＢＭのソフトウェア、ハードウェア、その他の商品を法人顧客に販売することに繋がるサービスから生まれています。[11]

ルイス・ガースナーとＩＢＭは、驚くべき野望でも実現することができるという信念を自ら象徴しています。ＩＢＭのワンボイス誌は、そのジャーニーがどこから始まったかを思い起こさせてくれます。

私たちは、インターネットこそが比較優位の源であり、富の源泉であること、また、来るべき変革はあらゆる産業と組織、社会におけるあらゆる側面に影響を与えることになろうと述べました。さらに、多くの人は奇異に捉えていましたが、私たち（ＩＢＭ）がその変革の中心にいるであろう、と指摘しました。IBMが「再び」世界をリードするだろうと述べたのです。

今日、「顧客はイービジネスを定義したのはIBMであると認めてくれます。――単なる言葉だけでなく、インターネットが真剣な商取引の場であるというアイデアそのものを認めてくれているのです」[12]またIBMが、これから先にある挑戦について、現実的になる必要があると知っていたことにも触れなくてはなりません。つまり「どこに入札を依頼しようかというとき、IBMは未だに顧客から最初に名前があがる企業ではありません」だったのです。IBMは、リサーチや戦略的買収、社員教育に莫大な投資をし、最初に名前があがる会社になるための努力をする決意をしました。

ルイス・ガースナーは、こう書いています。「顧客と株主は、ニューブルー（新しいIBM）に大きな期待を寄せるようになりました。しかし、今後2、3年のうちに、IBMの創意や熱意、そして業績が世界をさらに驚嘆させるだろうと信じています。また、社員自らも驚嘆するようになるだろうと、私は信じています」[13]

IBMの成功は、支配についての最高の事例となりましたが、サイクリングなど多くの競技スポーツでは支配志向を持つことの危険も見られます。こうした競技は、見るからにドーピングによって汚れています。[14]栄誉やメディアの注目、金銭に対するプレッシャーは莫大です。平均的な成績では、スポンサーの資金を獲得するには不十分です。競技者たちは極度に厳しい訓練を積み、勝とうとします。しかし、彼らは時には勝つために、ドーピングに手を染めることもあります。謙虚が欠ける文化においては、競技者は反則行為を行い、ばれないようにやり過ごそうとします。しかし、そのような競技者は、あとで大変な代償を払うことになります。癌、不妊、心臓病、鬱病等です。[15]自然に逆らうには限界があります。このような現象は「支配」の影の側面を例示しています。この悪循環を断ち切るには、現代の文化はイスラム神秘主義の教義やギリシャ神話から謙虚の教訓を学ぶべきでしょう。

支配と調和と謙虚を活用する

支配、調和、謙虚を活用するということは、それらの否定的側面を注視しながら、それぞれの志向性の豊かさを心に留めるということです。私はすでにこの概念についてほのめかしています。たとえば、あなたは、実際には（絶対的な意味において）自分を制御できないにもかかわらず、あたかも制御できているかのように行動しています。

一方では、自分の人生に責任を持っています。自分ではどうにもできなくても「自分ではなく、トップマネジメントや直属の上司、政治家に責任がある」というような言い訳をしたり、自分の状況について他人を責めたりすることはありません。そのかわりに自問します。「自分の立場で、事態を改善するために何ができるだろう」と。そして、「自分にはどんな貢献ができるだろう」と。

他方で、まずは自分の限界を悟ることで、自然の限界を受け入れます。逆説的ですが、謙虚であれば、自分の力で到達できうる目標がわかるので、そこにエネルギーを集中することで、より多くのことを達成できるようになります。あなたは他人の欠点により寛容になり、より優しく、より彼らの役に立とうとします。そして地球上の資源にも限界があり、保護する必要があることを悟るのです。

あなたが、成功をもたらすために能動的な行動を取ろう（＝支配）と、幸運な状況がやって来るのを待とう（＝謙虚）と、調和は幸福を維持するために必要不可欠なものです。調和は、あなたや他人のニーズに耳を傾けることを教えてくれます。これらのニーズは進化していくので、自分自身も合わせていく必要があります。過去においては、仕事が優先課題だったかもしれません。しかし、今は家族があなたにとって一番大切かもしれません。調和は、外部環境への敬意や地球のニーズに対する尊敬の念を教えてくれます。それによって、地球がその美しさを保ち、将来の世代を迎える能力を維持できるのです。

コスタリカには、この3つの志向性を活用すると何が起こるかを教えてくれる良い例があります。コスタリカは、深い熱帯雨林から珊瑚礁の宝石が散りばめられた渚まで、目眩がするほど多くの生態系を持つ美しい国です。ウェストバージニア州ほどの大きさではありますが、現在知られている地球上の種の5%にあたる、驚くべき数の植物や動物が棲息しています。コスタリカの人々は、牛の通り道をつくるために伐採し続けるより、自然遺産を積極的に保全しなければならないことに気付きました。その結果、より多くの旅行者が旅行中に自然に敬意を払うことを教えられながら、コスタリカの美しさに惹かれ、訪れています。今では、観光はコスタリカの重要な収入源となっています。また、種の多様性は、特に医薬品の分野で科学研究の対象となりました。[16]

まとめると、コスタリカの人々は、生態系を再生する能力の限界を念頭に置きながら（＝謙虚）、自然を維持する限り（＝調和）、自分たちの国をより繁栄させせます（＝支配）。言い換えると、進歩という好循環を急速に破壊という悪循環に変える圧力――たとえば都市化、無計画な成長、大規模商業開発等――に屈することに抵抗し、3つの志向性を活用することで、コスタリカにとって理想的なシナリオを描えているのです。

同様に、企業の世界においても、組織は持続可能性を重視する際に、平均してより大きな経済的成果を達成するものです。

支配と調和と謙虚に対する応用と助言

良いコーチは最高のパフォーマンスを引き出すといわれています。しかし、私たちは挫折の原因となるほどまでにそのことに取り憑かれたり、頂点を極めようと夢中になってはいけません。賢明なコーチは、全力を出せるという支配志向が相対的であることを知っています。

第一に、あなたのコーチーは異なる志向性を持っているかもしれません。もし彼が謙虚を好むのであれば、能動的行動を推奨することは効果的ではありません。「運命を受け入れる」という文化的信念を根底に持っていることに、コーチー自身に気付いてもらわない限り。もっと悪いのは、コーチーが変化に抗うことを責め、彼を批判することです。

第二に、それぞれの志向性の長所と欠点について、あなたが意識を持たなければなりません。コーチングという芸術は、コーチングを受ける人が新しい可能性を発見し、見方を変え、できれば異なる志向性を活用する手助けをすることです。これについては、私がこれまでに言ったことに付け加えたいと思います。

時には企業の世界においても、エグゼクティブたちは競争に打ち勝ち、顧客に奉仕し、株主に喜んでもらうために、自分の生物的・精神的欲求を無視し、ワークライフバランスが崩れた生活を送ることがあります。彼らは事故に遭ったり、病に倒れたり、損失を蒙るまで、自分たちが実際にはそうでないにもかかわらず、自己制御できていると想定します。彼らの唯一の見方が支配だとすると、コーチはこの「企業戦士たち」[17]を、どのようなプレッシャーがかかろうと、それらと戦い続ける助けをすることで、その無理な体系を単に永続させてしまうかもしれません。

ときおり、その試合自体が不毛な競争になっていないか、問いかけてみる必要があります。グローバルコーチは、調和と謙虚を念頭において、異なる見方を持つ必要性を認識しています。過大な成功を常に求め、自分で責任を背負うことに慣れている人にとって、自分ができるのはせいぜい最善を尽くすことだという事実を受け入れることで、気が楽になります。最終的な結果は、必ずしも自分の責任だけに負うものではありません。

調和は以下の教訓を教えてくれます。経済的な目標に到達したり、野望を実現しようという動機は、その達成のために、自分自身を含めて人を押しつぶしたり、安全性において妥協したり、地球を破壊するほど大きなものであってはなりません。しかしながら、このことは、調和という言葉がパフォーマンス面で妥協するという意味でもありません。そうではなく、ジョン・ハイダーが語っているようなコーチングやリーダーシップを採用することを示唆しています。成績はあとから自然についてきます。驚くようなテニスのショットを決めたり、難なく仕事を成し遂げたり、「流れに乗って」何でも簡単にできるような気がするときのことを考えてみてください。このときが、あなたが内的にも外的にも一瞬の調和に到達したときです。

付録で紹介しているグローバルスコアカードは、本質的には伝統的な支配バイアスを持つ企業のスコアカードの延長線上にあるツールです。グローバルスコアカードは、あなたが人間や地球が必要とするものに敬意を払おうとする一方、ビジネス上の目標設定を行うことで、支配と調和を活用します。

王様に謙虚の教訓を教えたイスラムのスーフィー派の話を思い出してください。「スーフィーになることは、あなたがなれるものになるということで、間違って幻想を追求することではありません」[18]。コーチングも謙虚という発想を取り入れるべきです。コーチングの目的は誰かを変えることではありません。コーチは狼を羊に変えるよう試みたりしてはいけません。そうではなく、コーチは人々の潜在能力を解き放ち、行動のレパートリーを増やすことで、彼らが全面的に自分自身でいられるようにお手伝いすべきです。人々を張り詰めた状態に置き、野望を助長することは、謙虚とは矛盾するように見えます。謙虚な姿勢を維持することで、達成不可能な目標を目指すようなエネルギーの浪費や、生命の危険を冒すことを防ぐことができます。確かに、自分の限界は必ずしも明らかではありません。しかし、謙虚にそれらを受け入れることは、逆説的にいえば自分の制御が及ぶ範囲を知ることでもあります。

Chapter 5

How to Leverage Time Management Approaches

時間管理のアプローチをどう活用するか

あなたは時間をどう捉え、
どう管理しますか?

希少と豊富
モノクロニックとポリクロニック
過去と現在と未来

希少
時間は限られた資源です。注意深く管理しなさい!

豊富
時間はたくさんあります。リラックスしなさい!

モノクロニック
一時に1つの活動や関係に集中する。

ポリクロニック
同時に複数の業務や関係に集中する。

過去
過去から学ぶ。現在は本質的に過去の出来事の継続か反復です。

現在
「今ここにあるもの」や短期的利益に注目する。

未来
長期的利益を志向する。遠大なビジョンを奨励する。

時間については無数の著作があります。誰もが時間が経過する、という現実に直面します。「時間をどう活用しますか？」と尋ねることは、意識の有無にかかわらず自然なことです。どう時間を実践的に管理しますか？　太古の昔に遡り、遠い未来に到達するタイムラインのどこに焦点を合わせますか？

この問いに対して、文化的な面からはさまざまな回答があります。この章では、その回答を探求します。いつものように、それぞれの志向性は考慮すべき珠玉の英知を与えてくれます。あなたが見逃した志向性こそ、正にあなたをより充足させ、生産性を向上するものかもしれません。

希少と豊富[1]

希少　時間が希少であると考えられている文化においては、時間そのものが有限の産物であり、注意深く使い節約すべきものです。人々はたいてい多忙です。やることがたくさんあるのに時間は少ししかありません。人々は時間を効率的に管理することを学び、自分の忙しい予定を管理するために、予定表や行事表などに頼ります。

豊富　時間がたくさんあると考えるとき、人々は通常ペースを落とします。ぎっしり詰まった予定に縛られたような気分になるより、自然のリズムに従いながら、ゆっくり時間を使おうとします。

苛烈な労働を求める資本主義的世界は、世界的な競争や技術の進歩のせいで、フランスの主要雑誌ヌーベル・オブセルバトワール誌のいう「スピード世代」[2]を形成しました。

確かに、複数の要求を時間通りにこなすことは、従来よりも容易になりました。たとえば、家では、家庭用の電気機器が手作業の重荷から解放してくれましたし、職場では、技術や機械の高度化によって、かつては退屈で遂行不可能だった作業が容易になりました。しかし、どういうわけか、私たちは必ずしも進歩を活用できていません。私たちの労働時間は必ずしも短くなっていませんし、私たちは競争力を保とうと、より多くのことを達成しようとします。Eメールや携帯電話は素晴らしい通信手段ですが、しばしば間違った使い方をされ、私たちを奴隷化するという皮肉な結末をもたらしています。

コーチ、または（コーチが一般的職業となる前は）トレーナーたちは、どう時間と対処するかについて手引きすることで、そのような時間的プレッシャーに対応してきました。皆さんは「大切なことと差し迫ったことを区別しなさい」という忠告を耳にしたことがあるでしょう。「時間の法則」について読んだことも多分おありでしょう。パレートの法則によれば、私たちは注意しなければ20％の時間を重要なことに使い、80％の時間を枝葉末節なことに使っているそうです。イリイチの法則は、ある一定の水準を超えると、私たちの仕事に捧げる時間は効率が低下することを示唆しています。その場合、仕事の手を止め、リラックスする方が良いかもしれません。「すべてのものに時間がある」という聖職者のメッセージ自体が、タイムマネジメントの最も重要な助言になっています。

私たちが戦わざるをえない悪名高き「タイムイーター」についてはどうでしょうか？　ひとたび皆さんが警戒を怠り、時間の管理を止めたとたんに、時間は再びあなたの主人になります。エントロピーの法則によれば、時間はあなたが空けたすき間のすべてを食べ尽くしてしまう可能性があります。ほとんど進展もないまま、3時間経っても会議は終わっていない、という状況に陥るのです。

時間は希少だという見方に立つと、計画を立て、権限を委譲し、ノーと言うことを学び、優先順位をつける必要が生じます。入念に設計された予定表を入手してください。活動を開始したり、休止したり、中断した時間を毎回書き込むことで、体系的に調べることができます。また、ある時間帯に集中するために扉を閉めるなど、救済策を採ることもできます。

第2章で、特にアメリカがそうですが、欧米企業の間では時間が希少だと考える傾向にあると述べました。その反対に、私がエグゼクティブコーチングを行う際、時間が豊富にあると考える方を好んでいると示唆しました。必要な時間は「つくる」ものであり、生産的な議論をあえて中断する必要はありません。2時間のコーチングを計画したとしても、その予定に縛られる必要はないのです。

希少と豊富のケーススタディ

コーチは、自分自身の文化的背景により、時間は「希少」という考えを採用し、コーチングを受けている人にも、時間をより効率的に管理してもらおうとすることがあります。私は、かつて労働時間を平均2時間削減する一方で、販売額を2倍にすることに成功した顧客を担当していました。より体系的で厳格な組織に加えて、彼にとって重要なことは、もし時間がもっとあったなら何をやりたいかを発見することでした。彼は、長年の夢を叶えてアマチュア劇団の俳優になりました。7年後に会ったときにも、引き続き大変成功した企業家でありながら、この趣味を続けていました。

グローバルコーチは時間を効率的に管理する方法を知っていますし、コーチングの対象者がそうすることに役立とうとします。しかし同時にコーチは、コーチーのこの視点を変えることもできます。つまり、なぜ私たちは、慌しい生活が上手くいかないとわかっているのに、いつも妥協してそんな生活を送らなければいけないのでしょうか。確かに、スピードと付き合うことは可能です。また、興味深いこともたくさんあります。ですが、時間の量は限られているのです。そして、時間は貴重です。それでも時間をかけることに、人生の醍醐味があるのです。

チャーチルがメルセルケビール海戦における悲劇(1940年)について報告を受け、どう対応するかを問われたとき、何をしたかご存知でしょうか。彼の答えは、「まず昼寝」でした。[3] 危機に直面したとき、偉大なリーダーは鷹揚に構えます。テニスのようなスポーツでも、ボールに猛進するとミスショットになります。じっくり構え、いざとなれば素早く動けるように注意を怠らないのです。

ナンシー・アドラーは、バーレーンで働くアメリカ人技師が、建設中の工場の落成が6カ月遅延することを、現地の人たちに過度に恐縮しながら説明したときのことを書いています。驚くべきことに、バーレーン人は「私たちはこの工場なしで何千年も生活してきました。だから、あと6カ月や1年平気で待てます。問題ありません」と言ったそうです。[4]

ジャック・ブロスは、瞑想中の人にとって、時間は同じようには経過しないと説明します。[5] 座禅を組んでいると、時計はもはや関係なくなります。ここで重要な時間とは、あなたの体や心音や呼吸の自然なリズムです。息を吸い込み、そして吐き出すことで、自分と世界との交流について意識するようになります。

逆説的ですが、ゆっくり時間をかけるとき、瞬間の永遠性について理解できます。仏教徒にならなくても、美しさや気品に心底感銘することで、「覚醒」できるのです。

しかし、喜びだけが経験ではありません。成長するために、時には苦痛も避けられません。時間がふんだんにあると認めると、沈黙や静止の中で、あなたの存在についての重要な質問と向かい合うことができます。多分、慌しいペースや忙しい生活の中で、あなたは自分の内なる声を黙らせてきたことでしょう。しかし、たとえ封印されていても、その質問は生きており、おそらくあなたの力を吸い取っているはずです。

映画「ストレイト・ストーリー」の中で、デヴィッド・リンチ監督は、アメリカ映画によく見られるスピードにあふれた狂乱ぶりと、緩慢さや黙想を対比させました。リチャード・ファーンズワースが情熱と冷静さをもって演じた主役のアルヴィン・ストレイトは、芝刈機に乗って旅します。これほどゆっくりとした旅はありませんが、このペースによって真に人間らしい出会いや本質的なものが見えてくるのです。

イタリアにはこういう諺があります"Chi va piano, va sano; chi va sano, va lontano."——ゆっくり行く者は安全に行ける。安全に行く者は遠くまで行ける。日本では「急がば回れ」でしょうか。

希少と豊富を活用する

以前、一緒に仕事をしたことがあるイギリス人とイタリア人のエグゼクティブたちが、時間に関する「豊富」と「希少」という志向性を効果的に活用する方法を提案していました。イギリス人のマネジャーは忙しいので、ラテン系の同僚を知るために、必要な時間を使うことができないと考えていました。そして、彼らは時間に対する文化的見方を変えることを学び、必要があれば「時間に時間を与える」[6]ことにしました。彼らはより辛抱強くなり、ラテン系ヨーロッパ人の同僚と、より効果的にコミュニケーションが取れるようになったのです。

第2章で、会合を厳格に取り仕切り、決して時間を無駄にすることがなかった、ある多国籍企業の英国法人ディレクター、マーク・フィリップがいかに辛抱強く冷静になったかということを学びました。彼はイギリス人とスウェーデン人の文化のディメンションを活用したのです。

時間が不足すると考えられるとき、時間不足に対する明白な回答は、コーチングの対象者に時間をより効率的に管理する手助けをすることです。しかし、時間に関する「不足」と「豊富」という志向性を活用することは、逆説を上手く利用するという意味を持ちます。時間という限られた資源に敬意を表する最善の方法は、時間があたかも豊富にあると見なしながら、急ぐのではなくじっくり味わうことです。

時間を豊富にある資源と見なすことを学ぶことで、パフォーマンスを向上させ、充足感を増進することができます。その一方で、これによって、あなたが時間を効率的に使うことを妨げるべきではありません。しかし、優先順位をつけ、あなたの人生に予定をぎっしり詰め込むようなことは避けるべきです。

希少と豊富に対する応用と助言

ジョエル・ドゥ・ロネは「速度を自分たちの目的に合わせること、つまり、個人でまたは共同で進めている事業に与えたい意味に応じて速度を調整すること」[7]を提唱しています。それは、正に私のコーチに対するアドバイスを要約しています。

もし、コーチであるあなたが、人々が「有意義かつ重要な目的」を達成する手助けをするのであれば、希少または豊富という時間に対する両方の考え方を、それぞれ最大限に活用しながら評価してみてください。そして、「何のために?」と問いかけてみてください。

モノクロニックとポリクロニック

モノクロニック　モノクロニックな文化において、同時に1つの「こと」——この「こと」というのは、活動だったり関係だったり、その両方を指したりする——に専念することを好みます。作業工程は同時並行でなく、逐次進みます。「時間は道やリボンのように分断されています」[8]。そして、この道は一度に1人の顧客や会合、企画に捧げる区分された部分に分かれています。

ポリクロニック　ポリクロニックな文化において、人々は同時に別の重要な作業や関係に参加するために、ある作業や会議を中断する傾向があります。「地中海、アラブ諸国の市場や店、青空市場のポリクロニックな環境にいると、一度に全員の相手をしようとする1人の店員を振り向かせようと張り合う、他の顧客に囲まれます」[9]

エドワード・ホールが、「モノクロニック」と「ポリクロニック」という言葉を発明しました。また、フォンス・トロンペナールス[10]は、同じディメンションに対して活動の順次性か同時性を示すために、「順次的（sequential）」と「同時的（synchronic）」という異なる言葉を使っています。

モノクロニックな見方によれば、同時に1人の人間や集団に全注意を集中することがプロフェッショナルであり、丁寧であることを意味します。ポリクロニックな見方では、プロフェッショナルさや丁寧さは、異なるプロジェクトや相手と同時にやりとりすることです。

モノクロニック、ポリクロニックに関する私の概念は、厳密にいえばエドワード・ホールのそれと同一ではありません。たとえば、ホールは予定を立てることはモノクロニックな時間管理の重要な部分だと考えますが、私の経験からいえば必ずしもそれだけとは限りません。予定を立てることはモノクロニック的志向性に起因するかもしれませんが、厳密な予定に従わなくても、一つひとつ物をこなしていくことは可能です。私も、ホールのように「ちょうど物事が望んだ方向に展開し始めたときに、事前に決めていた予定に従うためにそれを中止しなければならない」ことを残念に思います。しかし、私の気持ちの中では、モノクロニックであること自体が問題なわけではありません。予定を詰め込み過ぎたり、硬直的過ぎたりすることが、問題の原因なのです。予定をぎっしり詰めることは、時間が「希少」という考えに偏っていることを示しているかもしれません。あるいは「硬直性」は、柔軟性よりも秩序を重んじる文化の否定的な側面を示しているのかもしれません。

それ以外にも、ホールは「Mタイプの人々（モノクロニックな時間志向の人）はこま切れに活動するため、自身の活動をより大きな全体の一部として見る傾向が相対的に低い」と示唆していますが[11]、どうして一時に1つずつのプロジェクトに従事していくことが、そのプロジェクトに全体的な思考を適用することの妨げになるのか、私には理解できませんでした（第10章）。

私は、語源に含まれ、私の定義の中で捕捉しようとしているこのディメンションの本質に沿って考えてみました。すなわち、同時に1つのことを行うか、それとも複数のことを行うかです。しかし、「時」という言葉を使うとき、私は、秒単位から年単位までありえる「期間」を指していることを明確にしておきたいと思います。

「期間」や「活動」といった概念に内在する曖昧さを受け入れましょう。もちろん、それはあなたがどこに境界線を置くかによります。あなたは5分間に1つの活動に従事しているかもしれませんが、4時間という期間で考えれば同時に10の異なる活動に従事しているかもしれません。活動という概念自体、白・黒つくものではありません。つまり、テレビを見たり、チャンネルを切り替えることは、テレビを見るという1つの活動として、また、同時にいくつかのテレビ番組を見るという複数の活動として見なされる可能性があります。言い換えると、同じ文化でもモノクロニック、あるいはポリクロニックとして見なされることがありえるということです。ホールは、この特殊性についてすでに認識していました。なぜならば、彼によると、「アメリカ的時間はモノクロニックですが、より深遠な意味においては、ポリクロニックでもモノクロニックでもありえる」[12]と言っているからです。

曖昧であることに煩わされる必要はありません。それはどちらでもよいことです。なぜならば、ここで問題にしているのは国、あるいは文化を共有する集団をポリクロニックとモノクロニックという2つの範疇に分類することではないからです。私がこの文化的ディメンションに見出した価値は、いくつもの活動や関係を詰め込もうとすることと(=ポリクロニック)、1つの活動や関係に集中しようとすること(=モノクロニック)を対照できるようにするという点です。このディメンションは、コーチにとって非常に重要なものです。なぜならば、私の経験では、コーチーは同時に多くのことと格闘していることが多いからです。

モノクロニックとポリクロニックのケーススタディ

ホールは、アメリカや北ヨーロッパ諸国の文化をモノクロニックと表現していますが、彼は皆さんが職場で頻繁に経験する仕事の中断について、逆の例も挙げています。

私たちは、個々の活動はモノクロニックであることもあれば、ポリクロニックであることもあると認識すべきです。たとえば、病院の緊急治療室では、医師は常に誰が一番緊急治療を必要としているかを判断しながら、同時に複数の患者に対応します。ポリクロニックであることは、その医師の望む志向性ではないかもしれません。しかし、こういう状況においては明らかにその方が適しています。しかし、テニスの選手であれば、特にウィンブルドンの決勝戦でプレーしているときなどは、その試合に集中したいはずです。

イスラエルの画家が、携帯電話に対応するために、何度も会話を中断したことを腹立たしく思ったことがあります。しかしこのことは、逆にいえば彼がとても捕まえやすいということでもあります。おそらく私と話すために、他の会合を中断してくれていたのでしょう。

地中海地方のポリクロニックな文化において企業のエグゼクティブや政府高官は、複数の会議を同時並行で進めるので、一度に何人もの人に対応することができます。多くの人がトップの人に接近できるため、自分の存在が認められたと感じます。これは何て有利なことでしょうか。いくつかの会合が異なる部屋で繰り広げられます。上司は複数の会議に出ているため、スペシャリストや下位ランクのアシスタントたちは、上司が戻るまでの間、自分たちの会話を続行できます。

ホールが指摘するように、ポリクロニックに作業するには才能が必要です。チェスのチャンピオンだったガルリ・カスパロフは、競争相手が彼との試合だけに集中していても、彼自身は同時にいくつもの試合に参加しながらでも勝利できるでしょう。しかし、ほとんどの人は、モノクロニックな時間の使い方をしなければ成功しません。

モノクロニックな見方によって、私たちは自分のエネルギーを1つの大掛かりなプロジェクトに集中させることができます。イギリスの数学者であるアンドリュー・ワイルズは、360年の間、世界で最も偉大な頭脳を悩ませ続けた難問であり、数学者にとって一番挑戦しがいのある問題を解きたいと、子どもの頃から夢見ていました。いくつもの紆余曲折を経た1995年、彼はついにこの問題を解くことに成功しました。彼いわく「8年間にもわたって、この問題に没頭し、片時も忘れずに考えていました。文字通り、朝起きたときから夜寝るときまでです。1つのことを考えるには長い時間です。その特別な知的探求は今終わりました。私は解放されたのです[13]」。

同様に、偉大な建築家であるアントニオ・ガウディは、サグラダ・ファミリアという驚異的な教会の建築に、彼の晩年のすべてを情熱的に捧げました。[14] 彼は建設現場の小さな作業場に寝泊りしました。彼はこの教会を完成させることはできませんでしたが、未完であっても、彼が残したその傑作は息をのむような素晴らしさです。

モノクロニックとポリクロニックを活用する

私の経験では、プロのコーチの規範は、自分の顧客だけに集中することです。これによって、ミーティングがより実りあるものになり、顧客が自分のお決まりのパターンを抜け出し、外部からの雑音に惑わされずに、新鮮な目で物事を見る機会を創出します。しかし、リーダーが中断されずにまとまった時間を割くことは極めて困難です。現在私たちのいる電子情報の時代においては、集中できる時間は短くなっています。しかし、リーダーがコーチングの間、集中するコミットメントがあれば、彼のマネジメントスタイルは、実際に自分の部下を成長させるのにより役立つ可能性があります。

もちろん、文化を超えて仕事をするとき、コーチーは異なる期待や習慣を持っています。かつて、私はエジプト人のマネジャーをコーチしたことがありますが、そのときは、2時間のコーチングで3分程度の中断が2回ほどありました。あとでわかったことですが、このうちの1つの電話で、彼はその年最大の取引を成立させていました。取引相手は、彼がいつも都合をつけてくれることを評価したのです。より重要なことは、彼流の生活において、中断は不可欠で受容されるべき部分であったことです。そのため彼は、中断されることに寛容なのです。この場合、中断が彼の成功や仕事の成就を妨げるものでなければ、また、私が効果的なコーチングを行ううえで問題になるものでなければ、私にこのマネジャーの態度を変えさせる必要性はありません。[15]私たちは、自分のコーチーに習慣を変えることを検討するよう仕向けているとき、自分自身も信頼されるためには、適応することを受け入れる必要があるのです。

要約すると、モノクロニックとポリクロニックに時間を併用するということは、次のような様式を取り得るということです。

- 状況や何が求められているかによって両方の志向性を活用できる。
- 重要な物事や人に、2、3時間、数週間、あるいはもっと長い時間集中するために、質の高いモノクロニックな時間を定期的に持つ。
- 自分にとって重要なことを見失うことなく、複数の業務や関係に参画しながら、エキサイティングでポリクロニックな時間を持つ。

モノクロニックとポリクロニックに対する応用と助言

ここまでの内容を踏まえ、またポリクロニックの長所も否定することなく、それでも私は、よりモノクロニックであることの必要性を主張したいと思います。インターカルチャリストの間では、北米や北欧諸国はモノクロニックな文化を持つと分類されます。しかし、私の見解は、モノクロニックさが多過ぎるのではなく、むしろ少な過ぎることが危険だと思っています。

私たちは、特にインターネットやテレビによって、常時、豊富な情報に接しています。「ザッピング（元々はテレビなどのチャンネルを「素早く切り替えること」を意味する）[16]」は、メールや雑誌、新聞など、大量の情報を取り扱うためによく使われる戦術となりました。ザッピングによって私たちは、あまりにも浅く手を広げすぎる危険に直面しています。だからこそ、自分の全注意を業務や人々を選択することに注力しながら、より深掘りしたいと思うのかもしれません。ザッピングは情報を振り分けるのに使うのでなければ、不幸にも上面のみをすくいあげるという結末になる可能性があります。

最近の文化的傾向に、モノクロニックな時間を最大限に活用するという事例があります。サバティカルという制度は今や企業の間でも一般的に使われており、もはや大学教授や40歳で引退できる人々の特権ではありません。西洋諸国において、産休は長期化し、男女平等のおかげで、父親もこの制度を活用しています。これらの制度は、逼迫した労働市場において、優秀なプロフェッショナルを惹きつけ確保するプレッシャー、つまりは人材獲得競争の結果として、また、社会的規制を通じてより質の高い生活を促進しようとする政治的な影響によって導入されています。

ビジネスウィーク誌は、「より多くのシリコンバレーの有能なスタッフは長期休暇を取り、通常の業務から上手く逃がれようとする」とレポートしています。たとえば、数百という企業から採用のオファーを受けているマーク・ブライヤーは、妻子を連れてウィネバゴに18カ月も籠もりましたし、ステイシー・スティルマンは、法律事務所から3カ月の休暇を貰い、CBSテレビの人気番組である「サバイバー」に出演しました。[17] ところで、「上手く逃がれる」というコメントは、いくつもの責務を負わずに、1つのプロジェクトに専念するために通常の業務から逃避する方法が、西洋の文化に極めて浸透しているということを顕示するものです。

あなたがコーチングするときに優先すべきことは、コーチーが自分にとって重要で有意義なことを行うことを奨励することであり、まだ見ぬ未来までそのプロジェクトを延期させることではありません。

過去と現在と未来

過去　長い歴史を持つ多くの国では理解されていることですが、過去は非常に重要な意味を持ちます。手痛い過去の失敗から学んだ教訓は記憶に留められ、現在の状況に適用されます。たとえば、新しい国々にとっては異様に見えるかもしれませんが、東アジアでは過去の出来事、偉大な学者、芸術家、人々の祖先などは高く評価され、敬意を表されます。ヨーロッパにおいても、ほとんどすべての演説や書籍、記事は、歴史的視点を与える背景になった資料から始まり、過去からの経緯が極めて重要です。このことは、「それが未来の計画を立てる会議とどう関係があるのか」と考えるアメリカ人を苛立たせます。

現在（と近い将来）　多くのいわゆる「伝統的な」文化は、一種の永遠の現在に生きています。アフリカ人やかつてのネイティブアメリカンなど、多くのそうした集団は、この「現在」に関する志向性を言語の中に反映させています。彼らの言語には、過去の出来事や未来の行事について語る時制が存在しません。近い将来が重視される文化の中では、おそらくアメリカが最も良い例といえるでしょう。アメリカ人は、即座に得られる満足感や短期的な利益でやる気を起こします。しかし、それほど遠くない未来まででです。経営上の計画期間は四半期からせいぜい1年までであり、5年や10年の計画はほとんど聞いたことがありません。

未来（長期）　長期性を重んじる志向性は、しばしば関係や義務を基盤とする文化と一致します。たとえば、中国人や日本人がさまざまな関係において、丁寧に相互の義務を構築しようとする理由は、今から5年後、10年後に、それらが引き続き実を結び続けているど知っているからです。短期的利益は、長期的成長に比べればほとんど意味がないものです。

豊かな経験は記憶の中に残ります。人々は、過去の失敗や劇的な事件から学ぶことで、二度と同じことを繰り返さずにすみます。逆に、素晴らしい思い出を記憶することで、私たちはそれらを再現すべく努力します。歴史を記憶することで、人類が再び暗い過去を生きなくてもすむようにしてくれるのです。しかし、混乱や危機に直面すると、私たちはこれら過去の教訓をつい忘れてしまいます。

精神的な記憶も、人間にとって重要です。タディー兄弟にとって「人間をつくるのは記憶なのです[18]」。ジャン・カンビエールは、こう説明しています。「記憶によって、存在の継続性を認識することができ、自覚を確立することができます[19]」。反復したり、練習したり、文脈を与えたり、関連付けたりすることで、あとで思い出せるように、細かいところまで意識して注意を払うという方法で、自分の記憶力を高めることができるのです[20]。

現在の重要性は、「今日を楽しめ（carpe diem）」という有名な格言の中に見つけることができます。現在とは、生活が実際に行なわれているところです。

将来は、私たちの夢が上手くいけば叶うときです。将来は、私たちの現在の行動に意味を与えます。人々や組織は成長し、最後はビジョンの実現を望みます。グローバルスコアカード（付録A）は、グローバルコーチがすべての人にとっていくつもの面で、つまりは生態学的、社会的、経済学的などで繁栄するための、とてつもないビジョンを支援するためのツールです。グローバルコーチは現在の悪い状況が続いたからといって諦めたりしません。彼らは、理想郷の実現や世界を良くするために役立ちたいと望んでいます。

過去と現在と未来のケーススタディ

私たちの活動の範囲を超えて、時間のディメンションは会話の中にも現れます。人によっては、幼少期や大学時代の、または過去の成功や失敗などの記憶が呼び起こされます。ある人にとってこの瞬間生きているということは、現在の出来事や経験を語ることなのかもしれません。また、別の人々は将来を夢見て、長期的なプロジェクトについて議論する方を好むかもしれません。

文化的なギャップを埋めるには、あなたは自分が対話する相手の時間的志向性に合わせて適応する必要があります。それは、あなたのコミュニケーションに反映されます。たとえばトロンペナールスは、あるオランダ人のマネジャーがエチオピア人のマネジャーに、チェンジマネジメントのセミナーを開催しようとして失敗し、失望したときの逸話を以下のように語っています。「彼らはエチオピア文明の遠い昔の豊かな時代のことに注目し続けました」。そこでオランダ人マネジャーが、エチオピアの歴史の本を勉強し、社歴について学び、「変革の進取的精神で過去の偉大な栄光を再現する」という構成に変え始めたとき、大きな飛躍がありました[21]。エチオピア人にとって、将来が過去の新しい出来事となったときに、より信頼できるものとなったのです。

過去と現在と未来を活用する

短期志向と長期志向は、必ずしも相容れないものではありません。有能なコーチは、短期的な利益と長期的な利益の両方を欲するものです。しかし、他のディメンションについてもいえるように、時にはそのどちらかを選択しなければならないこともあります。たとえば、従業員の教育の場合、あなたにとって重要なのは、即座に競争優位を与えるような特定の技術力を育成することかもしれません。でも、より幅広い教育を行なうことも選択肢の一つとして考えられます。その目的を達成するために、主要な企業は「企業大学」やそれに類する試みを始めました。後者の選択肢は、短期的に見ればそれほど意味がないかもしれません。しかし、教育を受けた人々が成長し、長期的に貢献する能力を養うという目的に対しては、明らかに最善の選択肢といえます。

スタンフォード大学の学長、ジョン・ヘネシーは「へばってしまわない教育を確立する」ことを提唱しています。彼によると、

> スタンフォードはシリコンバレーの中心地にあるため、より古く、より複雑な知的探求という領域とは対照的に、誰もやっていない新しいこと（new new things）の発祥地として捉えられることがよくあります。もちろん、シリコンバレーの誕生とその発達にそこまで深く関わっていることは、偉大な誇りです。しかしながら、この中軸的な役割も、人間らしさが偉大な大学の中心であり、学部プログラムの中核になければならないという私たちの信念を曇らせるべきではありません。学長としての任期を開始するにあたって、この中核的な原理を強調し、人間性についてもっと高い姿を創造することの重要性について語りたいと思います。[22]

創設者のリーランドとジェーン・スタンフォードにとって「科学と人間らしさの競演」は、創設当初から中核をなすものです。私たちのコミットメントは、歴史と情報技術、古代哲学と近代生物学を内包することです。過去と未来を最大に活用することが、スタンフォードの朽ちない偉大さを説明する鍵なので

す。

過去と現在と未来に対する応用と助言

さまざまな時間の見方を採用することは、信頼度の問題ともいえます。たとえば、フランスでコーチングを新しい概念として紹介したとしても、あまり真剣に受けとめてもらえないでしょう。フランスは、過去の歴史を重要な文化的遺産として見なします。そのためコーチングは、過去の哲学者や心理学者、あるいは経営コンサルタントなどの作品に基づくものとして位置付けた方がより賢明です。

ソクラテスをコーチと見なすところまでいかなくても、偉大なギリシャの哲学者は、質問することで人々が解決策を発見する手助けをしてきました。これは、プラトンからもわかります。自分の考えを提唱するのではなく、対話者が対話者自身の考える能力を発達させるうえで役立つので、ソクラテスは質問というプロセスを採用したのです。彼は、相手の言ったことに基づき、彼らの言葉を使いながら質問しました。何と2000年も前に、私たちが最新のコーチングの基本的技巧と考えていることを実行していた人間がいたのです。[23]

過去の志向性を欠く人には、コーチングに対するソクラテスの貢献など、おそらくどうでもよいことでしょう。しかし、過去から学ぶことができないと、知恵の源泉や経験からの教訓が奪われてしまいます。文明の歴史について知ることは、愛情や権力など、永遠で普遍的な人間の欲求について、より明確に理解するうえでも役立ちます。そうすることで、こうした望みを叶えるために人々が見出した別の人生の選択肢が見えてくるのです。

コーチングは、コーチーに何が彼らを幸せにし、何が今ここで問題なのかについて考えるよう仕向けるとき、あるいは目の前の難問に取り組むための手助けをするとき、現在志向になります。

もし、深遠に到達し、意義のある行動を誘導したいと願うのであれば、コーチングは長期的な目的を抱かなければなりません。コーチングは、人々が自分の人生についてより幅広い視野を持つための機会です。たとえば、コーチは「あなたはどのように後世に名を残したいですか?」というような質問をするかもしれません。

長期的傾向は、コーチーとのツールの共有を重視するという意味もあります。コーチングは、現在の難問への対処以上のものへと発展します。コーチーは、将来、直面するかもしれない類似した状況に、自主的に取り組むための「道具箱」を手にするのです。

Chapter 6

How to Leverage

Our Definitions of Identity and Purpose

アイデンティティと目標に関する定義をどう活用するか

あなたは自分の
アイデンティティをどう定義し、
何を人生の目標としますか？

存在することと行動すること
個人主義と集団主義

存在すること（being）
生きること自体や、能力や関係の発展に重きを置く。

行動すること（doing）
成果や目に見える達成に注目する。

個人主義
個人の属性やプロジェクトを重視する。

集団主義
集団との関係を重視する。

あなたは誰ですか。

コーチはこの本質的な質問に対して、いくつもの答えを用意しておかなければなりません。答えの選択は文化によって異なり、２つの枢軸間のどこかにあります。つまり、「存在することと行動すること」「個人主義と集団主義」です。これらのバリエーションを評価することで、自分のアイデンティティについての自覚を広め、それが多面的な概念であることを理解します。

「存在すること」と「行動すること」[1]

行動すること（doing）　行動することとは、アメリカ社会の主流派の間で支配的な文化的志向性です。この志向性は、外的な基準によって計測可能な成果を生むような活動を求めます。アメリカ人と知り合いになると、最初に「あなたは何をなさっていますか？」と聞かれることがよくあります。行動志向の人は、「前に進めよう」「この問題に対して何らかの対応をしよう」と言います。清教徒的な職業倫理はこの行動志向の傑出した例であり、西洋の経営システムで支配的な倫理です。

存在すること（being）　存在志向は、成果ではなく、人そのものに価値を置きます。この志向性は、内向き、内省的なものであり、周囲の期待にどれだけ応えているかにかかわらず、ある人にとって内発的に意味のある報酬を最も重視します。[2] 生活の質の高さは、その人の出世だけで計測されることはなく、むしろ主に人間としての成長によって測られるとさえいえます。たとえば、ラテンアメリカの人は、この志向性に属する傾向があります。

「行動すること」は、職務や目に見える達成を強調します。仕事の成果や物質的な報酬を与えることが、動機付けとなります。対して「存在すること」は、生活の質と成長を強調します。関係を充足させることや興味深く意義のある仕事に就くことが仕事の満足感をもたらし、物質的でない重要な報酬となります。この両極を描写するために異なる用語が使われてきました。それぞれの対は基本的な人間の真実について多様な局面に光を当てています。

ロバート・ブレイクとジェーン・ムートンは、関係－タスクについて述べています。彼らに続いて、ポール・ハーシーとケネス・ブランチャードは、彼らの古典的なＳＬ理論（条件適応型リーダーシップ理論）[3]で、仕事志向の行動と人間関係志向の行動について区別しました。仕事志向の行動は、リーダーが業務を全うするための支援を提供するとき、いつでも起こります。人間関係志向の行動は、リーダーが心理的支援を提供するときに、部下が尊重され評価されていることを実感させるという行動です。[4]

クルックホーンとストロッドベックは、内面的－外面的という対について暗示しています。たとえば、あなたの目的は、内面的な感情（＝幸せになる）と外面的な成果（＝お金を稼ぐ）のどちらか、またはその両方によって表現することができます。内面的、外面的という用語は、あなたが個人の成長や内省のような内面的事実に取り組むことで、外部の世界における、より優れた成果を達成しやすくなるという重要な点を明らかにします。

この「存在すること」という極を理解できないと、多くの管理職が陥りがちな誤った想定に繋がります。つまり、仕事について説明し、明確な目標と締め切りを設定すれば、社員を行動に駆り立てられると思い込むことです。問題となるのは、常に信頼と関係です。もし、あなたが関係を築いていなければ、あなたが伝えようとしている緊急性は単に無視されるだけでしょう。このことは、もしあなたが「存在志向」の国で営業担当者に業績を上げてもらおうとするのならば、取引成立の条件といえる関係の構築に、より多くの資源と時間と資金をつぎ込む必要があるということを暗に意味しています。

「存在すること」と「行動すること」のケーススタディ

やや逆説的ですが、究極的に、より行動志向であるためには、通常より存在志向であることが必要となります。たとえば、才能のある個人のサッカー選手を集め、技術や戦術のみに注目したグループミーティングを行なうだけでは、偉大な成功を収めることはできません。2000年に4部リーグでプレーしていたアマチュアチームのカレーが、フランスカップの決勝戦に出場しました。驚異的なチームスピリット、選手同士の親密な関係、信頼、勝利への執着——個人としてだけでなくチームとして——により、彼らは、技術的にも体格的にも数段上回るプロのチームに4回も勝ったのです。

ティモシー・ガルウェイは、内面的技能に基づくある手法を発展させ、テニスやゴルフ、最近では仕事にその手法を適用しました。[5] これらの内面的技能は、自分自身を信じ、自分の精神面に注目し、心と体を結び付けるような能力を含みます。これはおそらく、楽しみや成果や進歩を達成する、技術的な「行動志向」のスキル同様、重要なものです。

付録で紹介するグローバルスコアカードは、伝統的なスコアカードとは対照的に、内面的－外面的目標の両方を備えています。グローバルスコアカードは文化的ディメンションの「存在すること」と「行動すること」の両極を尊重しています。

「存在すること」と「行動すること」を活用する

ユニリーバ共同会長だったナイル・フィッツジェラルドは、「私たちユニリーバのエグゼクティブは、ビジネスを成長させるために人間として成長しなければならない」と主張していました。人間として成長することと、ビジネスを成長させることは矛盾することではありません。この美辞麗句は具現化した行動に繋がりました。すなわち、経営幹部を啓発するためにいくつかの新規プログラムが提供されたのです。たとえば、一対一のエグゼクティブコーチが上級エグゼクティブ全員につきました。これは、コーチとエグゼクティブが都合のよい時間に定期的なミーティングを行う1年間のプロセスです。そのプロセスは、指導者にも組織にも役立つよう設計されています。

コーチングは、「存在すること——達成と均衡のために努力すること、リーダーシップ能力を育成すること、建設的関係を構築すること」と、「行動すること——ビジネスの結果や拡大を達成すること」の両方を内包します。実際、他者を交えないコーチング・セッションはその2つを向上させ、繋げる機会でもあります。すなわち、ビジネス上のパフォーマンスを維持するために、自分自身をより大切にすること、プロジェクトが円滑に達成できるよう関係を育むこと、そしてより大きな潜在能力を引き出し、より偉大な成功を収められるよう、優れたコーチになること等です。トップエグゼクティブたちは、コーチングが自分の部下にとって素晴らしいものだと時々感じています。しかし、ユニリーバでは、フィッツジェラルドやアントニー・バーグマンス自らが先頭に立ちました。彼らは、エグゼクティブたちからフィードバックを集め、コーチと取り組むことで、彼らのリーダーシップを常に向上させるべくコミットしていたのです。

「存在すること」と「行動すること」を活用することは、英国バクスターレナルの成功においても鍵を握るものでした。私は、最初のリトリート会議の前に、会話はすべて口外無用であること、私の目的はチーム全体とメンバー一人ひとりに役立つことであると強調したうえで、それぞれのチームメンバーにインタビューさせてもらいました。[6] ピーター・レイランドは、このジャーニーにおけるいくつかの目標を宣言しました。

「存在すること」では、すべてのメンバーが楽しみ、指導者として成長してほしいと願いました。彼はチームにおける信頼、喜び、そして結束も求めました。そして、「行動すること」では、すでに市場において支配的立場にあるにもかかわらず、さらに事業を拡大するというビジョンを描きました。何年にもわたってそのチームをコーチするにあたり、私たちはリーダーシップとチーム能力の発展に、かなりの時間を割きました。その一方で、際限なくセッションを詰め込むようなことはしませんでした。私たちは重要なことのみに注目し、かつ楽しむ時間を共有しました（有名なF1のトラックの側にあるシルバーストーンで、ゴーカートのレースを楽しんだことは未だに鮮明な記憶として蘇ります）。

私の同僚であるサリー・カーが、バクスターのチームを観察しながら言いました。「各人が他者の見方にオープンであるように見えます。無力に感じたり、隠れたところに議題があると訝ることで、相手と距離を置くような形跡は見当たりませんでした。そしてたくさんのユーモアや笑い、楽しみ、創造性に溢れていました」

存在すること－行動することという志向性は、別のコーチングの場面においても1つの要素でした。私がコーチしたあるエグゼクティブは、ストレスを感じていることに不平を漏らしていました。彼は、心を穏やかに保つという内面的目的を掲げ、2、3カ月後に達成しました。いくつかの手段によって、彼は良くない緊張を減らすことができました。彼は、たとえば小さな成功を、些細なこととして無視せずに祝福するよう、自分の信念や学んだことを考え直してみました。彼は、また「建設的な社内政治」[7]に参画することで、自分が犠牲者であると感じるよりも、自分の運命をより制御できると感じられるようになりました。[8]ポイントは、彼がより大きな外面的な成果（＝行動すること）を達成するために、内面的な目標（＝存在すること）を活用したということです。

テニスを知っていれば、緊張がいかに良いショットを打ちにくくするか、わかるはずです。逆に、ゆったりと落ち着けば、最高の成果を達成することができます。そして、これは職場でも同じです。コーチとしてあなたは、コーチーが最善の仕事ができる内面的状態に到達していることを確信したいと思うことでしょう。外面の目に見える試合にのみ注目することは間違いです。

「存在すること」と「行動すること」に対する応用と助言

私の経験では、最高の指導者と組織は「存在すること」と「行動すること」を活用する価値を理解しています。対照的に、その他の人々は1つの極、すなわち典型的には「行動する」側にのみ注目しようとします。

エグゼクティブたちは、コーチにビジネスに関する議論（＝行動する）は頻繁に支援してほしいと思っているでしょうが、感情や直感に関する（＝存在する）議論には躊躇するかもしれません。とにかく、彼らはいきなりビジネスに関することから始めたがります。しかし、この世に奇跡はありません。信頼や相互尊敬、自己認識といった、目に見えない恩恵がなければ、最高の成果を達成することは望めないでしょう。ましてやそれを持続させることなど、もっての他です。実際、ある調査によると、エグゼクティブたちのキャリアに立ちはだかる2つの主な問題は「行動すること」に関することではなく、「存在すること」に不足があることです。すなわち、人間関係やチームを構築し、指導していくことにまつわる能力不足なのです。▼9

コーチは、外面的な結果にのみ注目していると、行動する側で失敗を犯す可能性があります。このようなシナリオでは、早く結果を出そうとしたり、急場を凌ごうとする重圧に屈すると、コーチングが表面的なものになってしまいます。「存在すること」の極がなければ、コーチングはその豊かさ、独自性、そして究極的にはその効力を失ってしまうでしょう。しかしコーチは、人間的な成長にのみ注力しても、外面的な目標を明確にして達成する方向に努力しなければ、存在する側でも失敗するかもしれません。私の考えでは、コーチはこの両極に取り組み、それらを統合する必要があります。

私はコーチとして、特定の目標や行動計画の設定を支援し、具体的かつ達成可能な目標に真のコミットメントを要求することがあります。重大な任務は、チームが最小公約数に落ち着くことなく、すべてのチームメンバーが、その才能を最大限に発揮することに満足感を覚えるようになることです。単なる追従や同意に満足してはいけません。計画に対する本物の情熱が必要です。このレベルのコミットメントは見せかけだけではいけないのです。メンバーの個人的熱意や価値観、それぞれの人々の内発的意義と反響しあうものでなければなりません。

コーチングに対するもう一つの暗示は、コーチは効果的なコーチになるために必ずしも何かをしなければならないというわけではないことです。コーチは、単純にそこに居ればいいこともあります。あるシニアなエグゼクティブから言われたことがあります。「自分の言うことを聞いてくれ、判断せずにそのままを理解してくれる誰かと、そして自分の言うことを検閲せずに、自分の内面の考えを一緒に探求することができる誰かと話す機会が持てたことを評価している」と。もう一人のエグゼクティブは、より自己認識を高めることができた経験と、洞察力を築くことができた喜びを語ってくれました。

ブライアン・ホールが以下のように優雅に定義している通り、コーチは「存在すること」の質を高める必要があります。すなわち、「内面的自己認識が大変影響力を持ち、一緒にいるもう一人が意識的に、そして明瞭に、自分自身の存在意義の深層について熟考せざるをえなくなるような人と一緒にいられる能力[10]」を高めることです。

確かに、「存在すること」と「行動すること」の直線に沿っていくつかの変型があります。たとえば、『理想のわたしになる！ 最強のセルフプロデュース術』(*Take Time for Your Life*)[11]は、極端なセルフケアと生活の質を強調していますし、『潜在能力をひきだすコーチングの技術』(*Coaching for Performance*)[12]は、事業やスポーツにおける偉業を示唆しています。

私は、コーチングを「人々の潜在能力を解放し、有意義で重要な目標に到達することをファシリテートする芸術」と定義しました。コーチは人々が成長し、そして結果を出すための手助けをします。私はコーチングの比類なき貢献は、「存在すること」と「行動すること」を統合させることからくると信じています。

個人主義と集団主義[13]

個人主義 「生存するための最小単位は個人です。人々はまず自分自身の存在を認め、集団の欲求より自分の欲求を優先します。自分自身を大切にし、気遣い、自己充足を図ることが、集団の幸福を保証しま

す。独立心や自立心が強調され、重視されるとともに、個人の自由は大変望ましいものと考えられます[14]

集団主義　「通常は家族のような最も基本的な集団が、生存のための最小単位です。人のアイデンティティは、その大部分が、所属する集団（たとえば、家族、仕事のチームなど）における一員であることや、その集団における役割に起因します。集団の生存や成功が、個人の幸福を担保し、他人の欲求や感情に配慮することで、自分自身を守ります。メンバー間の調和や相互依存が強調され、重視されます[15]」

個人主義－集団主義のディメンションは、実践的にビジネスで応用されます。たとえば、集団の意思決定が規範となりえる集団主義的な文化においては、意思決定はより時間がかかります。しかし、全員が意思決定に参加しているため、計画の実行はより順調にいく傾向があります。また、集団主義的文化においては、代表者は複数選出される傾向もあります。1人の代表がその場で決定を下す権限を委譲されていることが多い個人主義的文化とは対照的に、交渉には代表団が従事するでしょう。

文化的志向性の違いは、時として私たちにどちらか一方を採用し、もう片方を無視するようにさせる傾向がありますが、究極的には自己と集団の両極が重要になります。たとえば、個人主義的な欧米社会においてしばしばそうであるように、何かに所属したいという欲求が満たされないと、とんでもないことが起こります。人々は宗教団体に所属して、極端な形で自分の魂を売り渡すかもしれません。さらに頻繁に、彼らは自分を雇用している組織と、良きにつけ（忠実心）、悪しきにつけ（虐待）、自分を同一視して、所属願望を満たそうとします。ジェームズ・コリンズとジェリー・ポラスは、最も成功した組織は一種のカルト（新興宗教）的文化を持っていると示唆しました[16]。

個人主義と集団主義のケーススタディ

個人主義的な人々は、集団主義を採用することで成長することができます。西欧の企業は、20年ほど前に、日本的経営慣行を理想化するほどまでチームに魅了されました。

同様に、集団主義的な人々も、個人主義のいくつかの側面を取り入れることで成長することができます。ウォール・ストリート・ジャーナル・ヨーロッパが「日本の凋落は何かを浮上させる。それは個人主義」(Japan's Decline Makes One thing Rise: Individualism)[17]というタイトルのコラムを掲載しました。「1990年代初頭、日本においては個人の存在はあまり重要ではありませんでした……。終身雇用と満足のいく年金によって企業戦士たちは戦線に赴いたのです。しかし、何年にもわたる景気後退によって、それらの制度に対する根深い懐疑心が生じたのです」。この記事は、57歳で初めて「自分自身の足でしっかりと立ち、自分自身で考える」決断をした葛岡氏の例を引き合いに出しています。葛岡氏は「プライドを持つ初級労働者」という名前のグループに加入しました。そこには、生活に疲れたサラリーマンが、自分の人生をより充足させる方法を議論するために集っていました。

すべてのディメンションについていえることですが、これらの志向性は白・黒はっきりするものではありません。程度やあり方はそれぞれ異なりますが、私たちは個人主義的であると同時に集団主義的でもあります。さらにそれらの現象は、静的なものではなく動的なものです。つまり、上記のように日本人が個人主義的に変化していることは1つの例なのです。[18]

ヨーロッパの中でもフランスやイギリスのような国は、個人主義的主権を放棄することに慎重です。[19]これはもっともなことですが、それらの国々は自分の文化に誇りを持っており、ヨーロッパの集合的組織によって自国の文化が希薄化することを嫌がります。しかし、「個人主義」と「集団主義」を活用するという概念が暗示しているように、必ずしも希薄化が起こらなければいけないわけではありません。EUの統合をさらに進めるために必要なことは、必ずしも個人主義を抑えたり、集団主義を強化することではありません。ヨーロッパは目的意識を必要としています。ヨーロッパが何を意味し、それぞれの国が結集の旗印として何を認識すべきなのか。人権や社会的正義という概念、環境を尊重することへのコミットメント、芸術や科学への情熱、文化的融合などが、ここでいうヨーロッパのアイデンティティの一部をなすものかもしれません。

ベンクト・アンデションが、スウェーデン人を中国人および日本人と対比させています。

中国と日本の文化では、個人は集団に劣後します。職場の同僚や親密な友人のグループが、ある人の自己の概念の大部分を表わします。集団に対する心理的依存度が極度に大きいのです。他方、スウェーデンの文化では、個人が集団より優先されます。スウェーデン人は独立し、彼ら自身のアイデンティティを確立することに強い願望があります。

しかし、アンデションによると、スウェーデン人の個人主義の性質は特殊なものです。つまり、「スウェーデン人は自分自身の主人であることを強く望む反面、他人と違った存在にはなりたくはないのです。スウェーデン人は自分のことをよく〝平均的なスウェーデン人〟(en vanlig Svensson)と表現します。彼らは、控えめで、あまり多くを語らず、そのうえで目立たないよう気を遣います。[20]」

個人主義と集団主義を活用する

バクスターレナルは、コーチングによって個人主義と集団主義を最大限に活用する文化を確立することができた企業の最高の事例です。その反面、強い個性もたくさん持っています。私が会った多くのバクスターレナルのエグゼクティブたちは、自分の個人的願望をオープンに語ってくれました。一人の女性は、自分がパートタイムで働き、ほとんどいつも在宅勤務ができることを高く評価し、それを放棄するつもりはないということでした。多くのエグゼクティブたちは熱心な勉強家で、自分の立場を向上させ、より大きな責任のある職務に就くことを楽しみにしていました。全員が個人的に成長する機会に興味を持っていました。誰一人として自分の欲求や個性を、自分より上位の集団のために犠牲にするつもりの人はいませんでした。

しかし、同時にバクスター、特に英国バクスターレナルの一員であることについて、強い意識を持っていました。一人のチームメンバーが言いました。「私は自分が、一度たりとも会社人間だと考えたことはありませんでした。しかし、ここでは、自分の会社の良いことばかり語っています」。当然ですが、社員の離職は滅多にありません。エグゼクティブたちは、明らかにバクスターの一部だと感じていました。実際、1997年のリトリート会議の直後に退社し、2001年のリトリート会議では復帰していた珍しいエグゼクティブもいます。彼らは、バクスターの倫理と卓越の文化が好きなのです。具体的には「私たちは自分たちが置かれているビジネスについて理解しています」「単にもっとお金を稼ぐことではなく、患者により良い方法を提供するために日夜努力します」「私は任せてもらっています」「官僚主義はほとんどありません」「私たちは助け合っています」「単なる同僚ではなく、友人のチームです」。逆説的には、「この会社は個人が成長することを認めてくれます」「個性や多様な経歴を尊重してくれます」などの個人主義的動機によって集団を1つにまとめ、強い集団主義を創出することに貢献したのです。社内コーチを演じたチームリーダーの役割と、外部コーチとしての私の役割は、共通の目的を強調し、相乗効果を指摘し続けることでした。

もう一つ別の事例を紹介しましょう。日本人のあるマネジャーをコーチしたときの話です。彼は、自分自身の道をいくという考えを尊重していました。しかし、組織が彼や彼の同僚のために敷いたレールに依存し、それに沿って進んでいくことに対する義務感にこだわっていました。これは以前の話です。前章で触れたように、日本でも、その後個人主義がより人を魅惑するようになってきているようです。

欧米のリーダーやオーストラリアの同僚に影響された、チャブ[21]のアジア人エグゼクティブたちは、自分自身のリーダーシップを育成する努力を継続することの重要性を発見しました。アジア人もオープンに自分の意見を語り、建設的に挑戦することができるようになりました。はっきりとものを言うオーストラリア人と相対することで、それが必要となったのです！　自分の声を聞いてもらうか、さもなければオーストラリア人の独占に耐えるかのどちらかでした。他方、オーストラリア人はアジア人から、より集団に配慮することを学びました。彼らは、参加者全員を議論に参加させ、忍耐強くコンセンサスを築くため、言葉や言葉以外のメッセージ（第9章）に耳を傾けるようになりました。彼らは、全員が同じボートに乗っている（＝同じ目的を共有する）ことを悟り、自分のジャーニーをチームのジャーニーと関連付けて考えることを学びました。

個人主義と集団主義に対する応用と助言

グローバルに活躍するコーチとして、違いを評価する傾向には抵抗する必要があります。マズローによれば、何かに属していたいという欲求は、人間の欲求を示したピラミッドの頂点にある自己実現という欲求に比べると、低い順位にあるかもしれません。彼のモデルは、個人主義的傾向に偏っています。集団主義的見方では、このような考え方は当てはまりません。

伝統的コーチングにおいては、通常、個人主義的志向を強調することで、この自己実現という考えを促進してきました。願わくば、集団主義を犠牲にしてまで自己実現を行うことは、避けるべきでしょう。複数の集団に所属することを、奨励することができます。自分と他人に対する奉仕を同時に促進することができるからです。

チームコーチングの場合、私は、個人と集団のディメンションの両方を考慮しながら、対極にある2つの志向性を積極的に活用する手法を生み出しました。私が使うのが好きな、やや逆説的なチームへの指図は、時には自己中心的になるようにというものです。その理由は、個人の欲求が、チームがあって初めて満たされる場合、個人のチームに対するコミットメントがより強くなるからです。しかし90年代中頃、この指図を出し始めたときには、良いチームメンバーは個人の予定を引っ込めるべきだという共通の信念に違反したように、私は感じました（このルールが「人間の本質」に沿わないリップサービスでしかなかったにもかかわらず）。私の目的は、その共通の信念の代わりに、個人の願望を正当化し、行動のエンジンとして使うことでした。意識的に、あるいは無意識のうちに、メンバーは集団の行動に従事し、チームの成功に十分コミットするために、個人的な理由を必要とするのです。

反対に、良いコーチは「集団思考」[22]や同調圧力も避けようとします。熟練したファシリテーターは、その場を操作するために同調圧力を利用したくなるかもしれません。そのような操作は、誰かにやりたくないことをしてもらうよう説得するときに使われる、あまり感心できない影響力の行使方法です。一人ひとりの個人やチーム全体に奉仕する、とコミットするからには、そのような近道を期待してはいけません。個人主義的な文化において、このことは時間がかかります。もし時間がないのであれば、コーチング以外の方法を用いた方がよいでしょう。チームリーダーとチームメンバーは、何を達成したいかということと、どの程度の参加が期待できるかということを、意識的に決定することが重要です。[23]集団主義的な文化においては、個人の欲求という概念はより目立たない存在であり、人々はもっと簡単に同意に達することができます。いずれにせよ、コーチングの芸術は、この個人主義と集団主義を探求し、統合することにあります。

どのような
組織構造や組織編成を
志向しますか?

階層(ヒエラルキー)と平等
普遍主義者と特殊主義者
安定と変化
競争的と協力的

階層(ヒエラルキー)
社会や組織が適切に機能するには、階層化する必要がある。

平等
人間は、しばしば異なる役割を果たす平等な存在である。

普遍主義者
すべての事例は、普遍的方法で取り扱われるべきである。一貫性と規模の経済のために、共通のプロセスを採用する。

特殊主義者
状況の特殊性を重視する。分権化とそれぞれの状況に応じた解決策を好む。

安定
静的で秩序ある環境を尊重する。体系的で規律ある業務を通じた効率性を推奨する。変化や曖昧さは混乱を生じさせると見なされ、最小限に留める。

変化
動的で柔軟な環境を尊重する。適応力やイノベーションを通じた効果を促進する。ルーティンワークは退屈と見なされ、回避する。

競争的
競争的刺激を通じて成功や進歩を促進する。

協力的
相互支援、ベストプラクティスの共有、結束を通じて、成功と進歩を促進する。

Chapter 7

How to Leverage
Organizational Arrangements

組織編成をどう活用するか

プロジェクトを実現し、社会的本能を満たすために、人々は結集し、組織というシステムをつくります。したがって、他者をコーチするには、彼らが所属する組織について理解する必要があります。そしてご推察の通り、これらのシステムは文化に強く影響されます。

組織は、異なる部分がいろいろな形で関わり合います。組織という単語は、これらが何らかの形で編成されたものか、全体のシステムそのものを指します。[1] システムはあらゆる階層に存在します。また、個人、集団、社会について当てはめることもできます。しかし、私たちが組織について語るときは、「会社」や「制度」を意味することがほとんどでしょう。

組織については、さまざまな文献の中で、静的もしくは動的に洗練された描写が数多くあります。ここではその中の2つか3つを紹介します。経営学の権威であるヘンリー・ミンツバーグは、企業家的、機械的、専門職業的など、[2] 組織を7つのタイプに分類しました。しかし絶対的な意味で、1つの理想的な組織形態というものは存在しません。それは、単に与えられた目的、たとえば革新的、効率的などに対してより相応しいというだけのことです。

ミンツバーグの分類を利用して、ヘールト・ホフステード[3]は、いかに2つの文化的ディメンション（つまり、「階層−平等」や「安定−変化」に相当する彼の表現）が特定の組織タイプを形成するかを論じています。ホフステードの議論によれば、「組織の形態や機能の方法は、普遍的な合理性に基づいて決定されるものではなく」、それ自体が文化の影響を受けています。

ガレス・モーガンは、さまざまな組織の側面について描写するために比喩を用いました。たとえば、機械、器官、有機体、政治体制、あるいは「洗脳装置（psychic prison）」[4]という言葉さえ使っています。

グローバルな環境の中で、スティーヴン・ラインスミスが、クリストファー・バートレットとスマントラ・ゴシャールの研究に基づいて[5]、国内型、輸出型、国際型、多国籍型、グローバル型、トランスナショナル型組織について著わしています。これらの企業形態は、オーガニゼーショナルデベロップメント（OD）の異なる段階にあることを意味するか、産業やビジネスのタイプに応じた選択肢を示しているといえるでしょう。さらに、すべての形態は、1つの企業において併存することができます。

こうした組織形態に合わせて、さまざまなタイプの組織コンサルタントがいます。たとえば、職務要件や職務分類に関する人事アドバイザー、ビジネスプロセス・リエンジニアリングの専門家、経営情報システムの専門家、組織構造に関する専門家などです。

ODは、「組織の業績や組織の機能を向上させる」ことを目的とする学問です[6]。当初は行動科学の応用として見られていましたが、しだいに戦略的思考法、組織論、国際的で異文化環境における応用を含むようになりました。ODは、組織でコーチングを採用するときの有用な出発点となります。逆に、個人やチームの潜在能力を解き放ち、組織の進歩を支援するという点で、ODにとってもコーチングは有用です。ODもコーチングも、行動心理学から派生しつつ、文化的観点を受け入れることによって、本家の行動心理学の範囲を超える学問に成長しました。

組織（構造や作業プロセス）は、進歩の重要な梃です（付録B「ビジョニングモデル」）。その梃には、M&Aや仮想組織を構成するパートナーシップのように、複数の組織をまとめることも含まれます。コーチと指導者は組織の専門家になる必要はありませんが、いかに組織が「私たちの潜在能力を解放する」ことを可能にするか、また逆に妨げるかという課題について熟知する必要はあります。

組織論の専門家でさえしばしば見過ごしていますが、グローバルコーチはいかに文化が組織の決定に影響し、無意識のうちに結論づけているかを理解する必要があります。文化的認識を高め、文化を変革可能な1つのプロセスとして理解することで、リーダーがより良い組織を選択し、パフォーマンスや充足感に前向きな影響を与えるうえで役立ちます。

組織編成における共通のテーマとして、4つの重要な文化的ディメンションがあります。以下では、それらに焦点を当てて説明します。

階層と平等[7]

階層（ヒエラルキー）　階層志向の文化が最も高い人々は、「自分たちのうちの誰かがより大きな権力を持ち、より大きな影響力を発揮することを受け入れます。権力を持つ人々はそれを強調し、それにしがみつき、それを委譲したり、分かち合うようなことはせず、権力を持たない人々と自分たちをできるだけ区別しようとする傾向があります。しかし、彼らは権力に伴う責任、特に自分の下の者の面倒を見るという責任を受け入れるよう期待されています。下位の者はイニシアティブを取ることは期待されず、綿密な監視を受けます」

平等　平等志向の文化が最も高い人々は、権力の不平等は主に人為的なものであり、自然で公平なものではないと強く感じています。「権力の座にいる人々は、できるだけそれを隠し、自分たちと部下の違いを最小化し、できるだけ権限を委譲し権力を分け合おうとする傾向があります」。可能な限り、意思決定は合意に基づき、下位の者もイニシアティブを取るよう求められ、綿密に監視されると不愉快に感じます。[8]

もちろん、すべてのディメンションにいえるように、各文化は両方の志向性を持っていますが、どちらかの志向がより強く表出するものです。中国のような階層志向の文化においては、集団や組織がきちんと機能するためには社会的階層が存在しなければならないと想定します。孔子は厳格な階層からなる社会構造を信奉しました。つまり、君主と臣民、父親と息子、長兄と次兄、夫と妻、目上の友人と目下の友人などです。「男子は、家では両親を敬愛しなければなりません。外では、目上の人や自分より地位の高い人々を尊敬しなければなりません」[9]

階層と平等という2つの志向性は、社会のどの側面においても重要ですが、特に職場において重要です。組織的には、階層主義はより中央集権的な構造に、平等主義はよりフラットで分権的な構造にいきつく傾向があります。階層志向は単独の決定を可能にし、危機的状況に効率的に対応できます。一方、平等志向の人々は、マネジャーがチームワークやそれぞれの立場の自主性や責任感を養成します。もし、その創造的潜在能力を完全に活用し、革新的になりたいのなら、厳格な階層志向は重大な障害となるでしょう。

階層志向のもう一つの側面は、リーダーシップの開発に関する意味合いです。つまり、この志向性を持つ人は360度フィードバックや、上司にフィードバックを与えることに対して抵抗を感じます。[10]

階層志向と平等志向のケーススタディ

階層志向の特徴は、私たちが計画を立てるうえで、適切な関係や人脈を必要とすることです。社内政治は必要なものです。[11] 私はフランスで、異業種に属する2つの企業でリーダーシップ研修を行いましたが、両社とも非常に多くのインフォーマルな政治的会話が行なわれていることに驚きました。参加者は、自分の属する組織の重要なリーダーについて、彼らの関心事項や独特な個性などをユーモラスなフランス的風刺を用いてコメントしながら表現していました。

チャブ保険の北アジア地区の人事課長、ジャッキー・チャンは、中国人は上司の行動がいかなるものであっても、その意向を尊敬し、従う傾向があると指摘しました。上司が適性を欠く場合でも、中国人の労働者は不満を溜めつつも、上司に対して忠実に振舞い、対立するようなことはないと。また、上司が時間を割いて公式の場に部下を伴って登場すると、部下たちは誇りに思います。彼らは、自分と上司の間に特別な関係があることを皆が知るという事実を大変喜ばしく思い、「彼らに2倍報いたい」と考えます。すなわち、上司に奉仕するためにさらに一生懸命に働くのです。[12]

これと対照的なのは、スタンフォード大学で、あるイスラエル人の同級生[13]が教授に公然と挑戦していたことです。[14] 学生たちは教授陣が世界一流であることなど気にせず、年齢の差も忘れ、教授のランクなどもお構いなしに、「あなたの理屈は間違っている」とまで言います。そして自分で黒板に向かい、チョークを持ち、教授に「正しい方法」を見せます。しかも、教授たちには感情を害したような様子がまったくありません。このことには、学生たちの態度と同じくらい驚かされました。

アメリカは、平等を固く信じている国です。少なくとも、理屈の上では機会の平等（機会均等）を、信じています。しかし、平等がリーダーシップのより優れた形態だと想定すると、裏目に出ることがあります。たとえば、アメリカから海外駐在を命じられた課長が、ベルギーであるグループをマネージしたときのことです。彼女は、オープンエンド型の質問とグループのコンセンサスを重視しました。彼女が深く信じていたのは、人々は皆平等であるという発想です。それゆえ、彼女は命令し、一方的決定を下す権利がないと信じていました。その結果、彼女には部下が寄り付かず、部下からの尊敬も失いました。彼女の部下は、すべての事項で合意に達しようとする会合によって時間を無駄にしたくないと思っていたからです。彼らは彼女にもっと決断力を発揮し、命令を下し、そして必要に応じて社員と対決してほしいと望んでいました。

私が米国型の平等について語るとき、収入や社会的条件の平等について述べているわけではありません。シティグループのサンフォード・ワイルやゼネラル・エレクトリック（GE）のジャック・ウェルチは、一般家計の平均年収が42680ドルで、1時間当たりの最低賃金が5・15ドルだったにもかかわらず、2000年に1億ドル以上の収入を稼ぎました。[15]

私は、長い戦いの結果、性別や人種、年齢の違いによる差別を禁止する人種差別禁止法に至った権利の平等について触れています。同時に、機会均等の意味についても触れています。アメリカにおいて、人々は、他国だとほとんど常軌を逸していると考えられがちなCEOの報酬を許容しています。その理由の一つは、多くのサクセスストーリーによって、潜在的に誰でも頂点に上り詰めることができるという「アメリカンドリーム」を永続させうるからです。

平等を好む人々は、依然としてヒエラルキーが世界中のあちこちに存在するという事実に対処する必要があります。近代の経営理論にもかかわらず、ヒエラルキーと支配が時々効果的な結果に繋がることがあります。マーティン・スコセッシ監督の映画「カジノ」においてロバート・デ・ニーロは、信頼ではなく支配を選択することで最も成功したカジノを創り上げました。

階層志向と平等志向を活用する

階層志向と平等志向を活用するというと、マネジャーは権力を分かち、チームの参加を奨励しながら

（平等思考を示す）、必要な支援や資源を確保するために政治的活動に従事すること（組織を1つの階層として見る）を意味する場合が多いようです。

以下の例は、「建設的な社内政治――リーダーシップに不可欠」（Constructive Politics: Essential to Leadership）[16]という私の論文からの抜粋です。ここで問題となる「建設的な社内政治」について、この論文では以下のように説明しています。

> 企業のエグゼクティブをコーチすると、彼らが権力の源泉について意識的に注目したことがほとんどなかったことに気付きます。そこで私は、何が権力を構成するかということについて、しばしばブレーンストーミングします。これによって、彼らは今まで自分が見過ごしてきたことや、影響力を持つためにどのような行動を取ることができるかに気付くようになります。
>
> あるエグゼクティブは、自分の率いる研究開発（R&D）部門に対して人材配分が不足していることに不満で、R&Dの戦略的重要性に対する経営陣の理解が乏しいことに批判的でした。そのエグゼクティブとは逆に、その企業の社長はR&D部門に真のチームスピリッツがないことを懸念していました。社長は、R&D部門が健全なビジネスプランはもちろんのこと、組織にどう貢献するか、全社的なビジョンを明確化するように期待していました。
>
> これらの期待に応えるために、R&D部門のチームは信頼と尊敬を築き、戦略的プランを自ら描くため、5日間にわたる2回のリトリート会議を開きました。計画は、顧客の立場から考えることを出発点とし、これまでどのような企業もなしえなかった方法で、顧客ニーズに応える統合化されたR&Dのアプローチを可能にしました。

私は、建設的な社内政治についてチームに説明しました。それによって、チームは、外部とのネットワーキングを主要顧客からの支持を獲得する手段と認識し、会社の内部に計画を「売る」ことができるようになりました。リトリート会議の前まで、チームのエンジニアは、そのような政治的な活動が自分たちの役割の一部だとは夢にも思っていませんでした。しかし、彼らは、経営トップの支援を得るためには、それをしなければならないことに気がついたのです。彼らの政治的活動は破壊的どころか、ウィン－ウィン－ウィン－ウィンの結果をもたらしました。すなわち、会社全体にとっては事業を改善し、R＆D部門にとっては企業の他部門とより良い関係を構築し、顧客にとってはより良いサービスを享受することになり、そしてチームメンバーにとってはより適切で面白いエンジニアリングを行なうことを可能にしたのです。

階層志向と平等志向に対する応用と助言

コーチングにおけるコーチとコーチーの関係は、平等を想定しています。[17] あなたはコーチとして、コーチーが自分自身の潜在能力を試し、自分の経験から学び、自分の願望について深く考える手助けをします。このことは、コーチーが相当の潜在能力を持っていること、他にない経験をしていること（必ずしもあなた自身の経験と同様のものではありません）、そして正当な願望を持っていることを前提としています。ところが、もしあなたが彼の上役だとすると、彼の潜在能力の価値、経験の豊富さ、願望の正当性について疑いを持つことになるかもしれません。

コーチングは平等な関係を想定しているので、コーチは、コーチーが階層志向を具現化したもの、すなわち社内政治に取り組む手助けをするための手段をあまり持ち合わせていないかもしれません。しかし、政治的見方は、コーチが習得できる有益な視角です。これまでのコーチング経験から、政治的見方は極めて重要な価値を持つものと、私は認識しています。以下、詳細に説明します。

建設的な社内政治

コーチは、コーチーが自分の持つ力の源泉やその力学について、体系的に実験するのを助けることができます。「建設的な社内政治」という概念は、コーチングの基本的価値と一致します。私は、政治を「目的を達成するために、自らの力を築き、維持する行動」と定義します。その定義に従うと、力とは「有意義かつ重要な目的を達成するための能力」と理解することができます。政治はプロセスです。力は潜在的で、多くの源泉から発生します。

「建設的な政治」という際に、私は、次に述べる力の源泉を指しています。つまり、外部のネットワーク、内部の味方、知識、信頼、選択の豊富さ、フォーマルな権威、対人関係上のスキル、個人の内面的スキルなどです。政治は他者にとっても有用であれば、建設的になります。人々の希望やニーズ、夢を理解し、彼らの目標と自分の目標の間で共通の基盤を創造的に追求しようとします。自分自身の願望に真摯に向き合い、相乗効果や革新的なウィン－ウィンの状況を探求しながら、他人の願望に対してはオープンであることを求めます。私たちの目標の一つは、他人が彼らの目標を達成するために役立とうとすることかもしれません。

力－奉仕▼[18]という、建設的な社内政治の2つのディメンションの間にある相互作用を理解するには、2×2のマトリックスで整理できる4つの基本政治類型で考えると理解しやすくなります（図表11）。ここで

図表 11◆基本政治類型

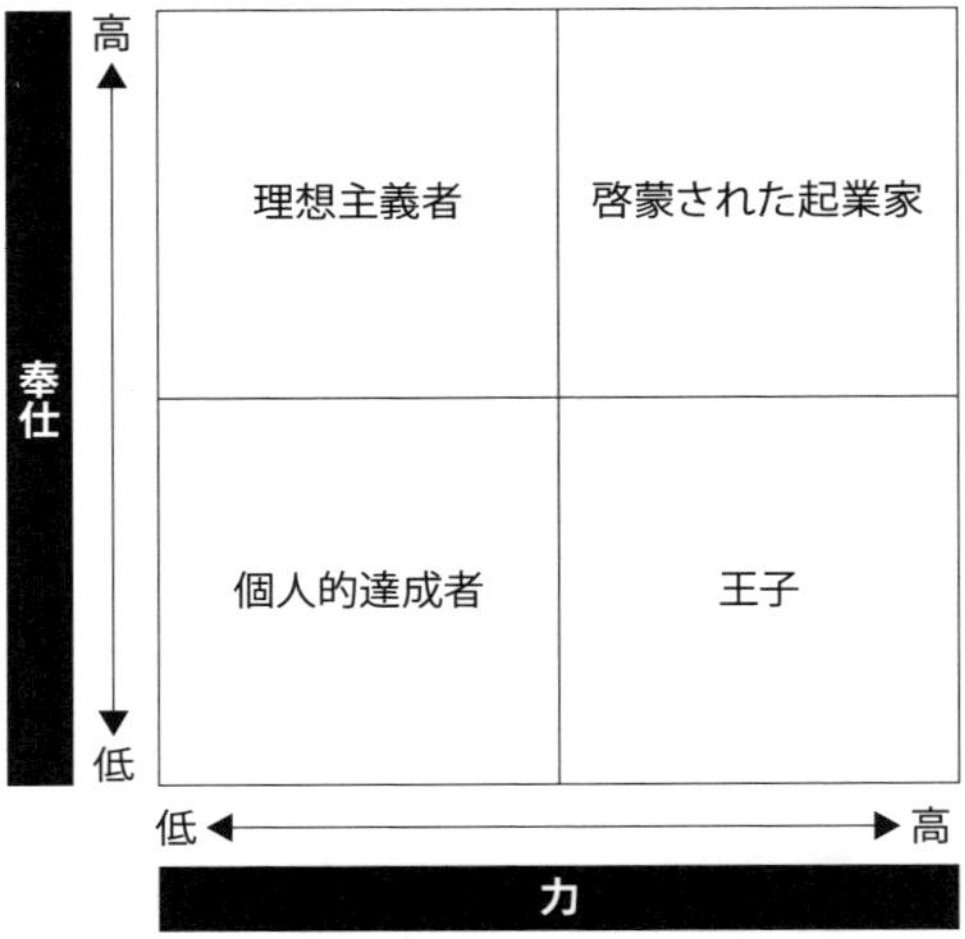

は、4つの類型を「個人達成者型」「理想主義者型」「王子型」「啓蒙された起業家型」と呼ぶことにします。これらの類型は、建設的社内政治力を開発するにあたり、自分の状況を評価し、自己開発目標を設定するために役立ちます。力が影響と梃を与えてくれるように、奉仕はあなたに何をすべきかを導いてくれます。

個人的達成者　奉仕志向が低く、力量も高くないため、個人的達成者は自己中心的と見られます。このタイプは高い専門的能力を持ち、いくつかの活動において、大きな成功を収めることができます。たとえば、長く切り立った勾配と戦う孤独なロッククライマーなどです。彼らは、条件が合えば、つまり自分を守ってくれる上司がいたり、ほとんど相互依存性のない状況においては、自分を無力と感じたり、政治力を使う必要性を認識することはありません。しかし、相互依存性の高い職場においては、専門的な作業に集中したり、生産的に取り組めないことに対して不満を高める可能性があります。

理想主義者　理想主義者は、他人に奉仕したいという本物の願望を持っています。しかし力がありません。このタイプは、しばしば十字軍戦士として見られるように、粘り強く、最終的には成功できるかもしれません。しかし、官僚的な障害によく不満を持ちます。理想主義者は衝突を避けるため、社内政治を嫌う傾向があります。また、理想主義者は他人に注目するため、個人的目標に関連する自己肯定的行動を低く評価することもあります。このことは、ある状況においては、失敗したことについて他人を責めたり、無意識のうちに犠牲者を演じるような結果となります。

王子　マキアベリの古典で表現されるように、王子は高い力量を持ち、自分の出世に突っ走ると理解されています。よく否定的に見られますが、このタイプの人は物事を実行し、目標を達成することができます。しかし、王子は人々に疎んじられるリスクが高いため、長期的に見ると、力を失ってしまうこともあります。

啓蒙された起業家　他人に奉仕したいという願望と高度に開発された力を持つことから、啓蒙された起業家は「指導者」に最も相応しいと表現されるタイプです。このタイプは、人々が組織の使命を達成するうえで必要な挑戦を確認し、それらに応えることができるよう社内政治を活用することができます。啓蒙された起業家は個人的な目標を持ち、他人がそうすることも認めます。しかし、彼らは目標から発生するエネルギーを、一般の人々への奉仕のために使います。▼19

普遍主義者と特殊主義者[20]

何が真実か、どうしたらわかりますか？　何を基準に、公平か否かを判断しますか？

普遍主義者　環境や個別の状況にかかわらず、常に通用する絶対的基準があります。フォンス・トロンペナールスの説明によれば、「普遍主義的アプローチとは、概ね〝何が良くて正しいかは、定義することが可能であり、いつでも通用する〟[21]というものです」。ストルティがこう付け加えています。「正しいことは常に正しい。公平さとは、家族や友人をも例外とせず、万人を同様に扱うことです」[22]

特殊主義者　「特殊主義的文化においては、個別の関係や独特の環境に関わる義務に、より大きな注意が払われます。たとえば、特殊主義者は、1つの良い方法に常に従うべきだとは考えません。彼らの論理は、友情には特別な義務がつきものなので、最優先して考えるべきだというものです。彼らは、抽象的な社会的規範に対しては、それほどの注意を払いません」[23]。1つの状況で真実で公平なことが、別の状況では間違っているかもしれないのです。

普遍主義的基準に立てば、すべてのケースを同じように扱うことが公平さを保証することになります。反対に、特殊主義的基準に立てば、それぞれのケースをその特別な価値に従って扱うことが正しいアプローチとなります。

普遍主義的文化では、均一の幅広い基準が、所与の役割や状況を持つ全員に適用されます。開発された共通のプロセス、方針、システムは、すべての人に適用されます。一方、特殊主義的文化では、個別の状況に応じた特定の基準が個人や小集団に適用されます。人々は、制度が自分たちのニーズに応じて個別対応されることを望みますが、自分たちの個別の環境で合理的でないときには、普遍主義者的プロセスや方針に従うことに抵抗します。

普遍主義と特殊主義のケーススタディ

ある大手自動車メーカーの指導者たちをいろいろな国で研修したことがあります。アメリカのマネジャーたちは、よりグローバルになることを主張していました。それは、彼らの意識では共通のプラットフォーム、普遍的な設計、世界規模の販売を意味していました。他方、ヨーロッパ人は個別の解決策を主張していました。彼らは「1つの寸法がすべてに合う（One size fits all)」ことがグローバル化ではないという見方をしていたのです。

私の経験上、普遍主義－特殊主義は、アメリカの多国籍企業が気付く最も重要な文化的ディメンションです。私は、アメリカ人の上級管理職とフランス人の中間管理職の堂々巡りの討論を聞いたことがあります。前者は均一のルールやプロセス、方針が世界中で通用すると主張し、後者はそれがフランスでは意味をなさないことを説明しようとしました。研究によると、アメリカは普遍主義がとても高い国のようです。[24]アメリカ人で文化的感受性が発達していない人は、おそらく特殊主義者のことを「わからず屋」と決めつけるでしょう。同様に、フランス人管理職が、普遍主義者が唱える規模の経済や一貫性に対してオープンでなければ、二極化が起こります。

契約締結は、普遍主義者と特殊主義者の文化間でしばしばフラストレーションをもたらすもう一つの原因です。普遍主義者は、ビジネス上の同意の要点をきっちり押さえるためには、書面による詳細な記録が必要だと主張します。そして、あらゆるシナリオを契約上カバーするために、何時間もかけて書簡を往復させます。特殊主義者たちは、何か特別な状況が発生したときには、相互の信頼や善意によって解決することを好みます。[25]

トロンペナールスは、キリスト教と結び付けて以下のように説明しています。普遍主義者は、プロテスタントの国では一般的な存在です。なぜならば、信徒は聖書の掟に従うことで、神との関係を維持するからです。神とその使徒の間には、誰も介在しません。個人の懺悔を聞いたり、罪を許したり、特別な斟酌を与える裁量を持つ人は存在しないのです。反対にカトリックの文化においては、より関係を重視する特殊主義者的な宗教上の特徴が未だに残っています。人々は、彼らの置かれた特殊な状況によっては戒律を破ったり、憐れみを受けることができます。[26]

また、トロンペナールスは、ヘイ（ヘイの設計者であるコロニアル・ヘイの名前に由来する）の業務分類システムを自分に都合よく利用したベネズエラのカントリーマネジャーの逸話も語っています。彼は、昇進の候補者を客観的な基準を用いて評価・格付けする代わりに、まず自分で昇進者を決定してから、ヘイの枠組みを利用し、自分が選んだ候補者がヘイの普遍主義的プロセスを適用して判断した最適な候補者であるかのように正当化しようとしました。そして、この手口について質問されると、「私の部下の昇進を決めるのは、ヘイですか、私ですか」と答えたのです。この場合、ヘイの普遍主義的アプローチに対しては、リップサービス程度の注意が払われただけです。しかし、このような行為は、相互の尊敬や理解が発達していないと、疎外やサボタージュなどの原因にもなります。異文化の違いはとても複雑なものなので、野放しにしておくわけにはいきません。

他にもたくさんのディメンションについてお話しできますが、興味深いことに、日本も特殊主義的な国であることについて触れておきます。たとえば、芸術や造園において、「木や木の葉、草花を使わなくても、何の変哲もない岩石が持つ多彩な違いから動的調和が創造されます」[27]

普遍主義と特殊主義を活用する

ユニリーバは、共通の技術やプロセスを、特殊な消費者の慣行に適用させる方法を知っています。[28] リプトンのような共通ブランドは、各市場のニーズに合っている限り、ローカルな市場でもそのまま販売されます。しかし、市場に特別な嗜好や伝統があると判断すれば、躊躇せず、それらに合った製品を開発します。実際、何年にもわたって、ユニリーバはいくつかの特別な市場で買収を重ねてきました。最近では、スリムファースト、ベンアンド・ジェリー、アモラ＝マイユなどの買収を通じて、機能性食品、プレミアムアイスクリーム、料理用食品の分野で地位を確立しました。これらの企業は、各々のアイデンティティを維持しながら急速に統合されました。メキシコでは、「ローカルジュエル（地域の宝石）」（特別な個々のブランドについてユニリーバが使う表現）であるモルディスコなどの他に、コルネットやマグナムという国際的なブランドが販売されています。中国では、現地の消費者をよく理解することで、中国の薬草歯磨き粉「中華」を売り出しました。2000年には、インドネシア中のオフィスや工場、倉庫に勤めるユニリーバの全社員が、国中の店舗やスーパーマーケットを訪問し、顧客と直接会う機会を設け、小売業について、また消費者行動や嗜好についてじかに見識を深めました。

特殊主義的価値を認めるユニリーバは、小規模ビジネスのダイナミズムを大事にしています。ユニリーバはまた、管理職や社員に裁量を与えるようにしています。もし社員の役割が、本社によって開発された普遍的なソリューションを実行するだけであるならば、裁量を与えたりはしないでしょう。特殊主義と普遍主義を活用するために、ユニリーバでは複数の会合を開き、無数のコミュニケーション機会を設けています。何人かのリーダーは、ユニリーバのことを「ネットワークされた組織」と表現しています。ユニリーバでは、個人的関係の繋がりを通じてベストプラクティスを共有することで、同じものを一からつくり直して時間を無駄にするようなリスクを最小化し、できる限りグローバルな解決策を創出することを可能にします。

この哲学は、以下に示すユニリーバの社是の前段からも明らかです。

ユニリーバの目標は、世界中の人々の日々の生活ニーズを満たすことです。それは、消費者や顧客の願望を予想して、生活の向上につながるような商品やサービスのブランドを創造的かつ競争力のある方法で提供することです。世界中の文化や市場に深く根差すことが、わが社の比類ない遺産であり、将来の成長のための礎です。各市場の消費者に奉仕するために、豊富で国際的な専門知識を発揮します――真にマルチローカルでマルチナショナルな消費者のために。

普遍主義者と特殊主義者に対する応用と助言

コーチングには、文化の特殊主義を見過ごすリスクが常につきまといます。残念なことに、そして善良な意図があっても、根底にある暗黙の文化的想定に関する手掛かりや、あるモデルを異文化間で導入する際に必要とされる配慮がまったくないままモデルだけが紹介されるということが、あまりにも頻繁に起こっています。

これらの単一文化的モデルは、それでも文化的限界が正しく理解されている限りにおいては有益です。たとえば、アメリカで機能する処方箋はフランスでは機能しないかもしれないし、その逆もありえます。もちろん、必ずしもそれらが絶対的な意味で普遍的に有効だとは限りませんが、文化のディメンションを明確に統合し異文化間で通用するモデルは、グローバルな環境では好まれるでしょう。もちろん理論的には、特殊な例外が1つでもあれば、普遍的法則と推定されるものを無効にできます。しかし、実際には、異文化環境で幅広く適用されるモデルをつくることには大きな意味があります。これらのモデルは、本書に出てくるほとんどのモデルのように、普遍的にというより、一般的に有効なものです。

コーチにとって、普遍主義と特殊主義を併用することは一貫した、しかし柔軟な手法を採用することを意味します。危険なのは、否定的な面に陥ることです。それはつまり、画一的であったり、一貫性が欠如しているということです。プロコーチの国際的ネットワークで仕事をしていると、これらの基準が成功の鍵を握っていることを実感します。

私の目的は、豊富で多彩な能力を試みることです。したがって、コーチーの創造性を押さえつけるような厳格な手法やルールを課すことは本意ではありません。その一方で、顧客に対して一貫した手法を採ることの恩恵を提供したいとも思っています。両方の世界から最良のものを得るために、私は注意深くパートナーを選び、共通のコーチング哲学やプロセスに同意していることを確かめます。それから、彼らに自分らしく振舞い、独自の才能を発揮し、自分のやり方でコーチすることを認め、さらにそれを奨励します。自分たちの類似性の上に築かれた相違点から学ぶことができるとき、私はさらに豊かになれると感じます。

このように普遍主義と特殊主義を配合することは、相乗作用のあるチームや学習する組織を構築するうえでも重要なことです。学習する組織に入る情報は、普遍主義的・特殊主義的文脈が正しく理解されるときに有益な知識となるのです。

安定と変化[29]

最近の決まり文句に従えば、変化こそが唯一不変の事象です。すべてのものは変化します。そして、その事実だけは変わりません。

安定　安定の方が強い文化は、あまりにも大きく、混乱を招くような変化には懐疑的で、心配すらします。静止が有効な選択肢であることなどほとんどないことを考えれば、そのような文化に属する人であっても、現在の「パラダイム」の中での漸進的な変化であれば歓迎するでしょう。なぜならば、環境はまだ安定しており、秩序を維持しているからです。「馴染みのあるリスクは許容しますが、曖昧な状況や馴染みのない危険はしばしば脅威と感じます。規則は、通常人々の行動や変化を制御するものなので、歓迎されます。一般的に、規則や指針が存在するところでは、変化は秩序に沿った予見可能なものとなります」

変化　変化の方が高い文化は、大きく、非直線的で、革新的で、揺るがすような変化を歓迎します。「異なるものには、心配ではなく好奇心を煽られます。曖昧な状況や馴染みのないリスクには、ほとんど、またはまったく不快を感じません。規則は、絶対的に必要とされるものだけに制限されます。突飛な革新的なアイデアや柔軟性が奨励されます」[30]

もし、変化こそが唯一不変のものだとすると、コーチングは、極めて自然に、変化のプロセスに取り組み、そして通常は第5章で扱ったように、それをスピードアップし、コーチーが変化と戦う手助けをします。

実際には、変化こそが不変という、現在支配的な修辞にもかかわらず、安定は依然としてあちこちに存在し、必要とされています。歴史を通じて、進歩は進化と革命を通じて起こってきました。いくつかの後退はありましたが、安定した環境における漸進的な改良の時代は、急進的な変化の時代と共存していました。静かな流れは不規則な急流に変わり、再び静かになります。しかし、静止は、絶え間なく前進する世界においては、決して長期的に有効な選択肢ではありません。組織が、継続的に発展する最良の筋書きは、現在の業務プロセスを改善し（トータル・クオリティマネジメント）、新しいより適したものに設計し直すことです（リエンジニアリング）。もし1カ月おきに上司が入れ替わり、事業の再構築を行なうとしたら、非常に破壊的で、モラルを低下させるでしょう。だからといって、時代遅れになった業務プロセスにいつまでも固執するのは生産的でありません。私たちは効率的に（すなわち物事を正しく行なう）、そして、効果的に（すなわち正しいことを行なう）取り組みながら、進化と改革の間で正しいリズムを見出す必要があります。

安定と変化のケーススタディ

バクスターは革新と変化を重視しています。その結果の一つが、経営幹部たちの高い内部異動として現れています。バクスターの企業文化は、従業員が良い仕事をすれば新しい機会をつかみ、早く昇進していくというものです。ピーター・レイランドは、事業部門内の人材が持つ能力を開花させるためには、少なくとも、バクスターのこの変化を重視する傾向と安定との間でバランスを取る必要があることに気付きました。しかし、管理職が彼らに今の仕事に留まるよう強要することはできません。したがって、彼らが自発的に数年を過ごしたいと思える環境を創る必要があります。そこで彼らとともに、とても魅力のあるビジョンや挑戦しがいのある企画、わくわくするような雰囲気を創出しました。その結果、チームメンバーは会社に偉大な貢献をもたらしました。社内の平均的チームよりも多くのメンバーが昇進し、かつ彼らは強力な学習体験をも習得したのです。

英国バクスターレナルは当初、ビジョンを明瞭にし、戦略を練り、プロジェクトに関する興奮と結束を築くことを重視していました。しかし1999年には、彼らにとっての挑戦は、チームが目的を実現していくにつれ、当初の熱狂がずれた方向に向かうことを回避することに変わっていきました。4回目のリトリート会議で鍵となるテーマも、計画を実施することの素晴らしさについて評価することでした。変化だけが魅力的と考えられる文化では、安定の貴さを取り戻す必要があります。安定が重要であり、刺激的でもあることを示唆するのは、バクスターレナルにとって重要な一歩でした。

一流の陸上競技選手や芸術家のことを考えてみれば、卓越は不断の規律正しい長期にわたる献身的作業を経てのみしか到達できないことがわかります。一流の競技者や芸術家でなくとも、同じルーティンを繰り返し実行し、徐々に完璧にしていくことは、有益で楽しみでさえあるといえるでしょう。私は、革新的な活動を好むと同時に、コーチと一緒に練習するテニスを楽しみにしています。練習内容はそれほど変わりませんが、ボールを打って同じ動きを何度も繰り返すことを楽しみながら、徐々に上達していくのです

(まだまだこれから先、いくらでも上達できるレベルですが)。

安定と変化を活用する

『企業戦士をつくる』(The Making of a Corporate Athlete)の中で、ジム・レーヤーとトニー・シュワルツがこう言っています。必要なときにエネルギーを動員する能力は、彼らが言うところの「理想的パフォーマンス状態(才能と技能をフルに点火し、高いパフォーマンス状態を持続させる能力)」を基礎とします。効果的なエネルギーの管理は、「エネルギーの消費(ストレス)とエネルギーの充電(回復)の間の周期的運動で、彼らが振子のような振動と名付けたもの」に関係すると主張しています。彼らは、「高パフォーマンスの真の敵はストレスでなく、むしろ規則正しい周期的回復を喪失すること。回復のない慢性的なストレスは、エネルギーの貯蔵を空にし、虚脱感や衰弱に繋がり、究極的にはパフォーマンスを侵食する」と説明しています。[31]

ジェームズ・コリンズとジェリー・ポラスの調査によると、「永続するために設立された」ともいえる最も成功した企業は、安定と変化を活用しています。つまり、「核となる部分を保持しながら前進することを激励する」のです。[32] 彼らの調査はアメリカを対象とするものでしたが、仮に調査がヨーロッパを対象としていれば、ユニリーバは必ず合格したでしょう。現状維持に異議を唱え、成長にコミットすること(成長への情熱)は、「世界中のあらゆる場所で、人々の日々の生活ニーズを満たす」ことと、「真にマルチローカル、マルチナショナル」であるという基本的価値観にこだわること以外の何物でもありません。

安定と変化に対する応用と助言

グローバルコーチングは、単に変化の手助けをするだけではありません。変化と安定の間でちょうど良い均衡を突き止めるよう要求します。「キートンの適応とイノベーションのインベントリー」(Kirton Adaptation-Innovation Inventory)[33]は、パラダイムに挑戦する傾向のある人(=イノベーター)と、既存の体系の枠組みの中で創造性を発揮しようとする人(=適応者)を区別します。コーチは、理想的には自分の好みにかかわらず、適応者とイノベーターの両方として行動すべきです。

コーチの中には、大変系統だった手法を好む人がいます。他方、オープンエンドな(あらかじめ立てた計画に縛られない)プロセスを好む人もいます。厳格にXステップモデル(すなわちXの順次ステップからなる直線的なモデル)に追随するコーチもいれば、一般的なアイデアのみを採用し、実際に利用する段階では自分の考えた手法を用いるコーチもいます。また、曖昧さを嫌うコーチもいます。その場合、指示は詳細で正確である必要があります。逆に、曖昧さを好むコーチもいます。その場合、曖昧さは創造性の余地を残します。コーチーを快適地帯から引っ張り出すことを意図的に排除しないような状況に、自分のスタイルを適応させることは、コーチングの芸術ともいえます。

ある組織をコーチする、すなわち重要かつ有意義な目的を達成できるよう人間の潜在能力を解放するには、介入をより小規模の活動に分割していかなければなりません。そのために、あなたは選ばれた個人やチームと一緒に取り組みます。重要なことは、少なくとも2つの要因について考慮しながら、「進歩のエージェント」のクリティカルマスを築くことです。まず、大きな力を持っている人を特定してください。[34]すると彼らが、正式な階層において、必ずしもより高い地位にいるわけでないことに気付きます。

次に、人々がどの程度自分の快適地帯から出て冒険し、新しいアイデアを抱く用意があるかを考慮します。数人の人だけが企画を打ち出す「起業家」であり、大部分の人が彼らの企画に価値があるかどうか判断しようと耳を傾ける「オピニオンリーダー」です。クリティカルマスに到着するには「追随者」が必要であり、「遅い承諾者」はそのプロジェクトが成功するだろうという十分な証拠を持ってからやってくるでしょう。数人の「落伍者」は、革新の方が意味があることが明らかであっても、古い習慣にしがみつこうとします。組織において、外部からのコーチングはたいてい上級管理職やハイポテンシャルといわれる人々に向けられます。彼らは、変化を促進する原動力と影響力の両方をしばしば備えています。さらに、彼らはコーチとして行動することもでき、ますます勢いをつけることができます。

グローバルコーチは、変化に「抵抗」する人々が、変化を求める人々より啓蒙されていないと想定してはいけません。すなわち、グローバルコーチは、「変化への抵抗」という言葉を、前向きな意味のある「安定への選好」という言葉に置き換えるべきです。それは、すべての変化がより良いものばかりではないからです。たとえば、事業再構築は、株主や選ばれたエグゼクティブには意味があるかもしれませんが、従業員や顧客など別の立場の人々にとっては決して有利なばかりではありません。それなのに、なぜ彼らが変化を支持するだろうと期待するのでしょうか。

グローバルコーチは、さまざまなステークホルダーの安定と変化の価値観について真摯に学び、すべての当事者の利益の中で何が最良な相乗効果であるかを決める手助けをしたいと考えています。逆説的ですが、異なる文化的見方を尊敬し、受け入れるこのような態度こそ、「あなたは変わるべきだ」という恩着せがましいメッセージを繰り返すよりも、「変化への抵抗を崩す」のに役立つでしょう。

安定と変化というディメンションのもう一つの見方は、ヘンリー・ミンツバーグの著書にあります。官僚組織（機械のような組織）は安定を重視し、決まった環境の中で機能するのに適しています。他方、革新的企業（ミンツバーグのいう「革新的組織」）は変化を基に繁栄します。[35]

しかし、あなたが違いに対してオープンで、それらを活用したいと思っているのならば、その両極を最大限に活用する組織を創ることができるでしょう。人々は必ずしも自分の文化的志向に拘束される必要はありません。官僚的組織においても、たとえば特定の組織を異なる規範の下で機能させたり、お役所仕事を排し、革新を奨励することができます。また、革新的組織において、反乱にあうことなく、それに意味があるのならば、いつでも系統だったプロセスを導入することができます。

競争的と協力的[36]

競争的　競争的な文化においては、職場は個人、チーム、部門間の永遠の競技場です。勝利への渇望、敗北への恐怖が、人々の努力を奮い立たせます。自分の優位性を確立することは、他人の犠牲を伴います。なぜならば、「最高の者」だけが成功する運命にあるからです。

協力的　協力的な文化においては、一緒に働くことが強調されます。連帯意識が人々を団結させ、ともに成功するために助け合い、情報やベストプラクティスの共有を奨励します。

あなたが、競争と協業（コラボレーション）のどちらに動機付けられるかによって、その反対の文化にいる人を疎外する可能性があることを覚えておいてください。

ビジネスの世界では、競争がゲームの本質です。しかし、競争優位を確立することは、組織内に競争的文化を助長するというわけではありません。実際、内部の協業を促進することは効果的な手法です。組織が内包する相互依存性のために、一定の協業を残しておくことは常に必要なことなのです。

競争は、特にアメリカの多国籍企業において、よくある現実のものです。たとえば、経営幹部を業績によって格付けするなどの慣行があります。査定は通常、金銭による報酬や昇進の機会に繋がります。上位の人材は上に昇ることが期待でき（「最高の者」に対する地位には限りがありますが）、下位の人材は外に出るか、そうでなければ、せいぜい即座に成績を回復するかのどちらかです。

職場において、ある程度の競争は不可避といえます。それは、魅力的なポジションや報酬には、提供される以上に多くの候補者がいるかもしれないからです。しかし競争は、これは政治も同じですが、卑劣で破壊的である必要はありません。敗北が劇的なものを意味するものでなければ、楽しみとさえ見ることができます。

重要なことは、競争にあまりエゴを挟まないことです。一方で、もし自分自身の価値が勝つことで決まるとすれば、競争することに強いやる気を起こし、多くのことを達成できるかもしれません。しかし、すべての戦いに勝つことは現実的に不可能である以上、外見は繕うものの自信を喪失するリスクは免れないでしょう。もちろん、賭け金が大きく、勝者がそのすべてを獲得するのであれば、競争をゲームと見なし、友好的雰囲気を維持することは難しくなります。

競争と協力のケーススタディ

２０００年頃、私の家内は、１９９８年にベルギーのカンパニー・オブ・ザ・イヤーに選ばれたアリアンヌⅡという企業に勤めていました。私は、アリアンヌの年次総会で、販売課長が競争的文化において典型的な販売実績や各営業員の成績を発表するのではなく、ユーモアに富んだ逸話やチームメンバー一人ひとりのユニークさについて語っていることに気付きました。アリアンヌⅡの協力的文化では、販売課長は助け合うために行動し、必要なときにはお互いを補い合います。彼らはともに働くことを楽しみ、仕事の外でも友情を築いています。興味深いことに、それでも彼らは個人としての責任やアカウンタビリティを持っていますが、それによって高い協調性を損ねることはありません。

他方、ジャック・ロゲは、国際オリンピック委員会の会長、ファン・アントニオ・サラマンチの後任人事において、何人かの候補者と戦わなければなりませんでした。謙虚にも、ロゲは言いました。「オリンピックのゲームと違って、ここに敗者はいません」。ただし、サラマンチの後任をずっと狙っていたリチャード・パウンドが同じように感じたかどうかはわかりません。[37]

プロの集団も競争的文化と協力的文化の両方を持っています。ベルギーのエコール・ポリテクニックの学生は気軽にノートや試験予想などを交換し、お互いに上手くいくよう協力します。この文化はプロのエンジニアになってからも継続します。エンジニアは、紛れもなく資本主義システムの主要な貢献者であるにもかかわらず、お互いを昔の共産党のように「同志」と呼び合います。

対照的に、コンサルティングや広告など、競争的精神がはびこっている業界もあります。メンバー間の情報共有は少なく、他人より優れていることが強力な動機付けとして作用します。このディメンションは企業の成長戦略に対しても影響します。市場経済において競争は明らかに支配的です。しかし、協力的精神によって提携を成功させることができます。

競争と協力を活用する

EUは競争と協力を活用している1つの例です。ヨーロッパの統一は、遅々として進んでいないように見えますし、問題は依然として山積みしています。たとえば、必要なときに迅速な行動を可能にする、統一された信頼できる防衛を整備すること、財政・社会政策に関する法制度を調和させること、国家間の正しい統治や権力の均衡を見出すことなどです。それでも統一によって、ヨーロッパ人は過去55年間で一度も経験したことのない次元の平和を享受できました。過去70年間で、ドイツとフランスは3回の戦争を経験しています。ドイツとフランスだけでなく、イギリスとフランス、フランスとオランダ、オランダとスペインの戦争など、どこかしら紛争がありました。しかし今や、昔の敵は同盟となったのです。さらに、ドイツマルク、フレンチフランのような各国の通貨も、すべてなくなりました。ユーロが現実のものとなったのです。

ヨーロッパは、競争と協力を併用しながらここまで来ました。指導者は国家間で比較し続けています。つまり、「隣国が達成したことを見なさい！」と言います。国民に財政赤字削減のための犠牲を許容してもらうには、ヨーロッパの他国が同じことを行なったということを見せられる方がより簡単にいきます。しかしながら、健全な模倣という形態の競争は、協力とともに起こります。たとえば、学生はいくつかの学期を他のヨーロッパ諸国で過ごし、異なる人や場所から学習します。彼らによって、科学やエンジニアリング、医学などあらゆる分野で、ベストプラクティスが交換されます。[38]

ところで、EUはより基本的なところで2つの教義を併用しています。それらは、①自由主義、つまり市場経済における競争と、②社会主義、つまり政府の介入と社会的制度を通じた協力です。政治的には、

1970年代からの古い社会主義者は自由主義者と対立していました。また共産主義者も、いくつかのヨーロッパ諸国では依然として影響力がありました。両者とも、資本主義者には猜疑心を持っていたのです。しかし今日、社会主義者は市場経済を容認しています。彼らは市場経済を破壊するどころか、十分な管理能力を発揮しているといえるでしょう。

エコノミスト誌は必ずしも左派系の雑誌ではありませんが、2001年にトニー・ブレアを支持しました。同年、ともに社会主義者であるリオネル・ジョスパンとゲアハルト・シュレーダーは、それぞれフランスとドイツを統治する尊敬された指導者でした。当時、愛国主義的で人種差別主義的な過激派は別として、右派系の人々も社会不安について心配しているように見えました。ほとんどの欧州自由主義者は、市場の「見えざる手」は万能ではないということに気付いたのです。たとえば、鉄道を民営化したからといって、公共サービスは改善されたでしょうか。

政治における「第三の道」とは、本質的に自由主義と社会主義を併用しようとする手法を意味しています。どちらかの行き過ぎを制限しつつ、最良のものを取り込むことを目指しています。私は、この相乗効果によってヨーロッパが政治的統合をここまで達成できたと信じています。

ビジネスの世界では、逆説的にいえば、競争優位を確立することが、時には競争相手間の協力によって成就されることがあります。ただし、私がここで言っているのは、共謀行為のことではありません。競争相手間のカルテルは市場主義の法則に反しており、消費者にとって有害以外の何物でもありません。反対に、英国バクスターーレナルは、他社商品を提供することによって、自社の家庭用血液透析商品群を完成し、在宅患者にとって最良の血液透析を提供する決定を下しました。その結果、競争相手であるガンブロもバクスターのパートナーとなり、英国バクスターーレナルの独自の物流網と販売インフラを最終顧客である患者のために利用しています。

競争と協力に対する応用と助言

コーチは競争と協力、両方の可能性を考慮しなければなりません。以下の例がこの点について説明しています。

ある国際的企業で巨大な地域を統括する社長をコーチしたときのことです。[39] 彼は、各地域（いくつかの中規模の国か、1つの大きな国からなる）を統括するエグゼクティブたちに、全地域のために協力し合い、奉仕するように動機付けようと努力していましたが、なかなかできずに困っていました。私は、競争的文化の見方から、そもそも協力すべしという前提に疑問を投げかけました。

各々のエグゼクティブは比較的独立した法人を管轄していると、彼は言います。このことは、地域間にあまり相乗効果がなければ、自由裁量が最も相応しいことを意味します。エグゼクティブたちは会うときには絆が固く、会社の全般的な方向性にも同意していました。したがって最良の手法は、エグゼクティブが自分自身の地域の業績を最大化することに集中できるよう放任することだと、社長は気付いたのです。実際、地域ごとの競争を刺激することが、おそらく潜在能力を解放し、成功を実現する最良の方法でした。協力を可能にするために遠距離の出張やコミュニケーションを行なうことは、自分の優先業務に集中するのに邪魔なだけだったのでしょう。

その一方で、社長は会社の本部にいる直属の部下たちには協力を強化する必要があることを認識していました。彼らはすべての領域の「エンジン」であり、戦略家として、そして地域間を結ぶ連絡の要として機能します。彼らはより団結し、一枚岩で話さなければならなくなりました。社長は、成功するために競争と協力の両方に依拠しながら、文化的トーテムやタブー抜きで、自分のスタイルを喜んで順応させたのです。

協力は、今日のコーチングという職業を特徴付けているようです。競争がまったくないと考えるのはあまりにも無邪気すぎますが、たとえば、国際コーチ連盟の会員は、他の会員を自分の競争相手というよりも同僚として見ていると思います。一般的に、コンファレンスでは、多くのプレゼンターが自由にベストプラクティスを共有し、あなたが実際にコーチングに利用できるくらい詳細な情報を提供します。コーチの文化的志向性と戦略的環境が、このような状況を奨励するのです。独立系のコーチや小規模なコーチング会社は、喜んで自分たちの専門知識を開放し、同僚と助け合います。協力するとポジテイブな評判に繋がり、潜在的な顧客やパートナーをさらに惹きつけるうえで役立ちます。[40]

協力と競争を取り入れるのに、コーチングはどこまで役立つでしょうか。前述した通り、協力はコーチングと整合性があります。しかし、競争はどうでしょうか。私の見解では、限界があります。コーチングは、競争することが刺激的で健康的な場合、内部的な競争に対しては適切な道具となります。しかし、もしコーチングが、他人を犠牲にして誰かに奉仕するための道具となった場合、その効果はせいぜい中立的なものであり、建設的というよりおそらく破壊的なものとなるでしょう。そのような結末は、少しでも世界を良くしようと奮闘しているグローバルコーチングとは相容れないものです。

自分の
物理的、心理的領域を
どう線引きしますか。

防衛的と共有的

防衛的
個人の生活や感情を私的に留め（精神的境界線）、自分の物理的空間（物理的境界線）への侵入を最低限にすることで自分を保護する。

共有的
心理的、物理的領域を共有し、より親しい関係を構築する。

Chapter 8

How to Leverage

Our Notions of Territory and Boundaries

領域と境界に関する概念をどう活用するか

防衛的と共有的

防衛的　防衛的な文化では、物理的、精神的領域を守ることに腐心します。物理的な空間の周りに囲いを築いて他者を遠ざけることで、自分を脅かしたり、少なくとも煩わしく思える他者からの侵入リスクを軽減します。職場では、個人の生活や感情は私的なレベルに留め、親密な本音の交流を避けます。自分の個人的なことを知られていない方が、より攻撃されにくいと考えます。

共有的　共有的な文化では、緊密な関係が築けるオープンな環境を求めます。職場では、仕事のみならず個人的なことも話題にします。このように親密であると、お互いにより安心だと感じ、むしろ共有しない方が恐いと感じます。共有しないと、自分の同僚が本当はどんな輩であるかを解く糸口がないからです。同様に、物理的な囲いや距離を、一緒にいるための障害物と見なします。

エドワード・ホールは、相手との距離をどのくらい保つのが適切かについて、異文化間の差異を研究しました。[1]「親密な距離」とは、親しいと感じている人たちだけに立ち入ることを許容する空間のことです。「パーソナルな距離」とは、グループでいるときも含めて、他人と個人的会話をする範囲を意味します。「ソーシャルな距離」とは、一度に数名に話すときの距離です。「パブリックな距離」とは、話す相手が不特定多数のときです。

心理的空間は、個人の生活や感情について、プライバシー－共有の程度を指します。私は、「領域(territory)」という言葉を使って、外側と内側（心理的）の両方の空間を指すことにしています。心理的空間は、タルコット・パーソンズの拡散的－特定的ディメンションに関連しています。[2] 拡散的な文化においては、人々は多様なレベルで相互に関係を持ちます。たとえば、会話の内容は仕事の話だけでなく、家族やもっと個人的な話題にまで多岐にわたります。逆に、会話の内容がそれぞれの分野に孤立していると、関係が構築されることはないでしょう。ドイツやアメリカのような特定的な文化では、ビジネスの場における会話はビジネスに関連することに限定されます。上面だけの雑談はちょっとした脱線に過ぎず、すぐに終わります。[3] しかし、その背後には脱線という以上に、親密な話題に及ぶのを避けて自らを守るという思想があります。

この章では、こうした心理的側面に焦点を当てます。

防衛と共有のケーススタディ

ホールの研究について触れると、中東や南欧における適切な「パーソナルな距離」は、アメリカや北欧では「親密な距離」に相当すると考えられています。ゆえに後者の国々で、不用意にその距離まで近づけば、「侵入してきた」と見なされます。相手が「近過ぎる」と感じると、往々にして私たちは自分から間合いを取ります。しかし、相手はそれが適切だと思っているため、無意識のうちにまた距離を縮めてきます。

オフィススペースなどで見られるように、物理的なレイアウトもこのディメンションに関係しています。スペースがオープンなのか、仕切られているのか。昔から誤解されがちなのは、オープンなスペースはコミュニケーションを密にし、生産性を向上させるのに役立つと考えられていることです。しかし、プライバシーが欠如し、集中力がそがれるような雑音に不満が出る場合には、その逆のこともありえます。

スペースレイアウトは、取り組む業務とそれを行う人々の文化的な志向を考慮して設計するのが理想です。

職場では、自己開示（self-disclosing）とフィードバックの交換（exchanging feedback）は、リーダーシップとチームの効率性を向上させるプラクティスを共有する良い事例となっています。他方で、各人のアサーティブネス（自己表現）が強くなると、個人の境界線を必死に守ろうとして、自己防衛に繋がってしまいます。この章では、こうしたプラクティスについて詳しく述べます。

防衛志向と共有志向を活用する

防衛志向と共有志向の活用は、まず自らを守るためには個人の生活と感情をプライベートに留めなければいけない、という前提を疑うことから始まります。実はそうではなく、両方の文化のいいとこどりが可能です。すなわち、自分を守りながら共有する、さらに逆説的に聞こえますが、自分を守るために共有するのです。

共有とは、ここでは特に「自己開示」を意味します。あなたは、他人に自分がどう感じ、どうすれば幸福と憤りを感じるかを知らせます。つまり、自分の希望と夢を開示するのです。そうすることによって、他人があなたを助け、彼らが直面するあなたと類似したニーズや希望、課題を認識する機会を与えます。自己開示により、自分を他人と結び付けることができるのです。もちろん、オープンな態度を悪用する輩もいるでしょう。たとえば、あなたを競争相手と見なしている同僚が、あなたのこぼす愚痴を会社に対するコミットメントの欠如の証しだと言って陥れるかもしれません。

だからこそ、安全かつ建設的な風土を築き上げることが肝要になります。信頼し合い、相互に敬意を払い、助け合うことを美徳とする環境をつくる必要があります。これは、時間をかけて徐々に実現します。あなたの目標は、以下の好循環をつくることです。すなわち、「共有を進める」「信頼に根差した関係を醸成する」「プライバシーを守る必要性が減る」「さらに共有を進めていける」という循環です。真に自分を尊敬し助けてくれる同僚を、自信をもって信頼することで共有を深め、さらにしっかりと守られるのです。このような正しい環境を築ければ、実際に防衛志向と共有志向の併用が可能になります。

このように書いたからといって、何でもかんでもさらけ出せばいいと薦めているわけではありません。共有志向の文化においても、人は多かれ少なかれ健全なプライバシー（フランスでは「秘密の庭（son jardin secret)」と呼ばれる）を保護する必要があります。

共有のもう一つの形式に「フィードバックの交換」があります。ただし、フィードバックは自分で自分を問い詰めるような意味合いもあり、敬遠される傾向があります。しかしフィードバックを適切に行えば、共有により自信が向上し、結果的により良い自己防衛になります。つまり、共有志向と防衛志向を最大限に活用することができるようになるのです。

フィードバックは人々の力を引き出すような情報を提供します。また、フィードバックは行為そのものとその効果や結果を、「ポジティブ（人の力をより引き出す）」「ネガティブ（人の力をより引き出さない）」「中立的」に伝えます。その行為とは、たとえばあなたが誰かの発言を5回遮ったとします。遮られた人への影響はネガティブ（＝苛々した）、ポジティブ（＝話題の変更を歓迎した）のどちらもありえます。そして、グループプロジェクトへの影響は、より効果的だったかもしれないし（＝彼の中断によって新しい発想が加わった）、あるいはより効果的でなくなった（＝会議が無用に長引いた）かも知れません。

ポジティブなフィードバックは、それを受けた人が、効果的だった行動をまたやろうという気を起こ

図表12◆ジョハリの窓

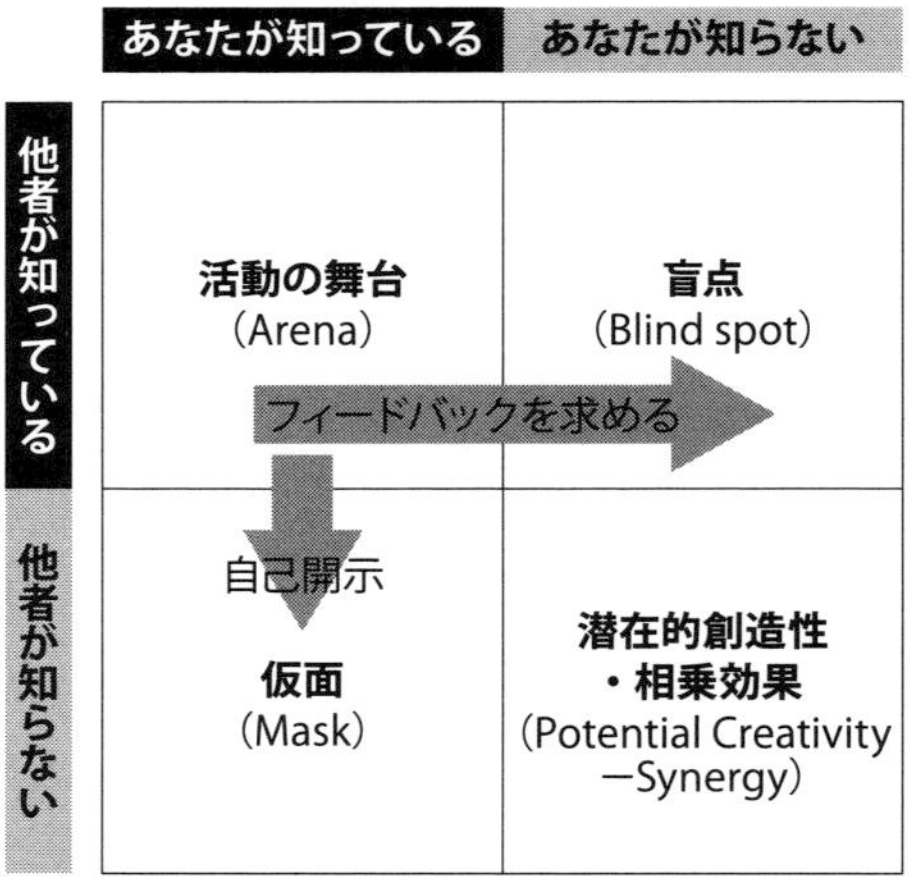

させます。一方、ネガティブなフィードバックは、同じ過ちを繰り返すことを止める機会を提供します。どちらの場合でも、フィードバックを受けた人が力を引き出し、自信を強めることがしばしばあります。

　フィードバックを交換するうえで重要なことは、生産的な方法で行うことです。次節では、その手法を学びます。その前にまず、前述の2つの行動を捉える「ジョハリ（Johari）の窓」モデルについて説明します。著者であるジョセフ・ルフトとハリー・インガムにちなんで名付けられた「ジョハリの窓」は、それらを視覚的に表現する有用なモデルです（図表12）。

　自分を開示しフィードバックを求めるとき、実質的に「仮面」と「盲点」のいくつかを取り除くことによって、自身の「活動の舞台」を広げることができます。

　盲点とは、いわば歯の間に挟まったホウレンソウのようなものです。たとえば、他人があなたを笑ったとします。このとき、あなたは自分がおかしいから他人が笑っているのだと考えるでしょう。しかし、あなたは他人が何を笑っているのか、本当にはわかりません。さらに興味深いことに、盲点は自分で気付いていない強みと弱みだということです。それゆえ、あなたは強みを活かしたり、弱みを直したりすることができないのです。そして仮面とは、人が他人に見せていない物事のことです。

自己開示とフィードバックにより、自信や率直さ、安心感の向上という「好循環」を形成できることを前に述べました。あなたは「活動の舞台」を広げることによって、「潜在的な創造性」や「相乗効果」という4番目の領域に踏み込むことができるようになります。そうすると、周囲の人はもちろんのこと、自分自身でさえも持ち合わせていると思っていなかった才能を発見するかもしれません。

それでは、「ジョハリの窓」を使う練習をしてみましょう。そして、個人やチームが両方成長できるという恩恵を、自分自身で体験してみましょう。付録Bにまとめたこの章の演習で、体系的に「ジョハリの窓」を行う手法を紹介します。

防衛と共有に対する応用と助言

物理的な領域論を思い起こすと、コーチはコーチーとの間に最も心地よい距離を見出すことに注意を払うべきです。たとえば、アメリカでよく使われている電話でのコーチングは、共有的な文化においては十分な親密度を醸し出せないこともあるでしょう。一方、対面コーチングにはいくつかの選択肢がありま す。たとえば、コーチーに自分の席を選ばせることで、コーチーにコーチとの距離を決めさせることもあります。

心理的空間の話に戻ると、自己開示はチーム内やコーチとの緊密な関係を築くためには重要ですが、それが強要されることがあってはなりません。コーチは、判断を加えようとせずに、建設的で、安全な雰囲気を醸し出す必要があります。そうすることによって、自分の心をあまり開きたくない人でも、安心して心を開けるようにするのです。逆説的ですが、他者の好みを尊重し、窮地に追い込まないことによって、自己開示はさらに進みます。

もちろん、コーチは自分の仮定を疑ってかかる必要があります。私の知っている心理セラピストでかつ現在コーチをしている人は、顧客に自分自身のことを話してはならないという考え方を見直しました。実際には、自己開示を適切に行えば、個人的な経験と学びを共有することで、皆が同様の課題に直面し、ある日のコーチが翌日にはコーチーになりえるという意識をもたらし、より緊密になることができます。

それでは、フィードバックの交換の仕方（有益な共有のプラクティス）および自分の領域の守り方（有用な防衛のプラクティス）について、詳しく説明します。これは、防衛的文化と共有的文化のディメンションの両極にある長所を例示するものです。

フィードバックの交換[4]

最初に理解しないといけないことは、フィードバックとは、アドバイスを与えたり、判断したり、解釈することとは異なるということです。たとえば、フィードバックする際に「他人の邪魔をしてはいけません」と言うのでなく、「あなたが私を邪魔すると、私はこう感じます」とか、「私が他人に覚える心理的影響はこうです」と伝えます。両者には、わずかな違いしかないように見えるかもしれません。しかし、最初のアプローチは相手を殻にこもらせてしまう可能性があります。[5]

また、フィードバックは心理的解釈とも異なります。同じ例で言えば、「あなたはお父さんのせいで、威圧的なロールモデルが身についています」というようにアマチュアの心理学者を演じると、往々にして他人を守りに入らせてしまいます。通常、心理学の専門家でも、あなた自身よりあなたのことをよくわかっていると主張することなど滅多にないと認識すべきです。たとえ、あなたの行動をよく説明する特殊な状況があったとしても、心理学者が知る由もないことがあるかもしれません。フィードバックによって、このような分析を避けることができます。私たちは、あなたの行動には自分なりの適切な理由があったと考えます。そして、そのような行動の与える影響だけに注目して、あなたがそれを続けるか、それとも止めるかを決定できるようにします。

以下に、安全で建設的なフィードバックの交換のヒントを、考慮すべき文化のディメンションに関する注意事項とともに記します。

①コンテクスト（行動の起きた背景）、行動、その影響について述べましょう。[6]

行動について語るときには、ローコンテクスト（低文脈）な情報（＝話した言葉）だけでなく、ハイコンテクスト（高文脈）な情報（＝どのように話したのか、姿勢、手振り、声調等）についても正確に語ってください。第9章はこれらの志向について議論するので参照してください。

②変えることができることだけに注力しましょう。

「あなたは背が高い」とか、「あなたは背が低い」とは言わないでください。ヒールや靴を変えることはできますが、身長を変えることはできません。

③アドバイスを与えたり、判断を下したり、心理的な解釈を提供するのを控えましょう。

これらの言動は異なる状況においては、貴重かもしれません。しかし、フィードバックとは違います。おまけにこれらを行うと、人は当事者意識や責任感を持つより、むしろ殻にこもる傾向があります。

④正直になりましょう。

通常、人は率直で正直なフィードバックを期待しており、その方が得るところも多いものです。また、過保護は避けましょう。[7] 確かに率直で正直なフィードバックを与えるよう指示することは、直接的表現を好む文化をより反映したものです（第9章の直接的－間接的コミュニケーションを参照）。もし、フィードバックを与える人や受ける人が、間接的表現を好むのであれば、人によっては自分の快適地帯を超えなければなりません。この類の状況に対処するには、そのくらい多くの敏感さと注意力を要するものです。難しいフィードバックをするには、信頼を築き、相互の敬意と理解が存在することを確信していることが前提条件となります。フィードバックを与えることに終始し（本項①、③参照）、判断を加えるのではないことをよく説明し、懸念のあるときには直接目を合わせてデリケートな会話をすると、和を保ち、面子を立てるのに役立ちます。

さらに、状況によっては間接的なアプローチを取ることは（第9章）、直接的アプローチの代わりとして、総合的に有利な選択肢となります。

フィードバックを交換する際には、異文化への感受性を持つことで、以下のような文化のディメンションと向き合う必要性が生じます。

階層（ヒエラルキー）と平等　たとえば、「目上の人」にフィードバックすることは適切でないかもしれません。

存在と行動　たとえば、フィードバックは人が何をすべきか（doing）に言及すべきで、誰であるか（being）に言及すべきではありません。しかし、建設的なフィードバックは、その人が成長する（being）のを助ける効果があります。

個人主義的と集団主義的　たとえば、集団主義的な文化においては、たとえポジティブな場合でも、集団の中で1人にだけフィードバックするのは気まずく、ばつの悪い思いをさせるかもしれません。

⑤長い目で見て、ポジティブなフィードバックとネガティブなフィードバックのバランスを取りましょう。

人はポジティブなフィードバックより、ネガティブな方をよく覚えているものです。ざっくりの目安では80％ポジティブ、20％ネガティブの組み合わせで、50％50％程度に記憶されると言われています！　ゆえに、意識的に、適切に行動している場面も覚えておきましょう。

フィードバックを受けるときには、以下のコツを覚えておいてください。

①フィードバックは贈り物だと思いましょう。

あなたにフィードバックを与える人は、リスクを取っていることを覚えておいてください。その人はあなたを助けようとしているのです。たとえ、その人の意図がポジティブでないと思っていても、ポジティブであると想定する方がよいです。なぜなら、そう信じることが建設的なフィードバックの交換に有効だからです。フィードバックを与えてくれる人に感謝することで、もっとフィードバックを引き出しましょう。

②同意したり、正当化したり、防御するのでなく、理解しましょう。

あなたが行動するときには、自分なりのそうする理由があります。ですから、フィードバックは、行動の理由を話し合うのでなく、行動の影響を理解することを目的に行います。意見を戦わせるのは自由ですが、あなたの行動の影響を評価するには、他人があなたの行動をどう見ているかを理解するのみです。

③よく聴き、フィードバックの背景について突っ込んだ質問をして、その回答を反すうしましょう。

理解するための最良の方策は、能動的に聞くことです。また、突っ込んだ質問をして、その回答について反すうしましょう。反すうすることによって、よく考え、起こりうる感情の高ぶりを呑み込み、言われたことをしっかり理解したことを確認することで、フィードバックを与えてくれた人との絆を強化することができます。

自分の領域を守る

ジョー▼8は、Eメールの多さに圧倒されると嘆いていました。彼には逃げ道が一切見えませんでした。「すべてやり尽くした」のです。重要なメールとそうでないものとを選り分けるというよくあるアドバイスも、あまり役に立ちませんでした。6、7割の場合、ジョーは即座にそのメッセージが重要か否かを選別できました。そこまでは簡単でした。しかし、残りのケースでは、ジョーはメッセージが本当に重要で、さらなる検討やアクションが必要かを判断するためだけに、まずよく読んで、多少調べなければなりませんでした。したがって彼の一日40通のメールの3割以上については、重要性を評価するだけのために1通当たり平均30分を必要としていました。ジョーはそれに6時間（＝40通×30%×30分）かけたあとに、生産的な業務を始めることができます。つまり、ようやく問題解決に取り組むことができるのです。いうまでもなく、彼はかなりの長時間働いていました。彼は「僕の最優先課題リストは大変長い！」という自虐的なユーモアを言うことで、多少のストレスを軽減するのが関の山でした。現代の技術が加速させている「侵略」は、かなり深刻です。リクエストは世界のどこからでも飛んできて、ポータブルパソコンや携帯電話等で追いかけてきます。

境界線の設置は死活問題です。それはパフォーマンスや実績という以上に、最初で最大の課題、つまり正気でいられるかどうかという問題と関わります。多くの著者がそれらの境界線をどう引くかについて、コツを伝授しています。しかし、私はエリック・バーンの「交流分析」が、未だに最も参考になると考えています。交流分析は、私たちが侵略の犠牲者にならずに、他の選択肢があることを思い起こさせてくれます。[9] ジョーの完璧主義（＝完璧でありたい）[10] という願望と、全員を喜ばせたい（＝いい人でありたい）願望は、彼が無意識のうちに演じてしまっている役柄を助長していました。

現状を脱するためのいかなる提案も、彼の「ええ、でもね」や、「やってみたけど、これこれこういう理由で上手くいかなかった」という反応に跳ね返されました。ジョーは、まず自分自身が困難な状況に陥っている元凶であり、それを改善する選択肢は自分自身が握っていることを理解する必要がありました。つまり、ジョーには自分に深くしみついた「完璧でなければならない」「いい人でなければならない」という信念を見直す覚悟が必要だったのです。鍵となるのは、境界線を設けることについて、自らを許容することです。すなわち、人はできることしかできないと悟ることです。

「防衛的」文化の視点から得られる教訓は、自分の領域、すなわち物理的空間、時間、心理的プライバシーなどを創造的に守る手段にありました。それは、ルールをつくって守り、他人にもそのルールを尊重させることです。たとえば、先ほどのEメールの例でいえば、よほど重要なものでない限り、24時間以内に返信するよう自ら義務付けないことです。24時間内に返信すると決めつけると、確実にその奴隷になります。そしてそれが守れないと、自分に課した約束を破ることになり、後ろめたさを感じます。ですが、本当にいつもポータブルパソコンを持ち運び、ホテルで差し込み口が合わないプラグやつながりの悪いネットと格闘しながら、たった2、3日間の旅行中にEメールを読む必要があるのでしょうか？　むしろ、じっくり考えたり、リラックスするのに時間を費やしてはいかがでしょうか？　いつ戻るかを伝える自動返答メッセージを残すこともできますし、本当に緊急であなたでなければ対応できないことが起きた場合の指示を用意しておくこともできます。また、Eメールの行動規範をつくり、強化しておくことも重要です。たとえば、受け取る側の迷惑になる、大勢に送付されがちなccを最小限に留める、メッセージは簡潔明瞭にする、場合に応じて他の通信手段を利用する、「緊急」フラッグの濫用を避けるなどです。[11]

ついでながら企業によるEメールへのアクセスは、文化の多様性にまつわる別の問題も生じさせました。いくつかの企業はすべてのEメールをモニターする資格があると信じていますが（共有志向）、他の企業はプライバシーの侵害にあたる（防衛志向）と考えています。

私たちは、自分の領域を守る権利があり、また他人の同様の権利も尊重しなければなりません。言い換えれば、「私はいいし、君もいい（OK－OK）」という立場を取る必要があります。すなわち、アサーティブ（意見をはっきり伝える）でなければなりません。[12]

1980年代に、私がシリコンバレーで会った多くのエンジニアは、とても一生懸命に働いていました。しかし、そのうちの一人は他の同僚と一線を画し、週末に働くつもりはありませんでした。彼は仕事熱心で情熱的でしたが、上司には、神聖な週末は家族のために捧げたいと伝えていました。彼のスタンスはその時代の文化的気質には反していて、意思を貫くには多少の勇気が必要でした。上司は不愉快に思いましたが、その同僚を解雇したくなかったため、同僚の引いた一線を受け入れました。

その15年後、ヨーロッパで知り合ったあるマネジャーは、夜も週末も構わず1人の特定の部下に電話するのが常でした。そのマネジャーには、他のスタッフに電話するという考えはみじんもありませんでした。彼は、初めからその部下の女性が、not OK－OKというポジションを取っていることを感じていました。その女性スタッフは「完璧」な仕事をすることに専心していて、自分で線を引くことを良しとしませんでした。彼女は「犠牲者」の役割を果たすことで、[13] こき使われるような状況を自ら招いていたのです。「自分に存在価値があると感じるためには、完璧でなければなりません。そして、それは達成不可能な使命なので、つらく感じます。何と不公平なことでしょう！」[14]。そのマネジャーの他の部下たちは、OK－OKという立場で、自分の領域を守っていました。彼らは境界線を設けることに、迷いがなかったのです。

もし、他人があなたの領域を尊重するつもりがないなら、最後の選択肢はその場を去ることです。「私はOK」と感じるということは、周囲の酷い扱いに我慢する必要がないことを意味します。しかし、あなたが「OKでない」と感じるならば、ひどい扱いに我慢するしかないと感じています。なぜならば、それが大した存在でない自分にとって相応しいと信じるしかないからです。[15] 自分の権利を守るためには、穏やかに立ち上がることをおそれてはなりません。しかし、リーダーであれば、人々が自分の空間を守るために戦い続ける必要がないように注意を払い、他人を尊重するものです。
シェリル・リチャードソンというコーチはこう書いています。

私の経験からすれば、もっと人間らしい生活がしたいと苦闘している人々の問題の原因は、8割が境界線が緩やかなことです。対立をおそれたり、上司に気に入られようとした結果として、他人が領域に踏み込んでくることを許容すると、結局は、怒り、不満を抱き、憤慨することになります。境界線を強く引くと、身体と精神を守る力場や心理的なバリアとなってくれます。[16]

怒りを感じることは、実際に有益なことです。子猫と一緒の母猫に近づいたときに何が起こるかを観察してみましょう。母猫はうなり声を出し、歯をむき出し、あなたを脅します。母猫の怒りは防衛機能です。交流分析は、怒りのメカニズムが機能しないときに起きる「ラケット現象」について述べています。私たちは、適切でない感情を感じます。たとえば、泣いたり、悲しんだりすることは、死を嘆くことの助けにはなりますが、心理的領域を守るために立ち上がらせることはできません。ラケット現象に打ち勝つには、自分の空間が侵されたときには、怒りを感じることを自分自身に許容しなければなりません。怒りは極めて重要な感情のスキルであって、別に攻撃的に振舞わねばならないということではありません。ヘレン・パルマーは「怒りは自己に立ちかえるための目覚ましコールである」と言っています。自分を守るためには、いつも他人が望むように行動するお人好しではいられないのです。
これまでのところで明らかなことは、2つの制約を与えるメッセージ、すなわち「完璧であれ」と「いい人であれ」は、境界線を緩くすることにつながりやすいということです。自分を許容する形式を取る対抗手段について、以下に述べます。

①完璧であれ。

代わりに「効率的であれ」ではいかがでしょうか？　半分の努力で得られる95％の結果でも間に合うときに100％が本当に必要でしょうか？　また、あなたは本当に重要なことに集中していますか？

許容

●すべてを知り、すべてにおいて最良である必要はない。
●間違ってもよい。他の人も間違いを冒すもの。
●重要なことだけに力を注ぐ。
●いつも完璧である必要はない。
●すべての事実を把握する必要はない。自分の直感も信じてよい。

②いい人であれ。

代わりに「自分を大事にしなさい」はいかがですか？

許容

●自分の目標と優先順位を決めて他人に伝える。
●後ろめたさを感じないで、穏やかに「ノー」と言える。
●毎日自分が楽しいことをやる。
●自分に対して良い人となる。

Chapter 9

How to Leverage
Communication Patterns

コミュニケーション様式をどう活用するか

あなたは他人とどのようにしてコミュニケーションを行いますか？

ハイコンテクストとローコンテクスト
（高文脈）　（低文脈）
直接的と間接的
情緒的と中立的
フォーマルとインフォーマル

ハイコンテクスト（高文脈）
暗黙のコミュニケーションに依存する。身振り、姿勢、声、文脈を察する。

ローコンテクスト（低文脈）
明白なコミュニケーションに依存する。明確で詳細な指示を好む。

直接的
意見の対立や難しいメッセージを伝えるとき、相手を怒らせ傷つけるリスクを冒しても、はっきり伝える。

間接的
意見の対立や難しいメッセージを伝えるとき、誤解が生じても良好な関係の維持を好む。

情緒的
コミュニケーションで、感情や温かさを表に出す。個人的、社会的関係の構築と維持が重要。

中立的
コミュニケーションで、簡潔さ、正確さ、超然とした態度を重視する。

フォーマル
厳格なしきたりや形式を順守する。

インフォーマル
馴染みやすさと自発性を好む。

コーチングは、コミュニケーションです。そして、おそらくコミュニケーションはコーチングでもあります。あらゆる意思疎通は、受け手がより充足し、より効果的になるのに役立てば、建設的になりえます。あらゆるやりとりは、喜びを増し、痛みを和らげることができるのです。

コミュニケーションの目的は、人々を結束させ、多様性から調和を築くことにあります。コーチは多様な文化の選択肢を評価し、活用するときに、最も高貴で成熟した方法でコミュニケーションを行っているといえます。

ハイコンテクストとローコンテクスト（高文脈と低文脈）

ハイコンテクスト（高文脈）　ハイコンテクストな文化では、意味の伝達は言葉以外でもなされます。[1] 言葉の他にグループ共通の理解があるという前提で、声調や身振り、表情、目線、話す方法、沈黙等も活用します。話す際の言葉の役割は、コミュニケーション全体に対して比較的小さくなります。つまり、全体のコンテクストによって多くの情報を伝達するのです。したがって、話されなかったこと、どう話されたか、どこで話されたか等にも注意を払います。

ローコンテクスト（低文脈）　ローコンテクストな文化では、大半の意味は、言葉という記号に化体されます。[2] そのような文化においては、人は何かにコミットする際、その背景について多くの情報を必要とします。一方で、すべてではありませんが、会話における言葉以外のサインの多くは見落とされます。このような文化における交渉の場では、書面に落としてサインしない限り、何事も本気と見なされません。

ハイコンテクストな文化では、細かい指示をしないで済ませます。要点のみを確認し、細かい点は、受け手が全体のコンテクストから考えることが期待されます。情報がいつも自由に飛び交っていることから、受け手はある程度の詳細を把握しています。つまり、全員が、他のメンバー全員のことや他のすべてのことについて多くを知っているのです。

対照的に、ローコンテクストな文化では十分過ぎるほどの詳細を伝えます。たとえば、職務記述書には、職務能力の一覧や有形の資格・業績等を完璧に記載します。ハイコンテクストな情報の受け手は、そのような詳細は読むことすらしないかもしれません。しかし、ローコンテクストな情報の受け手は、概略だけ伝えられ、詳細は自分で埋めるようにと言われると、おそらく不満を持つでしょう。

自分の決めたことを他人に着実に実行させることが目的であれば、採るべき戦略はこのコンテクストに関する志向性に強く影響されます。ハイコンテクスト文化では、コミュニケーションは関係を築き、発展させる手段です。関係と信頼に基づけば、結果として正しく実行されます。他方、ローコンテクスト文化では、コミュニケーションは情報交換を目的とします。それゆえ言葉だけが重要な要素となり、詳細な指示が正しい実行を担保するための戦略となります。

身振りや手振り、声調は、多くのハイコンテクストな情報を伝えます。「ジェスチャー学（Gestuology）」は、ジェスチャーの意味する感情と意図を明らかにします。ジェスチャー学の「拡張と萎縮」ルールは、次のように述べています。

人は、ある状況を積極的に受け入れ、あるアイデアやある人に強く賛同し、自分自身や自分の置かれた環境に自信を持ち、エネルギーがみなぎるとき、大きく手を広げて、身体から離すジェスチャー

（拡張）をします。反対に、自分の考えや他人・周囲の状況に疑念を持ったり、エネルギーが欠如していると、縮こまり、身を沈めたり、閉じるような身振り（萎縮）をします。また、逃げるような姿勢やバリアを張るジェスチャーで、奇抜過ぎる、あるいは現状を乱す情報を遮断しようとします。[3]

『真実を語るジェスチャー』（*Les Gestes Verites*）[4]のような優れたジェスチャー学の書籍は、ローコンテクストな会話の聞き手にとって、身振りや手振り、動きに秘められた豊富な情報を読み取る際の参考になります。表情は、他愛ない微笑のようなものであっても、かなり多様な情報を表します。タイム誌は「うそつきの見抜き方」（How to spot a liar）という記事の中で、注意深い観察は、新しいソフトウェアと一緒に使えば本当のことを言っている人を当てるのに役立つと論じています。たとえば、同じ人が微笑んでいる写真でも、受ける印象が違うことがあります。「Aは本当の微笑で、目を細めてリラックスした表情が特徴となっています。一方、嘘笑いをしているBは、小ずるい感じがにじみ出ていて、特に目立つのは、目じりの皺も笑い皺ではなくカラスの足のようです」[5]。もっとも、微笑は文化によって異なる意味を持つことがあります。日本人や中国人の微笑は、戸惑いや不満、怒りを伝える手段となることがあります。

声にも注目すべきです。同じ言葉でも、声の強さやトーンが違うと、異なる意味になります。強く低い声では地に足のついた具体性が伝わりますが、高い声では空論に聞こえるかもしれません。

気をつけなければならないのは、時にサインを単なる事実と見間違えてしまうことです。たとえば誰かがあくびをしたからといって、必ずしも話に退屈しているのでなく、ただ疲れているだけのこともあります。さらに、ジェスチャーは異なる文化においてはいろいろな意味を持つので、証拠というよりも疑問符

図表13◆ハイコンテクスト－ローコンテクストのディメンション

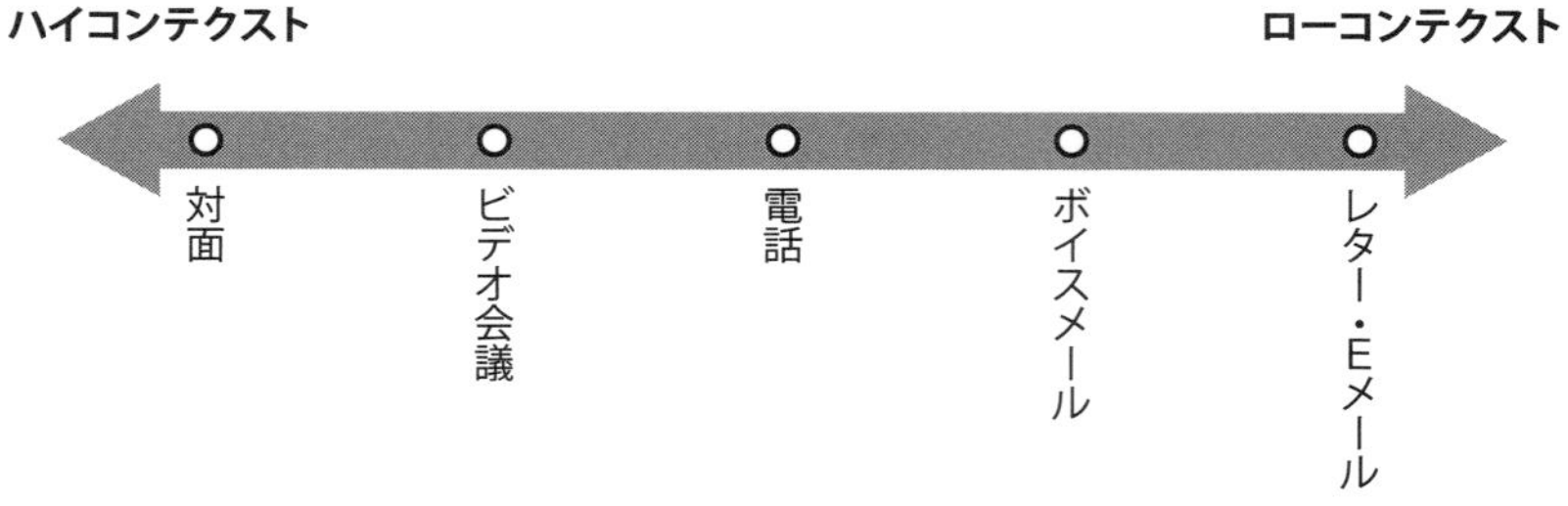

「?」をつけて気に留めておく程度に扱うべきです。

注意深い人なら誰でも、これらのハイコンテクストな手掛かりを読めるようになりますが、アジアや南米等ハイコンテクストな文化の人々は、まずお互いを知ることに時間を費やします。そうすると、すべての言語－非言語の事象を広汎なコンテクストの中で理解できるようになります。その結果、彼らは何を期待し、どういうサインを見つけ、微妙な表情をどう解釈するかを把握するのです。そうなると言葉はあまり必要としなくなります。

ハイコンテクスト－ローコンテクストのディメンションは、コミュニケーション手段の選択にも関わってきます。特定の手段は他の手段より伝達力が強いという事実があるものの、手段の選択が、その事実と一貫性があったり、なかったりします。コミュニケーション手段をハイコンテクストからローコンテクストに順序をつければ、図表13のようになります。

たとえばアメリカでは、電話でのコーチングがよく行われています。文化的にローコンテクスト志向であれば、電話は十分に高度な手段と見なされるのです。

遠隔地間のチームは、特にこの文化的ディメンションに注意を払う必要があります。創造的リーダーシップセンターは「地理的に分散したチーム」(GDT：Geographically Dispersed Teams)[6]についての研究をまとめました。研究結果はほとんどが予想の範囲内でしたが、頭に入れておくと有益です。たとえば「直接会って話さなければ得がたい本物の心理的触れ合い」といえる「人間的な瞬間(human moment)」がないと、不満が高まる傾向があります。

そうでなければ、地理的分散は、チーム間の親睦を深める機会を減らすことになりそうです。関わり合いが少ないせいで、チームメンバーが、他のチームのメンバーや彼らの仕事に対して誤った認識を持ちやすくなるからです。こうした親睦的活動が少なくなるのは、言外のヒント(声調、表情、身振り等)を効果的かつ効率的に伝える通信技術が不足していることにも起因しており、その結果、チームメンバーが結束するのが難しくなります。[7]

ハイコンテクストとローコンテクストのケーススタディ

ハイコンテクストな文化では、言外のメッセージが存在すると考えられています。それらは、無意識のうちに送られていることもあります。チャブ保険のジャッキー・チャンは、優秀な社員の一例として、ある中国人マネジャーについて語りました。このマネジャーは、上司が自分にあまり注意を払わず、良い仕事をしても褒めてくれないので、無視されていると感じていました。「彼は、一生懸命働いているのに、それに見合った尊敬や正当な評価を得られていないと感じていた」。その結果、誤解が生じてしまいました。「このマネジャーはいたく傷ついていて、自分の職場は心地よく仕事ができる環境ではないと思っていました」

しかし、ジャッキー・チャンの仲裁によって、彼は上司の行動をローコンテクスト志向の視点から見直してみました。すると、そこには言外に隠されたメッセージなど、何もありませんでした。わかったのは、彼の上司は彼のパフォーマンスにすこぶる満足しているということです。上司は、単に良いフィードバックを伝えていなかっただけです。また、上司は、ハイコンテクスト文化ではフィードバックがないことがネガティブな評価に相当する、ということを理解していませんでした。このローコンテクストな上司は、メッセージを発しないこと自体がメッセージであることをわかっていなかったのです。メッセージがないのは良い知らせのときもありますが、この事例の場合は逆でした。

ローコンテクスト文化では、コーチは、誤解を生まないよう常にはっきりと伝えるべきと考えます。1999年にアメリカで開催されたコンサルティングスキルに関するセミナーでは、「コミュニケーションするときにはすべてはっきり伝えろ」というアドバイスが繰り返されました。つまり、「私たちはXXに同意します」「あなたのおっしゃることはXXですね」というようにです。私たちは、コンサルティング型コミュニケーションプロセスが迅速かつ曖昧さを残さずに進行できるように、一連のステップ[8]を記した小さなカードまでもらいました。たとえば、顧客の抵抗を受けたときのアドバイスは、顧客の心を開くために、その抵抗を何と呼ぶかを顧客に説明するというものでした。このアドバイスが実際に有効となる場合もありますが、コンサルタントは、それが普遍的に使えるものではないことを理解していないようでした。他のコーチングスクールでもまったく同じ間違いを犯していますが、それはハイコンテクスト文化においては、ゆゆしき問題です。

アメリカやドイツは、相対的にローコンテクストな社会と考えられています。[9] ビジネスでは、契約に多くの条項を明記することが当たり前です。[10] かたや、メキシコやフランスなどのハイコンテクストな国々では、そのような契約は苛立たしく侮辱的とまで見なされ、もっとシンプルな契約が好まれる傾向があります。それらの国々では、当事者同士が信頼と関係を育むことによって、合意の精神に信頼を置くことで、何か異常事態が起きたとしても常に双方にとってメリットのある解決策が見つかると確信しています。

ローコンテクストなマネジャーやエグゼクティブが、対面でのコンタクトが関係の構築に重要であることを失念したために大失敗を犯した事例には事欠きません。ある企業の社長がビデオ会議を重用した事例はその典型でしょう。彼は、ビデオ会議を、旅費をかけずに世界中の人たちと会える完璧な方法と考えていました。しかし、「本音の会議」で率直に意見交換が始まるのは、いつもビデオのスイッチを切って、ボスがいなくなってからでした。つまり、この社長は世界中の社員と人間関係を構築できていなかったのです。これが関係を構築したあとであれば話は違い、ビデオ会議は接点を維持する最適な手段となったでしょう。しかし、最初の接点としては完全に誤りでした。

ハイコンテクストとローコンテクストを活用する

ハイコンテクストとローコンテクストなコミュニケーションを活用するということは、暗黙的(implicit)と明示的(explicit)コミュニケーションの両方を用いることを意味します。コミュニケーション能力を改善するには、ローコンテクストな「言葉」とハイコンテクストな「言葉以外の手掛かり」の両方に入念な注意を払う必要があります。
チャブ保険のアジアパシフィック地区では、西洋人の経営幹部が私に不満を訴えました。彼のアジア人の同僚が、彼の依頼に口では「はい」と言いながら、実行に移さないからです。「いったい彼らに何度頼まなきゃいけないのか？　彼らがはいと言うたびに、私は最後はやるだろうと思うのだが、やっぱりやらないんだ！　もう当てにできない。とても苛々している。もっとちゃんとやってほしい！」と。

私たちのリーダーシップ開発セミナーで、グループミーティングをビデオ撮影したときのことです。ミーティングでは、西洋人幹部が同僚たちに「この結論に皆賛成ですか？」と聞いていました。そのとき、1人の韓国人幹部がにやりとしながら、背もたれに寄りかかって唇をゆがめました。西洋人幹部はその韓国人幹部に目をくれませんでした。そして、異議が出ないので、彼はコンセンサスができたと誤解しました。

ビデオを見ながら、件の韓国人幹部に、そのとき何が起こっていたかを説明してもらいました。実は、彼は乏しい英語力で、西洋人幹部の提案する解決案の合理性を一生懸命理解しようとしていました。しかし、彼は場の和を乱したくなかったし、英語で話すのも得意でなかったので、対案や彼の貴重な視点を披露しませんでした。すなわち、韓国人幹部はまだ合意に至っていなかったのです。別の人が見ると、その韓国人幹部がまだ決めかねていると思えるヒントがいくつかありました。たとえば、唇の動きやつくり笑い、寄りかかった姿勢等です。西洋人幹部の名誉のためにあえて追加しますが、彼は韓国人の同僚を非難するのでなく、その後は、言葉だけでなく言外の情報にも目を配るようになりました。彼はそうすることで、はるかに有能なリーダーになれると認識したのです。

私たちの行いのすべては、何らかのメッセージを伝えます。ハイコンテクストとローコンテクストの文化を併用するということは、言葉（＝ローコンテクスト情報）と、動作に必ず秘められたシンボル（＝ハイコンテクスト情報）には一貫性があることを意味します。言葉とシンボルに一貫性があれば、メッセージは強力に伝わります。さもなければ、混乱や疑念を呼び起こします。

バクスターのピーター・レイランド氏は、チームのリトリート会議の開催地を入念に検討したうえで、あえて非日常的な場所を選びました。城を改装したホテルとその城下町には、威厳が滲み出ていました。また、城下町のさまざまな場所も、そのチームメンバーと同じく独特でした。もし、空港に近い無粋な安宿で、チームに「あなた方はとても特別な存在です」と言われても、虚しく聞こえるだけなことは理解できるでしょう。ただし、ピーターの選んだホテルは、決して贅沢な最高級のホテルではありませんでした。これは、豪華にするのも、社費を派手に使うことを奨励しているような間違ったメッセージを送るからです。ピーターはそのあたりに敏感で、ハイコンテクストなシンボルを活用するのが上手でした。彼はコンテクストが、特別というメッセージを伝えるのに役立つことを証明したのです。

ハイコンテクストとローコンテクストを併用するということは、コミュニケーションには何一つとして万能な手段はないと認識しつつ、役に立つ可能性のあるいろいろな手段をフルに活用することでもあります。ＩＢＭはローコンテクストなコミュニケーションを運命づけられた企業の好事例です。インターネット関連業務は同社のＥビジネスの中心にありますが、それゆえに同社は、対面でのコミュニケーションの価値を理解しています。たとえば、ヨーロッパの営業幹部は最初の19週間、研修を受けることになっています。２００１年には、そのうち８週間はラウルプにある同社の国際研修センターにて行いました。実践と座学を併用することで、洗練されたオンラインの研修がフォーマルな研修を補完しているのです。

ハイコンテクストとローコンテクストに対する応用と助言

コーチは、コーチーの目的と文化に沿ったコミュニケーション手段を慎重に選択しなければなりません。私は、ヨーロッパでは、長距離移動する代わりの有益な手段として、コーチングを電話で行うこともありますが、ほとんどの場合は、実際会って対面で行うようにしています。よりハイコンテクストの文化において、電話は重要な対話をするには適切な手段とはいえないからです。

Eメールとインターネットは、ファイルの送信や情報の共有、アンケート等を行うには非常に役立ちます。しかし、ハイコンテクストなコミュニケーションに勝るものはありません。なぜならば、言外のメッセージは、ローコンテクストな手段ではなかなか伝わらないからです。間違ったメッセージを受け取り、誤解が生じてしまっては信頼が構築されるどころか、逆に損なわれてしまうでしょう。

遠隔地のチームについていえば、私が見たうちで最も効果的で、すべての企業で採り入れているものは、ハイコンテクストとローコンテクストのコミュニケーション方法を組み合わせるというものです。電話会議は飛行機の遅れや交通渋滞を気にしないですむので、頻繁に行います。その場合、誰かが「橋渡し」の労を担う必要があります。そして、全メンバーが決めた時間に専用番号に電話します。したがってチームは、時差に対応しなければなりません。たとえばニューヨークの幹部は朝8時、シンガポールの同僚は夜8時に同じ番号に電話します。そして電話会議のあとにEメールで補足してファイルのやりとりをします。小グループでの会議も合わせて設営されます。

チームメンバーは、初回およびその後定期的に（できれば最低年1回以上）数日間一堂に会します。このハイコンテクストな結束によって、「関係のバッテリー」は充電されます。それ以外の時期には、ローコンテクストな手段で連絡しあい、その間、関係を維持し、各々業務を行い、情報を伝達するのです。チームは、自分たちのコミュニケーションの決めごとを話し合い、取り決めを徐々に最適化して、ハイコンテクストな方法とローコンテクストな方法、双方のメリットを併用します。ただし、新しい技術の可能性やプロジェクトの状況によっては、この取り決めを見直す必要もあります。

ハイコンテクストの感受性を習得するには、トレーニングが必要です。今まで無視したり、見逃したりしてきた文脈上のヒントの読み解き方を学ばなければなりません。実際のミーティングやロールプレイをビデオに録画するという練習は役立つでしょう。コーチは、ビデオを一緒に見ながら、コーチーに教えることができます。コーチが、姿勢、ジェスチャー、動作、声調といった非言語部分について指摘するのです。ジェスチャー学の本や当たり前の常識が、非言語性ヒントの解釈方法について学ぶうえで役立ちます。しかし、たとえば人が後ずさりしたり、腕組みする理由は完璧にはわかりません。双方に信頼関係ができていて、オープンな雰囲気があれば、相手に理由を尋ねてみてください。私の経験からいえば、ふだんにあるハイコンテクスト情報に注意を払うことは、言外のコミュニケーション形式を学ぶ効果的な方法です。

コーチは、自分のレパートリーを広げていくことで、常にメリットを得られます。たとえば、沈黙はハイコンテクストなコミュニケーション手段ですが、コーチング上は有力なテクニックになります。沈黙は考える時間であり、選択肢を決めずに残しておく方法であり、面目を保つ戦術にもなります。拙速にその時間を埋めてはなりません！

直接的と間接的

直接的　直接的な文化では「ありのまま話す」、すなわち示唆したり、仄めかしたりするよりも、言いたいことを正確にそのまま伝える傾向があります。ずけずけ言っても他人の感情を害しません。むしろ慮る部分がないことが尊ばれます。単純明快が美徳なのです。

間接的　間接的な文化では、はっきりと言うよりも、言外に仄めかすことが好まれます。直接的だと、面目が丸つぶれになることにつながる（実際よくあります）からです。間接的な文化では、和が乱れることや面目がつぶれることは重大なことなので、何をおいても対立を避けます。関係を保つことが最も重要なのです。

このディメンションは、相手と対立しているときや、難しいメッセージを伝えないといけないときなど、特に困難な状況に関係します。リチャード・ミードは直接法－間接法間のトレードオフについて、次のように要約しています。「直接法では、趣旨がよく伝わる分、怒りをかって結果的に説得力を失うという難点があります。他方、間接法では強い絆を守れる分、誤解が生じるリスクがあるというトレードオフがあります」[11]

アメリカのような直接的な文化では、直接的であることを正直さとしばしば混同します。この観点から、コーチは直接的に話すものだとされ、それが正直である印と受け取られます。

直接的コミュニケーションはしごく簡単です。自分の言いたいことをそのまま言うだけです。それゆえ、私は直接的コミュニケーションについて詳しく説明しません。直接法のポイントは、直接法が万能薬ではないということです。ゆえに、間接的なコミュニケーション方法は検討に値します。間接的なコミュニケーション方法には以下が含まれます。


仲裁（mediation） 第三者が間に入る。

屈折（refraction） Aさんに対して言いたいことを、Aさんの面前でBさんに伝える。

比喩（metaphors） メッセージを伝えるのに似た喩えを使う。

ヒント（hints） 微妙に示唆する。

直接と間接のケーススタディ

第2章で、イギリスの間接的スタイルとスウェーデンの直接的スタイルについて比較しました。この事例では、マーク・フィリップスが闇雲に攻撃するのでなく、直接的に意思疎通する方が効果的であることをどう学んだかを見てきました。直接的－間接的のディメンションは、同じ特徴を持つことが多いイギリス人とアメリカ人とで異なるディメンションを示す領域です。時にはイギリス人がより直接的で、アメリカ人が間接的であるときもあります。

アジア人の文化は間接的なことで知られています。対照的に、アメリカと並んでオランダの文化は直接的であると概ね見られています。間接的文化圏から来た人は、直接的スタイルは押しつけがましく、誠意に欠けると感じるかもしれません。そのようなスタイルは、セールスやマーケティングにとっては不利に働きます。

あるマネジャーは、部下の女性がボロボロのズボンでオフィスに来るのをカジュアル過ぎると思っていました。また、ビジネススクールを出たてのこの聡明な部下は、ためらいもなく、会議の最中に靴を脱いだこともあります。おまけに、靴下を履いていなかったのです！　会社全体の雰囲気はフレンドリーで気楽ではあるものの、彼は、新しい幹部となる部下に会社のドレスコードが大学のキャンパスと異なることを認識してほしいと思いました。そこでマネジャーは、腹を割って話せるチームメンバーである彼の秘書に話しました。その秘書から伝えてもらうことで、彼のメッセージは部下にやんわりと伝わり、彼女の面目をつぶさずにすみました。

マネジャーの秘書は年配の女性で、弱い間接的情報を加えてヒントの形で伝えました。ある日、問題の若手が優雅なドレスを着てオフィスに入って来たときに、秘書が「あなたは上品な服装の方が美しくお見えになりますわよ。ふだんお召しの服よりずっとお似合いですわ」と言ったのです。彼女はこう聞きました。「私がふだん何を着ているかについて何か言われたの?」。年配の秘書は、こう答えました。「いいえ。でも近々何か言われそうな気がしますの」。彼女にはこれでメッセージが伝わり、その後ドレスコードを守らせるのに十分でした。人を介してさらにヒントを加えることで、誰も顔を潰されたり、困惑することもなく、メッセージが伝わったのです。

いつもオフィスの個室にずかずかと踏み入り、やっている仕事を邪魔する上司と対決する際に、屈折という手法を使った事例を見たことがあります。上下関係が強く間接的な文化では、上司に楯突けばおそらく関係を損ねてしまうでしょう。その部下は、あるとき上司が近寄って来たので、間接的アプローチを用いました。自分がちょうど個室に入ろうとするところだったので、その部下はとても礼儀正しく上司にこう言いました。「こう申し上げるのは気が引けるのですが、邪魔をされると業務に集中できません。だから私は2時間オフィスのドアを閉めることにします。おそらくドアの掛札をご覧にならなかったかと思いますが、2時間お待ちいただけないご用がない限り、後ほどお越しいただけませんか?」。そう言われた上司は返事をしませんでしたが、それ以降は邪魔することが減りました。その言葉はポジティブな意図を帯びていうドアの掛け札は上司、部下双方の面目を保つのに役立ちました。「邪魔をしないでください」と言うよりも、「おそらく掛け札をご覧にならなかったのですね」と伝える方がずっと良いでしょう。ています。「自分が邪魔していることにさえ気付いていないのですね」

直接法と間接法を活用する

直接法と間接法の活用とは、両方の最も良い点を維持しながら、両方を組み合わせて使うことです。直接法の利点は言葉通りの明快さですが、時として反面攻撃的とも取られます。対照的に、間接法の美点は、他人を傷つけたくないという根底にある繊細さですが、衝突する可能性を避けるために、逆に誤解を生む可能性があります。

この2つの手法を併用するには、内容を明確かつしっかりと押さえて、伝え方を慎重かつ繊細にすることです。すなわち、中身は直接的に、プロセスは面目をつぶさない程度に間接的に伝えます。しかし不幸にも、人は各々の手法の悪いところを採って、正反対のことをやらかしてしまうものです。すなわち、伝え方は直接的で攻撃的でさえあるのに、内容は曖昧であるといったようにです。たとえば、上司が部下に対して具体的に何が悪いのかを言わずにどなり散らすとかです。しかし、どなられた部下は、不満を抱いたり、混乱したりするだけです。そのような例では、併用はそれらの長所の相乗効果を高めるどころか、問題を増幅するだけでしょう。

直接法と間接法に対する応用と助言

これまでのところで明らかなのは、第8章に書かれたフィードバックの交換モデルは、文化的には直接法寄りです。あなたが振舞いを描写し、率直にその影響を述べることを想定しています。しかし、このモデルは間接法を用いる可能性を排除するものではありません。これから説明しますが、最初は間接法から始めて、必要に応じて徐々に直接法に切り替えていくこともできます。

直接法しかない単一文化の観点から見れば、間接的アプローチは煮え切らず臆病に映る可能性があります。確かに間接法は「私はよくないけど、あなたはいい（ｎｏｔ ＯＫ－ＯＫ）」という見栄えのせいで悪用されることがあります。しかし、グローバルコーチは、間接法の潜在的長所を認めて以下のことを学びましょう。

- 攻撃的にならずに直接的になること（意見をはっきり伝えることでＯＫ－ＯＫ）。
- いろいろな間接的コミュニケーション形式を使うこと。
- 特定の状況に応じて、各々の長所を踏まえたコミュニケーションアプローチを選択すること。

間接的コミュニケーションを使うと、意図的に曖昧さを残すことができます。あなたは難しいメッセージを伝えるときに、事前に感触を知りたいと思うことがあるでしょう。その場合、相手が受け入れそうか、ヒントを投げてチェックしてみることをお薦めします。もし相手が無視したり、否定的な判断をしたら、まだ方向を変える余地があります。この時点では、まだ駄目出しを食らっていません。反対に、あなたのヒントに微笑で応じた場合は、受け入れる下地ができているサインかも知れません。その場合、信頼が醸成されるにしたがって、より明確な直接法に移行すればよいのです。恋人でも、政治家でも、ビジネス上の交渉でも、この戦略は使えます。

私は、率直さを美徳と考えているコーチを知っています。彼らはこう言います。「単純明快であれ!」「愛の鞭を打て」「視線をそらすな」と。コーチーに直接的に立ち向かうことは、勇気と正直の印になると。しかしこのアプローチは、どの文化にかかわらず期待に反した結果となるでしょう。

こうした無遠慮な方法を採らなくても、コーチーに立ち向かうことはできます。しかし、もしコーチであるあなたが文化に反する方法でやると決めたのであれば、コーチが、コーチーに自分のコンフォートゾーン（快適地帯）を超えさせようとしていることを、コーチーが理解しているという確信をある程度持ってから行ってください。

実際のところ、直接的に振舞うことで、コーチーにあなたが攻撃的であると混同されたくはないでしょう。直接的（OK－OK）アプローチを採ることをよく説明してから、間接的手法を少し使ってみましょう。ドイツ人マネジャーだったコーチーは、彼女のフランス人の同僚に文化の違いを説明して、その同僚が彼女の言動を誤解しないようにする必要がありました。フランス人の同僚は、ドイツ人マネジャーが間接的コミュニケーションという先進的な手法を覚える間に、思い込みの敵対心で右往左往しないようになりました。

また、率直さに馴れることも重要です。西洋の企業社会では、単純明快であることは美徳で、率直さに欠ける人は個性がないと見なされます。

情緒的と中立的[12]

情緒的　情緒的な文化圏の人々は、コミュニケーションの正確さにあまり注意を払わず、むしろ人間関係や社会との関係の構築や維持を重視します。感情や温かみを表に出すことが評価されます。情緒的な文化では、感情には説得力があり、議論のときにも正当と見なされてよく使われます。むしろ冷たく客観的である方が大きな欠点です。賢明で尊敬される人は、心の底から話します。

中立的　中立的文化では、客観性、事実、論理、冷静な頭脳等が評価されます。情に訴える依頼や感情を表現することには重きを置かれず、あくまでも「ソフト」という扱いです。中立的文化の人々は、感情が、冷静な思考に介在することに我慢できません。

情緒的な文化においては、感情の表現は芸術の領域にまで高められます。思想を美しく見せることは重要です。詩を使うのはその一例です。対照的に、中立的文化においては、よく練られた文章の美しさにはほとんど関心がありません。「比喩や飾り言葉はいらない。箇条書きで見せてくれ」と。

繰り返すと、美しさは質を高めると見られる一方、無駄とも見られます。箇条書きは、品がない、あるいは洗練されていないと見られる一方、実用的でポイントを突いているとも見られます。

情緒的と中立的のケーススタディ

アン・リー監督の映画「臥虎蔵龍《がこぞうりゅう》」は、観客を古代中国にいざないます。その映画の主役李慕白《リー・ムーバイ》は、

兪 秀蓮《ユー・シューリン》を愛していますが、自分の気持ちを伝えるのを最後の瞬間まで我慢します。彼の文化では、清貧が理想で、それは感情におぼれないことを意味します。瞑想によって、人は超越の域に達します。しかし、李慕白は死の淵で、ふられる覚悟で愛を告白しようと決意します。このことは、彼が文化を与えられるものから、1つの過程として捉えるように変化したと解釈できます（第2章）。ここに及んで、彼はこれまでの「中立的」志向を後悔し、最期に「情緒的」という反対の極を選びました。当然ながら、李慕白とは反対に超然とした態度に達成感を見出す人もいるでしょう。コーチング・アクロス・カルチャーズは1つのやり方を他方より優先して選ぶのではなく、両方を併用することをお薦めしています。

情緒的志向と中立的志向を活用する

第5章で、イギリス人とイタリア人幹部の話を紹介しましたが、この事例は情緒的志向と中立的志向の活用事例でもあります。この話では、イタリア人の大げさな身振りや感情をむき出しにすることが、イギリス人マネジャーの疑念や辛口のユーモア、拒絶を引き起こすわけではありませんでした。むしろ、グローバルな順応力の高いマネジャーは、こうしたイタリア人の情緒的な特質を、情熱的でやる気があると歓迎していることに、私は気付きました。さらに彼らは、プロフェッショナルな状況で自分の感情を自由に表現できることでより安心しただけでなく、そのうちの何人かは解放的な気分にさえなりました。彼らは超然さという文化的感覚を失うことなく、一歩下がって選択肢を冷静に選ぶことができました。そのかわりに、感情的なレベルで人々とより効果的に繋がることで、超越さをより充実させることになりました。それは、イギリス人マネジャーがラテン系同僚の信頼を勝ち取り、目前の仕事に取り組むうえで必要不可欠なことであると判明したからです。イギリス人マネジャーのようにコーチング的手法を採用するマネジャーにとって、「感情的知性（EQ）」[13]は極めて重要です。なぜならば、生産的なコーチングを行うには、信頼関係の構築が必要条件だからです。同様に、イタリア人もイギリス人の同僚から教訓を学びました。

情緒的－中立的ディメンションの活用についての私のモットーは、「冷静な頭と温かい心」です。この両輪は、古くは説得の技術にありました。[14]理屈で頭を説き伏せますが、納得させる対象は心です。2000年以上も前に、ギリシア人はロゴス（理性）とパトス（感情）を区別していました。フェネロンは、次のように書いています。「キケロが哲学と雄弁は切り離せないと言っているのは正しい。科学と知恵を持たずに人を説得するのは有害である。そして知恵は、説得する芸術を持たずして、人を味方につけたり、人の心に美徳を植えつけたりすることはできない」[15]

何点かにおいて、MBTIは情緒・中立双方の相乗効果を表現しています。カール・ユングは『心理学的類型』[16]という書物で、多くのストーリーを用いて著者の人間の歴史に関する広汎な知識を披露しました。しかし、門外漢にとっては、その逸話の日常生活の深い実用性が理解できません。キャサリン・ブリッグスとその娘のイザベル・ブリッグスマイヤーズは、ユングの理論から実用的なツールを開発しましたが、その種のツールとしては最も広く使われています。

情緒的志向と中立的志向に対する応用と助言

中立的志向は、効率性と明瞭さが重要なときに意図的に使えます。しかし、Xステップモデル[17]と箇条書きアプローチは、情緒的文化において必要な洗練や自発性に欠けます。

断定的になることで、感情的なマネジャーを無能とか自己抑制ができないと見なすのはたやすいことですが、それは自文化中心的です。力強いコミュニケーションをするには、両方を統合しなければなりません。一流のグローバルコーチは、冷静な頭脳と温かい心を持つべく努力するものです。

中立的志向は、証拠を明確に示し、正確に論点を提示するように思い起こさせます。人々は事実を学び、納得します。対して、情緒的志向はイメージによって人を動かし、驚かせます。人の心を揺り動かすのです。コミュニケーターとして、あなたは、ロゴスとパトスの適切な組み合わせを見出す必要があります。理想的な組み合わせが同じになることはあまりないので、これは正に芸術でしょう。どちらを好むにせよ、優れたコーチになるには、頭と心の両方を使って会話し、コーチーにも同じようにすることを奨励することです。

コーチングに詩を活用する

詩は「感覚的で薄気味が悪い」と見なされがちで、ビジネスコーチには向かないと思われています。次の寓話で、詩がどのようにコーチングプロセスを強化できるか紹介しましょう。これは、情緒的志向が中立的志向を強化する良い事例です。

良い詩人は美と情熱を熟知しています。この知識は、人々が仕事の意味を見つけるのに苦闘し、マネジャーが真のコミットメントをどう引き出すかを知りたいと考えているような企業社会で価値があります。

プロコーチのエレン・ウィンガードには、トップポジションに就きたいと願い、実際にその座を得た女性顧客がいます。しかし、その女性は今や不満だらけでした。社内政治がはびこり、フィードバックはなく、仲間意識が欠如している状況を嫌っていました。しかし、彼女はトップの座を下りませんでした。明らかに、彼女はそうした状況を、自分の高い地位を維持する機会だという誘惑にかられていました。エレンは彼女にこう尋ねました。「何であなたはその誘惑にかられるの？」と。すると、エレンは、以下のロバート・フロストの詩を用いて、コーチーに飛躍的な洞察力を与えました。

それらは別のものと見なされるかもしれないが、
私は、本職と余暇を結び付けることを生きる目標としている。
2つの眼で1つの景色を見るように。
好きなこととやらねばならないことが同じときに
そして、仕事は生きている間の利益を得るための遊びと思うときに、
あらゆる行為が、天国と未来のために行われることになろう。

この詩のようにエレンの顧客は、「自分の本職を余暇に結び付けること」で、自分の願望に忠実になる道を選択しました。この詩は「仕事が遊び」で、努力が苦にならないという理想像を描いています。なぜならば「好きなこととやらなければならないことが同じ」だからです。人生が苦痛である訳がありません。「2つの眼で1つの景色を見るように」仕事と遊びの一体化を目指せば、人生は楽しいものとなるのです。

詩では、言葉は注意深く選ばれ、欲求は抑制されます。正確さ、洗練、正統性により、すべての意味を失ってしまうような、平凡さからの脱皮を図ることができます。詩は、効率性やパフォーマンスなど、日頃よく使うビジネス上の言葉からも超越します。詩は私たちの視野を広げ、魂に語りかけるのです。

詩によって、あなたは自らの内なる火を再発見し、炎を育むことを学ぶでしょう。「真に自分の人生と呼べる人生を送る」[18]という欲望を尊重することを学ぶのです。あなたが輝けば、あなたの顧客も、家族も、友だちも、恩恵に浴するでしょう。

コーチは、詩や比喩、物語を捨てるのでなく、心と魂をより伝えうるそれらの手段を用いて、感情に流されない事実だけからなるビジネス言語を補完することを学ばねばなりません。

フォーマルとインフォーマル

フォーマル　日本人のように非常にフォーマルな文化では、儀礼的な行動規範、肩書き、敬称、敬語等が明白に存在します。人々は、その時々の状況や相手の身分によって、巧みに必要な礼儀の程度を計ります。フォーマルな文化では、言葉は重要な役割を果たします。たとえば、ロマンス諸語（ラテン語に起源をもつ言語）は、二人称「You」にフォーマルとインフォーマルの区別があります。それ以外の言葉には、もっと精巧な代名詞と敬称の仕組みがあります。フォーマリティは言葉だけでなく、服装、態度、席順やその他の非言語的表現にも広がっています。[19]フォーマルな文化では、厳格なしきたりや儀式を重んじ、特定のエチケットを順守します。[20]

インフォーマル　アメリカが主要な例ですが、インフォーマルな文化では、本音のコミュニケーションには肩肘を張らないことが不可欠と信じられています。このようなインフォーマルな文化では、敬意、格差、肩書き、厳格なステータスの分類等は窮屈だと感じられます。彼らは人を、少なくとも表面上は同格に扱います。英語では、とうの昔にフォーマルとインフォーマルな代名詞の区別がなくなりました。[21]

インフォーマルな文化では、儀礼的形式、式典や慣習は不要であると見ており、カジュアルでリラックスした、ざっくばらんな行為を好みます[22]。

フォーマルな行動規範は冷たく控えめで、本音のコミュニケーションの妨げになるように見えますが、「それによって、ぎごちなかったり、戸惑う場面が出るリスクを回避し、円滑で予想可能なコミュニケーションが可能となります[23]」。対照的に、「インフォーマリティは、親しくなる前に親密さを押し付けることで、ぶしつけで厚かましいと見られるかも知れません[24]」。その一方で、自発的でフレンドリーな関係を築くのに役立ちます。

すべての社会は、特定の関係においてフォーマルであることとインフォーマルであることの両方を許容しているようです。それは社会的コンテクストによって決まります。フォーマルであることが重視される社会でも、インフォーマルであることが必要な場面を認識しています。また、インフォーマルであることが支配的な社会でも、裁判官や政府高官には敬意を払います。

フォーマルとインフォーマルのケーススタディ

フォーマルな文化では、ビジネスマンは厳格なしきたりや儀式を守ることによって、誠実さと真剣さを見せます。たとえば、服装、挨拶、名刺の交換、呼称、贈り物等です。イメージとステータスの維持をより重視します。

この志向は、言語にも内在します。その中で唯一英語のみが、フォーマルとインフォーマルの呼称の区別を持たない言語です。たとえば二人称の場合、フランス語では tu － vous、スペイン語では tu － usted、ドイツ語では du － Sie の区別があります。また、アジア言語の多くでは、礼儀の度合いによって複数の呼称があります。[25]

いろいろな呼称を選ぶのは、それほど容易なことではありません。両側で壁にぶつかります。フォーマルなアプローチは距離や壁、優劣関係をもたらすかもしれません。他方、インフォーマルなアプローチは、馴れ馴れしすぎると見られます。それには、こういう考え方が背景にあります。「あなたは私の上司だ。友だちじゃない。皆同格だというふうに振舞わないでくれ。あなたは異なる身分に属して、給与ももっともらっている。私たちの目的がすべて同じなわけではない」。言葉はいったん使われると、関係に影響を及ぼします。たとえば、スペイン語の tu はよりざっくばらんで馴れ馴れしく、usted はより控えめで距離があるときに使われます。[26]

言語がフォーマルとインフォーマルな関係を使い分ける国では、まずフォーマルな方を選びましょう。たとえばドイツの場合、ビジネスの場面ではまずフォーマルの Sie から始め、信頼が芽生え、親しくなった時点で（それには数分のこともあれば数日、数年かかることもあります）、誰かが先陣を切ってインフォーマルの du に切り替えます。切り替えていいかどうか疑わしいときには、相手に確認したうえで切り替えます。フランス語でいう「私たちはまだ一緒に牛の乳搾りをしていない」、すなわち「まだそんなに馴れ馴れしくしないでほしい」という反応は、まだフォーマルの vous を使うべきときにインフォーマルの tu を使ってしまったときの明確なシグナルです。

呼称は、年上の人や目上の人が率先して、親しげな呼び方を始めるべきです。また、友人のカップルや配偶者には同じ呼称を使います。たとえば、夫婦の片方に tu で呼びかけて、もう片方に vous で呼びかけたら、丁寧に呼ばれた方は困ってしまいます。

他の文化的現象にも共通することですが、慣習は社会的なコンテクストに依拠します。同じ相手を公式のミーティングでは「大統領閣下」と呼んでいても、数時間後のゴルフコースでは「君」とファーストネームで呼んでもよいのです。日本語では、苗字に「さん」をつけるのが丁寧な呼び方です。たとえば、森田氏は、ビジネスミーティングで「森田さん」と呼ばれた方が、ファーストネームで呼ばれるよりはるかに心地よいでしょう。

アジアでは、名刺の交換は真剣でフォーマルな儀式です。交換するときに、両手で受け取り、お辞儀をしなければなりません。その意図は敬意を示すことです。しかし、インフォーマルな文化から見ると、この儀式は厳粛と見られます。反対にアメリカ人は、名刺をテーブルの上にぽんと投げるように置くことがよくあります。ざっくばらんさが美徳となっているのですが、その仕草はカジュアルすぎると取られがちです。

フォーマリティとインフォーマリティを活用する

フォーマリティとインフォーマリティの併用は、両方の代名詞を使う芸術をマスターすることを意味します。私たちは、機会を捉えて、他人と親しくなってから近付くようにしています。また、いつ厳格なしきたりを守るのが最良の策で、いつ距離を置く方が関係強化に繋がるかを理解しています。根本的には、フォーマル志向とインフォーマル志向を併用することは、双方のポジティブな価値、すなわち倫理と自発性を合体することで達成されます。

しきたりと儀式を守ること、すなわちフォーマリティは若者に早い段階で教えられます。アンドレ・コント＝スポンヴィル[27]は、礼儀正しさは最初の美徳だと見なしていますが、実際にはまだ大した美徳ではないと主張します。なぜならば、礼儀正しさは倫理に似ていますが、単にうわべでしきたりをなぞるにすぎないからです。望むらくは、儀式を繰り返して、礼儀正しさを実践する（＝「ありがとう」と言う）ことで、実際に倫理的になる（＝心から感謝する）ことが望ましいといえるでしょう。

すなわち、モラルの観点で、正しいことを実際にやろうと努力するのです。もし、フォーマリティ（礼儀正しさ）が真の尊敬と倫理につながるのであれば、それは素晴らしいことです。そうなれば、形式そのものは二次的な要素になります。たとえエチケットに正確に従わなくても、あなたが心から敬意を示せば、人は許容するでしょう。しかし、礼儀正しいからといって、倫理的であることの代わりにはなりません。もし、あなたがうわべでは敬意を示しながら、内心では馬鹿にしているならば、それは偽善的で不正直です。あなたの腹の内が知れたら、結果として相手と上手くいかなくなります。フォーマル志向とインフォーマル志向を併用するということは、倫理には厳格でありながら、エチケットには適度に、他人を不愉快にしない程度に柔軟であるということです。決して、エチケットに厳格で、倫理をおざなりにすることではありません。

儀式は、大切なことを規則的に反復する習慣を身につけるのに役立ちます。たとえば、正餐の席で食べ始める前に、忘れずにお祈りをして感謝するなどです。地球上の多くの人々は、その機会に恵まれません。祈りを捧げる神を信仰しようがしまいが、ありがたいと感じ、感謝を示すのは良いことです。しかし、心からの祈りをせずに、単に習慣的に祈りの言葉を述べるのは、儀式の目的を台なしにします。そのくらいならば、お祈りを止めて、食物に感謝して、餓死しつつある人々の飢えを止める行動を起こす方がよほどましです。

逆説的ですが、儀式は自発性を助長します。私はアジアの労働者が一日の始めに集まって歌うのを見たことがあります。フォーマルな儀式は仲間意識と絆を強め、その結果、夜バーで1杯飲むような、ざっくばらんでインフォーマルな関係を生みます。これはもう一つの「好循環」です。フォーマリティ－インフォーマリティがお互いに高めつつ、尊敬と仲間意識を育むのです。

マダン・カタリア博士がインドで始めた「笑いクラブ」は世界中に広がりました。このクラブは、要するに笑いが儀式化されたもので、つくり笑いから始めます。不思議なことに、しばらく経つと、形だけの笑いが本当の心からの笑いに変わります。人々は、勝手に自然に笑い始めるのです。笑うことは楽しいことです。笑うことは健康的で、創造力と生産性を高め、不安、悲しみ、怒り、無関心を取り払います。

フォーマルとインフォーマルに対する応用と助言

コーチは、インフォーマルさがコミュニケーションを常に容易にすると考えてはいけません。実際には、その両方がコミュニケーションを上手くいかせたり、失敗させたりします。たとえば、ファーストネームで呼ぶようなインフォーマルな態度は、フォーマルな人を不愉快にさせます。

別のレベルで、フォーマル－インフォーマルのディメンションからの教訓を下記にまとめました。

- 現地の儀式としきたりを学びなさい。しかし、もっと重要なことはその意味を理解することです。エチケットを尊重しなさい。でも、もっと大事なことは倫理を守ることです。もし、厳しい倫理観を持つならば、エチケットは緩めてもよいでしょう。

●フィードバックの交換や謝意を示すような健全な習慣を身につけるために、儀式を活用しましょう。そして、よりフォーマルにすることで、よりざっくばらんな関係につながるという逆説を上手く活用しましょう。

Chapter **10**

How to Leverage **Modes of Thinking**

思考様式をどう活用するか

あなたは、どう思考しますか？

演繹的と帰納的
分析的と体系的

演繹的
概念、理論、一般的原理を重視する。論理的理由づけを通じて、実践的応用や解決策を引き出す。

帰納的
経験や具体的状況、ケースから始める。直観を用いて一般的なモデルや理論を考案する。

分析的
全体を構成要素に分解する。問題をより細かく分けて検討を加える。

体系的
部分を集めて1つの全体像にする。各要素間の関係を探求し、全体の体系に注目する。

私たちは、考えることに気を取られすぎて、どう考えるかに思いを巡らせることを忘れる危険にさらされています。真実は1つだけではないかもしれないので、おそらく一度ならず、自分の考え方を見直す必要があります。17世紀の哲学者デカルトはこう言いました「真実にたどり着くために、人生において一度は自分の慣れ親しんだ思考方法から離れて知識の全体像を再構築する必要がある」と。

グローバルコーチとして多様な文化様式から最良のものを学ぶことにより、自らの思考を刺激することができます。

演繹的と帰納的

演繹的　概念や理論から導き出す思考法のことを「演繹法」と呼びます。いったん、概念や理論が打ち立てられると、個別の事例に適用されます。ヨーロッパ人とラテンアメリカ人は思考方法がおしなべて演繹的であり、抽象的な傾向があります。そうした思考法をする人は、実際に観察した生のデータより、打ち立てた理論の方に確信を持つ傾向にあります。彼らは、事実や統計データをたくさん集める必要性を感じていません。概念と現実の世界の間には、1つや2つの関係性で十分です。「彼らは1つの概念から他の概念に一般化することを好み、思考力に信頼を置きます」[1]

帰納的　データを分析して導き出す手法のことを「帰納法」と呼びます。西洋科学では、実証的観察に基づくモデルや仮説が帰納法の特徴です。アメリカ人のように帰納的に考える人々は理論や一般化を信用せず、それらに対して「実用的でない」「非現実的」「抽象的過ぎる」[2]とレッテルを貼ります。彼らは、事実と統計を集めて結論を導く方にはるかに安心感を覚えます。

図表14◆思考方法

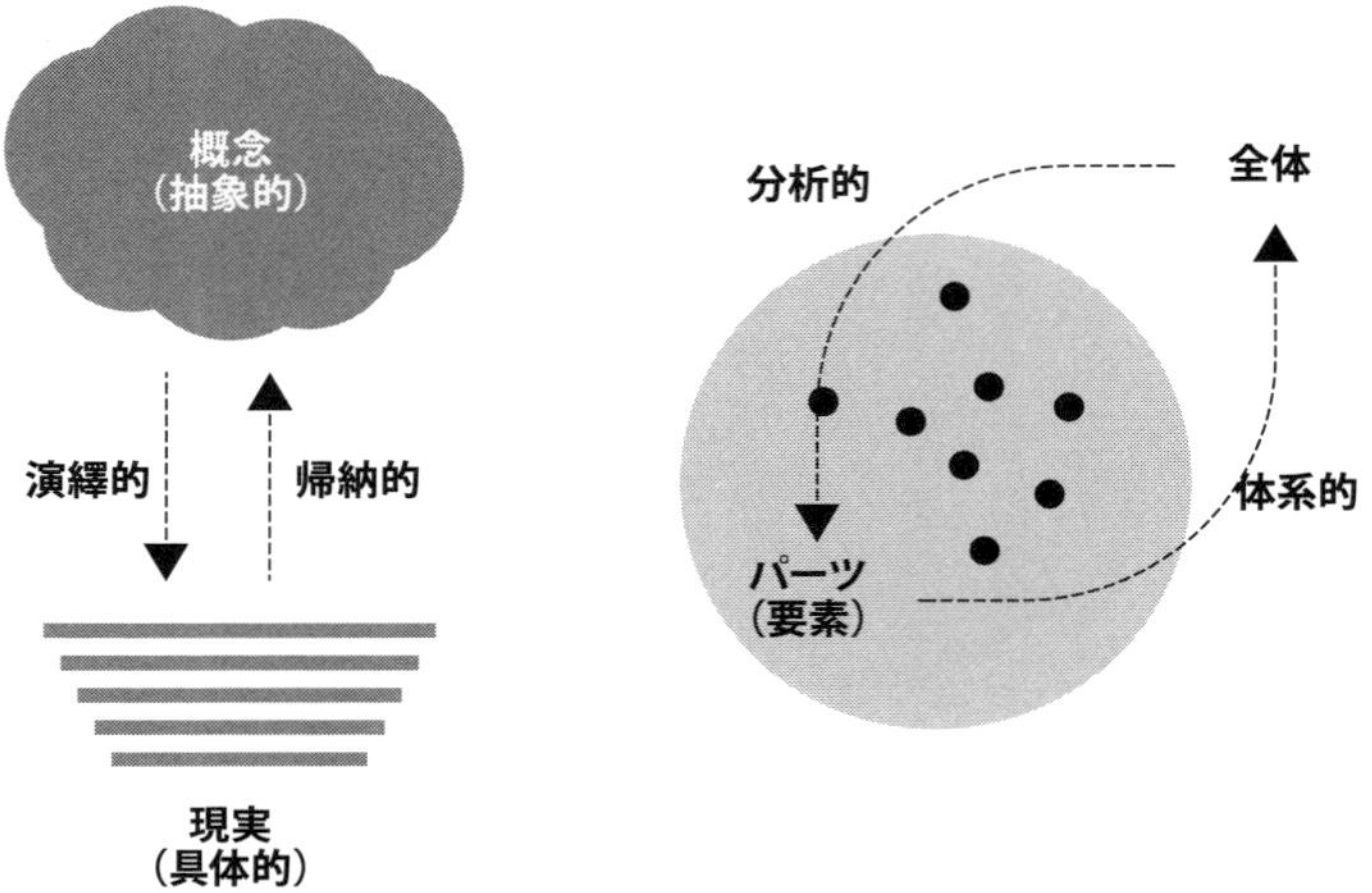

演繹法は、アリストテレスの頃から西洋人の思考法の中でも支配的でした。しかし、1620年にイギリスの哲学者で政治家でもあったフランシス・ベーコンは演繹法の限界を示し、科学を進歩させるために帰納法を唱えました。ベーコンの手法は、自然現象を観察し、体系的にその観察を収集し、最後に観察した事実を一般化することで推論するというものでした。[3] あえていうならば、演繹法のリスクは現実との関連性の欠如でしょうか。これは、思考が資すべき、あるいは少なくとも描写すべき対象である現実の世界を見失ってしまい、理論自体が目的化してしまうようなときに起こります。

帰納法は、事実のみならず直感にも依存します。それは「論理的組み立てに頼らずただちに悟る[4]「一つの形式」です。その「悟り」は突如閃きます。読者の皆さんもおそらく直観の閃きを経験されたことがあるでしょう。そしてその閃きは、リラックスして論理的思考をする脳を休ませている間に起こります。興味深いことに、直観(intuition)の語源であるラテン語の「intueri」には「注意深く見る」という意味がありますが、それは注意深く観察することによって、直観が価値ある知識を生み出すことを示唆しています。

帰納法は、経験、事例、シナリオ等を糸口に始まります。それらを使って理論を導き出すのです。ここでいう理論とは、実践的に世界と取り組むために役立つことを目指したものです。ハーバード・ビジネススクールで有名になったケーススタディメソッドは、帰納法の一例です。ただし、過度な単純化は、帰納法の危険な点です。思考が実体験と近すぎて発想の飛躍を妨げるので、その結果、現実を単純化しただけの狭いモデルしか生み出せないことがあります。

ヨーロッパでは、思考は演繹的な傾向があります。演繹的思考法の本質は、単純なまとめや手っ取り早いコツに依存しないことにあります。簡潔さと単純化で失われるものは、複雑な現実と取り組むために必要となる知的洗練の中から得ることができます。

演繹的に考える人は、帰納法は中味がないと考えます。たとえば、彼らはケーススタディ手法に不満を覚えます。有名なコマーシャルのセリフで言い換えれば「ビーフはどこだ!」。つまり、どこに全体を司る原則や一般論があるのかということです。

同じく帰納的に考える人は、演繹法に不満を覚えます。演繹法の人がそうであるように、やはり疑問を持ちます。しかし、こちらの方の疑問は「どこに応用できるか」「どこで実用できるか」です(図表14)。

演繹的思考法と帰納的思考法のケーススタディ

私は、ブリュッセル工科大学の電磁力の授業を思い出します。その授業は、教授の複雑な計算式を黒板に書くために、何本かのチョークが必要なほどでした。その教授の思考過程は、現実の生活での応用をほとんど考慮していないという点で演繹的でした。しかし、講義後に行われた、学生が実際に実験するというセッションでは、教授の助手が理論を具体的状況で応用するための手助けをしてくれました。

思考は問題解決だけでなく、日常のコミュニケーションでも具現化します。帰納法に慣れているアメリカ人は、フランス人が交渉を始めるときに、まず全体の哲学を説明し、原理原則をとうとうと述べて時間を費やすことにしびれを切らします。同様に、フランス人は一定のアメリカ式モデルを単純化しすぎ、アメリカ的すぎる、何も考えていないとこき下ろします。フランス人は、現実はそんなモデルよりずっと複雑で、限られた経験から単純に一般化できないと信じています。彼らは、もっと複雑な概念的な思考、すなわち演繹が必要だと考えています。

演繹法と帰納法を比較するには、両者が幸福を高めるためにどう応用されるかを検証するとよくわかります。ここでは、アンドレ・コント＝スポンヴィルのフランス流演繹法と、シェリル・リチャードソンのアメリカ流帰納法を比較してみましょう。あなたの志向しだいでは、スポンヴィルのやり方はまどろっこしいとして、そしてリチャードソンのやり方は単純すぎるとして、却下するかもしれません。しかし、両方の持つメリットに焦点を当てるように努めてください。つまるところ、プロコーチは人が幸せになるお手伝いをすべきなのです。

スポンヴィルの『幸福は絶望のうえに』[5]（*Le bonheur, désespérément*）は素晴らしい哲学書です。スポンヴィルは、エピクロスにならって、哲学とは何かに始まり、概念を入念に定義します。つまり、「哲学は、人生を対象に、理性を手段に、そして幸福を目標にする、とりとめもない訓練です（それは、議論と推論を通して進化します）」。また、哲学はより深く思考し、より良い人生を送るために役立ちます」。賢人は幸福を愛しますが、それにもまして真実を好みます。幻想では幸せになりません。賢人は、偽の悦びよりむしろ真実の悲しみを選びます。

スポンヴィルは、巧妙で完璧で明確な理由付け（演繹）や、わかりやすい事例を用いて、希望がいかに幸福の妨げになるかを説きます。希望は、私たちが持ち合わせていないものを欲することです。それは満たされるかどうかわかりません、また、自分でコントロールできるものでもありません。「希望するということは、楽しむことなく、（現実になるか否か）わかることなく、そして（それを起こす）力を持つことなく、その実現を願うことです」。言い換えると、希望は、今持っているものに対する力や評価が欠如していることを伝えます。自分が幸せを感じるのに、あとどれだけの出世やお金を必要とするというのでしょうか？「あれとこれさえあれば、幸せなのに！」。しかし、よほどひどい目に遭っていない限り、今すぐにでも幸せになれます。今あるものを十分に楽しみ、自分で変えられることに対して行動を起こしましょう。賢人は、天空にあるパイに焦がれずに、望みを現実に合わせます。賢人は、現状をしっかり捉えて、将来を描くことに幸福を見出すのです。

シェリル・リチャードソンは、毎週Eメールでニュースレターを発行しています。毎回1、2ページで、トピックはそのつど異なりますが、フォーマットはだいたい同じです。彼女は先週あった個人的体験を披露します。シンプルながら優美なスタイルで、感じていることや経験から学んだ教訓を共有します。最後に、読者にコーチングのコツとして1つの教訓を披露し、採るべき行動を示唆して終わります。たとえば、ニュースレターの一例はこうです。「シェリルは、返事をしなければならないメールや家事に追われていました。しかし、太陽がさんさんと輝いていて、外で人生を楽しみなさいと誘っていました。彼女は、多くの人は返事をもう1日待てるし、皿洗いもすぐにやらなくてもいい、と思いました。彼女は、晴れた昼下がりを楽しんで休息するよう自分に言い聞かせたら、その瞬間に幸せになりました」。各週のニュースレターは、たとえば「今、人生を楽しみなさい！」といったいくつかのコツと、「今週は少なくとも2回は楽しいことをしましょう」[6]等、何らかの行動指針とで構成されています。この手の気付きを与えるものは、幸せに人生を送ることを支援する別の方法ですが、演繹的というより帰納的です。

演繹的思考法と帰納的思考法を活用する

私はスタンフォード大学の電子工学の修士課程で、ロナルド・ニューボールド・ブレイスウェル教授の「フーリエ変換とその応用」の授業を受けたことがあります。彼の講義は、まるで理論と現実の間を踊っているかのようでした。教授は、理論を公式化するための優雅な方法を探していましたが、いくつかの近道をすることに躊躇しませんでした。それらの近道は、物理現象に関する入念な試験に基づいて、いくつかの選択肢を排除するもので、結果として計算は簡素化されました。その理論は、明らかに私たちの現実への理解を深めるものでした。しかし同様に、電磁気学から音響学、光学にわたる現実の物理的現象に注意することで、直観的に理論を把握し、構築することも可能になりました。ブレイスウェル教授は、演繹と帰納を実に鮮やかに活用し、力強い思考能力を解放したのです。

コーチは、演繹的思考法と帰納的思考法を積極的に組み合わせて、コーチングを強化することができます。またコーチは、コーチーが変革を起こし、新しい領域に踏み込む手助けもできます。たとえば、リーダーシップとコミュニケーションは、頭で理解するだけでは経験と実践を積んだことにはなりません。あるコーチーが、交流分析に関する本を読み、講義にも参加したと言っていたことを思い出します。彼は交流分析の本は面白いと感じたものの、実際に役立つとは思っていませんでした。私はコーチとして、モデルのいくつかの側面は、彼の抱えていた課題の多くに明確に当てはまることを見せ、交流分析が引き出す新しい具体的なコミュニケーションの選択肢を提示しました。彼は、徐々に心理ゲームをより生産的なコミュニケーションに置き換えていきました。応用は重要ですが、コーチーが幅広い対人間のコミュニケーションの状況を読み解き、対処する武器を手にしたという点で、理論もまた重要であることが証明されました。

帰納的文化は、その定義通り、そこから教訓が導出されるような経験から始まります。たとえば、思考を刺激するゲーム等の体験的行動は、彼らに自然と好まれる学習形式です。しかし、演繹法を好むコーチであっても、体験的行動の恩恵を受けることがあります。体験的行動は洞察力を刺激し、頭だけの理解よりも深いところでの自覚を促します。ときおり、専門家や学者は概念や修辞を、人を変革することの代わりに使うという罠に陥ります。演繹法でとりわけ危険なのは、抽象的レベルに留まることです。[7] マイケル・マコビーは、同様の現象について説明しています。

概して、ナルシストなリーダーはあまりメンタリングに重きを置きません。彼らは、あまり他人をメンターしませんが、いざメンターする際は、自分の弟子が自分より劣った（自分の）鏡像になるよう欲してしまいます。ジャック・ウェルチのような強力なメンターとして知られるリーダーでも、コーチングより人に指示する方に関心があります。[8]

マコビーは、ここではメンタリングとコーチングの違いを無視していますが（両者の違いについては第1章を参照してください）、それはこの章の論点ではありません。

体験的行動は、自分の行いを嫌でも検証するよう仕向けます。コーチは、たとえばこのような質問をします。「この行動の中で何が起きましたか」「何を効果的に行いましたか」「他にどんな行動が取れましたか」「あなたが学んだことで現実の状況に当てはまるのは何ですか」。コーチーが課題を解いたり、会話をしているのを録画して、あとでビデオを見るのも役立ちます。コーチーはビデオで自分を見て、自分の振舞いとその影響について自覚を深めることができるからです。他の帰納的手段には、第3章や付録で紹介する絵はがき、コラージュ等の芸術的行動が含まれています。

演繹法と理論は、現実の状況に明確に関連づいたものであれば、やはり重要です。他方、帰納的文化では理論は最低限に抑えられます。その結果、コーチングに要する時間は少なくてすみます。帰納法では豊かさがそのプロセスの中で失われ、そして、さらに重要なことに、おそらくは複雑さや抽象性に対処する能力さえも失われると、私は信じています。後者は、特に上級経営者にとって死活問題です。それが理由で、私がヨーロッパで一緒に働く上級幹部はプロセスにかなりの時間を割こうとしますし、演繹的要素が単純化された表現に落とし込まれることに不満を覚えるのです。

演繹的思考法と帰納的思考法に対する応用と助言

まとめると、コーチに対する教訓は以下の2つです。

● 演繹法と帰納法の両方を利用することを覚えましょう。演繹法は、フランスのような文化に対処するのにより適した手法であるだけでなく、概念的な思考力を称賛します。他方、アングロサクソンの好む帰納法は、実体験に即すことを求めます。

●力強い思考法ができるようになるために、概念と現実が相互に高め合い、両者が「踊る」ような好循環をつくりましょう。現実から離れず実践的でありながら、その一方でより高い次元に立って、現実を別の視点から見ることで、複雑な課題に対して革新的な解決法を推進することができます。コーチーがその解決策を実践する（コーチングは実際アクション志向です）ことで、あなたの発想力に磨きをかける新たな学びとなり、効果的な解決法を提案する能力を高めるのです。

分析的と体系的

分析的　分析は全体をパーツ（部品、要素）に分けます。分析的思考法は、分解することで問題に取り組みます。

体系的　全体的または体系的思考法は、パーツを集めてまとまった整合性のある全体にします。パーツと全体のつながりを重視します。

分析的思考法は、しばしば、いくつかの部分を原因と結果で繋ぐ直線的思考法によって補完されます。一般的に直線的という単語は順序や線を指しますが、本質的に一次元です（数学者は、線を面〔二次元〕や体積〔三次元〕と比較させます）。したがって、直線的思考法は、単純な状況や大きな問題の個別部分に取り組むには役立ちますが、複雑で複数の次元からなる問題に対処するには不十分です。

ピーター・センゲは、分析的思考法はアメリカ（おそらくヨーロッパもそうでしょう）で好まれてきたとしており、システムズシンキング[9]を開発するよう唱えています。「かなり若い時期から、私たちは問題を分解したり、世界を断片化することを教わります。そうすると複雑な作業や問題が、明らかに扱いやすくなります。しかし、それは膨大な隠れた対価を伴います。すなわち、私たちの行動の結果が見えなくなり、より大きな全体像との関係を把握する本源的感覚を失うのです[10]」

どちらの思考法も貴重です。分析的思考法は、細かく分類して問題を扱いやすくし、専門的にするという点でとても有用です。また、体系的思考法は、全体が細切れにされてしまうと正しく描写できない複雑なパターンを把握できるよう、パーツ同士の繋がりを視覚化します。一方、システムは、把握するのがより困難かもしれません。繰り返しになりますが、現実を両方の角度から見て、両方の思考法を上手く両立させる能力が求められるのです。

分析的思考法と体系的思考法のケーススタディ

「バランスト・スコアカード」（付録A）は、分析的・直線的思考法の一例です。「バランスト・スコアカードに入っているすべての指標は、各ビジネスユニットの戦略が持つ意味を、組織全体に伝える因果関係の連鎖において、1つの要素でなければなりません[11]」

体系的思考法は、ピーター・センゲの研究に著されています。センゲは、分析的視点では見逃されそうな、さまざまな体系的事象を視覚化するのに役立つ原型を開発しました。影響している体系の力学（動的特性）を理解すると、手遅れになる前に悪循環を断ち切ることができます。次に述べる「弥縫策《びほうさく》」がその例です。その動的特性が解決案とともに描かれています。

弥縫策
説明　短期的には効果的だが、長い目で見ると、むしろより多くの同じ修理を必要とするような修理法。
例　コスト削減のために保守を行う頻度を減らしたら、結果的に故障が増えて、よりコストが高くつき、さらにコスト削減圧力が強まったときなど。
経営原理　長期的視点を維持せよ。可能であれば、短期的救済策を放棄するか、長期的救済策に取り組むための「時間稼ぎ」としてだけ使う。[12]

いくつかのケースでは、分析的思考の欠如が成功を妨害しています。私が関わったあるエグゼクティブは、長期的ビジョンを持ち、ただちに大局をつかむ能力がありました。しかし、プロジェクト管理は彼のアキレス腱でした。彼は、自分のビジョンを行動に落とし込むことが苦手でした。その結果、オーバーコミットメント（安請合い）、土壇場での駆け込み、時にはプロジェクトの破綻さえもきたしていました。彼がプロジェクトを独立した、明確に定義されたパーツに落とすのが不得手だったのは、文化的に体系的思考を志向していたと同時に、心理的にも選好していたからです。[13] 彼は、分析的思考法は些末で限界があると、心の底から信じていました。そこで、進歩するには、まず分析的思考法に対する態度を改める必要がありました。

分析的思考法と体系的思考法を活用する

体系的思考法と分析的思考法の両方を併用するということは、（狭い視野を採用するのではなく）全体のシステムを検証し、かつ全体を細かいパーツに分解するということです。そうすることで、すべてを網羅することができます。比喩的にいえば、森と木の両方、つまり全体的生態系（エコシステム）と個別の種の両方について考えることです。

たとえば、サンドラ・ヴァンダーマーブのマーケティングアプローチは、全体的な顧客の経験を考慮します（体系的思考）。彼女は、優れた商品とサービスでマーケットシェアを追い求めるより、「購入前」「購入中」「購入後」の各段階（分析的思考）に分解される全体的な「顧客行動のサイクル」、つまり顧客体験に含まれるすべての行動を見て、市場そのものの拡大を経営幹部に促します。たとえば、旅行産業は以下のような段階に分解できます。「まず、どこにどう行くかを決定し、航空券を予約し、空港に行く段階」、次に「旅行に行って、旅行先でいろいろな体験をする段階」、最後に「旅行先を離れ、交通手段を見つけ、家に着いて、請求書を支払う段階」。彼女はこの方法によって、各々の重要な体験について、新たな価値があるサービス提供の機会をマネジャーが検討できるようになる、と主張しています。例を挙げると、「ヴァージン・アトランティック航空は、リムジン会社と組んで、ビジネスクラスの乗客に空港への無料送迎、チェックインサービス、独自の特設ラウンジへの招待を提供するプランを開発しました」。ヴァンダーマーブは、このアプローチにより、統合された方法でニーズが満たされるため顧客がリピーター（常客）となるうえ、彼らの「消費の幅」が拡大することで売上も最大化すると、主張しています。[14]

プロのコーチが、ストラテジストやマーケターに取って代わる意図はありません。しかし、コーチーがとりわけ全体像を見落としていたり、扱いやすいパーツに分解することができないような場合に、コーチーの戦略やマーケティング上の問題について思考法を問い直してもいいし、むしろ、そうすべきでしょう。

同様の思考法は、コーチング一般に応用可能です。たとえば、私の会社はミッションをこう定めています。「リーダー、チーム、組織の潜在能力を解き放ち、彼らが高い充足感を得ながら、高いパフォーマンスを達成する手助けをします」。分析的思考でこのミッションステートメントを細かく分類し、体系的思考でミッション全体の視点でパーツの統合を行うのです。私の会社「ロジンスキー&カンパニー」のサービスは、エグゼクティブコーチングとチームコーチングに限定していません。高度にポジティブな影響を与えることが重要です。そしてリーダーシップ開発は通常、コンサルティング、研修、コーチングを個別ケースに応じて組み合わせることと、専門家のグローバルなネットワークを提供することで達成されます。

他の例では、コーチーは体系的思考によって目の前のビジネスの目的を達成する以上に、もっと広汎なシステム、すなわち社会や地球に対する影響にまで頭を巡らせられるようになれます。ピーター・ヒンドルは、彼の会社、プロクター・アンド・ギャンブルについてこう語っています。「すべての人に今日の良い暮らしと明日のより良い暮らし」を推進します。そして、このスローガンを機能させるために、彼は分析的思考法を導入し、目標を4つの領域に分けました。それらは、「人と環境の安全」「法令遵守」「資源の利用と廃棄物の処理」「社会の懸念に応える」[15]です。

グローバルスコアカードは、その設計上、目標設定に両方の思考法を活用するようにできています。分析的には、目標を「自分自身」「家族と友人」「組織」「コミュニティと世界」の4つのカテゴリーに分類し、焦点を明確にします。そして体系的には、カテゴリー間の相互関係によって考えられる相乗効果を示し、グローバルな視点によって真に重要なことを見落とさないようにします。

分析的思考法と体系的思考法に対する応用と助言

コーチは、コーチーが抱える問題について彼らが考え方を変えるとき、貴重な支援を提供します。問題を説明するための代替案を見出すのは、建物に新しいドアを発見するようなものです。より簡単で、より接近しやすい入口があるかもしれません。

たとえば、エグゼクティブ向けチームコーチングの最初のステップとして、そのチームの上級幹部にインタビューすると、私は、他の発見以上に、とりわけ一貫性のある長期的ビジョンや戦略のコンテクストに沿って短期的戦術を決定する必要性があることを感じます。インタビューに答えた何人かは、ビジョンと長期的戦略に言及しないで行動することで混乱を招いたり、信頼を失ったと語っていました。たとえば、必要な決定が遅れているのに、全体的戦略をサポートするのに不可欠な部門の経費が削減されたなどです（戦略をより明確に伝える必要性があったという別の問題はさておき）。こうしたことをきっかけとして信頼を損ね、パフォーマンスが低下し、やる気を失うといった悪循環が始まります。1回目のコーチングセッションを終えると、そのチームは、組織の他部門のために明確な戦略を立て、合意し、意見交換をしていました。目標は、一貫性を持つよう努力し、共有したビジョンと戦略に沿った決定を行うことです。

あるコンファレンスで、香港からの参加者の一人が、コーチングはただのマネジメントスキルではない、と主張しました。すなわち、コーチングを上手く行うには、顧客企業に能力開発を重視する企業風土と、それと一貫した制度、たとえば、部下の能力開発に積極的に取り組むマネジャーを高く評価する報酬制度が必要であると言います。彼女のコメントは、コーチングスキルを開発するという分析的視点を、コーチングが花開く環境を育てるという体系的視点で補完する好例です。

分析的思考と全体的思考を併用するのは、間違いなくまだかなり珍しいことです。それは強力な手法ですが、確かに困難です。ゆえに、フランスの数学者であり物理学者、敬虔な哲学者でもあるパスカルが、17世紀にすでにその併用を理想的だと唱えていたのは特筆に値します。彼はこう言いました。「全体を知らずに部分を知ることは能わず、部分を詳しく知らずに全体を知ることもまた無理だと、私は考えます」[16]

付録A　グローバルスコアカード

グローバルスコアカードは、目標設定を手助けするために考案されたツールです。グローバルスコアカードの目標には、「想定される結果」と「成功への原動力」の2種類あります。たとえば、収益を究極の結果と見て、従業員の満足度を収益を達成するための原動力と見ることも、逆に収益が原動力であり、従業員の満足度を望ましい結果とすることもできます。手段であれ、結果であれ、重要な目標はどれもグローバルスコアカードに入れるべきです。

ロバート・キャプランとデビッド・ノートンが、著書『バランス・スコアカード』(*The Balanced Scorecard*)で指摘しているように、フランスでは「企業の組織的成功を示すダッシュボードとして、20年以上も前にデジタルダッシュボード(digital dashboard)が作成され、使用されています。デジタルダッシュボードは、重要な成功要因を特定することで、従業員の組織運営を助けます▼1」。グローバルスコアカードは、伝統的なデジタルダッシュボードの適用領域を超え、その表示方式を活用しつつも、真にグローバルな視野を提示するために、より多くの目標に適用できます。

スコアカードの視点は、少なくとも、「多岐にわたるさまざまなステークホルダーに奉仕する」「外的・内的現実を統合する」「完全性と統合性を達成する」の3点でグローバルです。

多岐にわたるさまざまなステークホルダーに奉仕する

グローバルスコアカードは相互に関連する以下の4つのカテゴリーを網羅し、全体として広い視点に立てるようにできています。これらのカテゴリーは、異なる責任分野、大事にしたい人々、そして奉仕しなければならないステークホルダーを表しています。

自分自身　自己管理(セルフケア)を十分に行うこと。

図表 A-1◆グローバルスコアカードは、グローバルな成功（その原動力と結果）の適切な基準を考案する

自分自身	家族と友人	組織	コミュニティと世界
セルフケアを十分に行うこと	愛情や友情を分かち合うこと	組織のステークホルダーに対して、価値を付加すること	より良い世界をつくること
内的基準	外的基準		
欲求	ライフバランス	ファイナンシャル	環境
―やる気の源泉			
―価値観			
感覚	健康とフィットネス	顧客	社会的
信条	楽しく、充実した活動	従業員	経済的
選好	達成	内部プロセスと資源	政治的
―心理的選好			
―文化的志向			
長所と短所		パートナーシップ	科学と芸術

家族と友人　愛情や友情を分かち合うこと。
組織　組織のステークホルダーに対し、価値を付加すること。
コミュニティと世界　世界をより良いものにすること。

伝統的なコーチングは、一定のカテゴリーを重視する傾向があります。たとえば、パーソナルコーチングでは一般的に「自分自身」を重視しますが、エグゼクティブコーチングでは「組織」を中心に考えます。伝統的コーチングにおいても、他の領域にある程度の注意を払いますが、ここで示されるような系統だった方式ではありません。

これら4つのカテゴリーを全体的に考えるときに達成できる相乗効果は、実に驚くべきものがあります。ここでは、まず4つのカテゴリーを概略した後、それぞれのステークホルダーに関して詳しく説明します。ところで、今日の伝統的コーチングの目標設定において、「コミュニティと世界」カテゴリーはほとんど知られておらず、考慮もされていないようです。このカテゴリーは急激に変化しています。しかし、必要不可欠なカテゴリーであり、素晴らしい展望を開くものです。それゆえ私は、このカテゴリーに、より多く記述することにしました。

外的・内的現実を統合する

このアプローチは、外部と内部の現実を統合するという点で全体的です。存在すること－行動することの二重性が明らかにしたように、成功は目に見える成果だけで評価できるものではありません。その基準は、たとえば幸福度や心の平穏さといった内面的なものでもあります。さらに、内的・外的現実は相互に補強しあいます。人は、心が平穏であれば、より生産的になりうるのです。

完全性と統合性を達成する

グローバルという用語は、完全性と統合性の概念を想起させます（統合性の概念については第2章参照）。空想家とのそしりをおそれずにいうならば、この理想的な状況は人間のジャーニーの究極の終着点を表しています。そこには決してたどり着けないかもしれませんが、私たちはそこへ近づくよう努力することはできます。外的には、統合性はさまざまな違いが十分評価され、活用される成熟した社会の特徴といえるでしょう。内的には、個々の人間が生まれ持った才能や文化的志向を最大限に活用することを意味するでしょう。さらに、人々が新しい心理的作用や文化的志向を発見し、発展させてきたことを意味します。統合性と平和は私たちの内側に根差し、外側に反映されるでしょう。

自分自身――自己管理を十分に行う

人生は貴重なものであり、最大限活用するに値します。まず、自分にとって成功とはどのようなものかを決める必要があります。なお、グローバルスコアカードは、グループや組織単位でも活用できます。その場合、「自分自身」カテゴリーは、グループや組織を構成する各人が、彼ら自身の自己管理を十分に行っているかを検証する指標の集合と見ることができます。したがって、集団の意識調査や独自に設計された指数が成功の指標となりうるかもしれません。たとえばＭＢＴＩなどの心理的な選好、ＣＯＦなどの文化的な志向を計測する手法の総合的なプロファイル、３６０度フィードバックの総合的なプロファイルは、チームコーチやリーダーが、チームや組織にグローバルスコアカードを使うきっかけとなります。▼2

ここでも、一つの目標は相乗効果を探し、他者に奉仕する機会を見つけることです。しかしながら、あなたにとって何が大切かを明確にすることも重要です。その際、グローバルスコアカードは他人に見せる必要はありません。唯一の例外は、(あなたが望む限りにおいてのみ) コーチだけです。あなたの情報は極秘です。いずれにせよ、その約束は自分自身だけと交わしたものであり、自分の欲求に対して忠実でなければなりません。

「自分自身」のサブカテゴリーの内容は、具体的目標として明記します。たとえば、「欲求」の項目で、あなたが価値を置くものの一つが創造性であれば、目標設定の段階では、仕事においてより創造性を発揮することが一つの目標となるかもしれません。たとえば、現時点では20％とすると、目標は年末までに60％にまで上げることかもしれません。これは、内的で主観的な指標です。自分の欲求が満たされていると感じることが大切なのです。目標の計測をより正確にするために、「20％とは何を意味し、60％ではどうなっているのか」と考えてください。これにより、外的な目標をもたらし、たとえば、創造的なプロジェクトに関わった時間といった定式化されたものになるかもしれません。

文化的な志向は、微妙な差異はあるものの、心理的選好と同じように扱われます。しかし、文化は心理的選好と異なり、所与のものではなく変化するプロセスです。したがって文化的志向を変えて、たとえば時間を不足するものではなく、豊富なものと見ることを目標にしてもよいでしょう。これらの変化は、典型的には新しい価値観や新しい信条を形成していくので、「信条」のサブサブカテゴリーとなります。

ちなみに、サブカテゴリーが重複することに気付かれるかもしれません。「価値観」は、欲求や選好でもありえます。さらに、価値観や信条は、時として文化的な発露というよりも、心理的なものかもしれません。これらの考えは、目標設定の実務上は問題になりません。実際、目標設定する際に重要な点は、内的現実が相互に関わるさまざまな面に注目することです。「長所」と「短所」のサブカテゴリーの選定は、360度フィードバックなどを利用するのもよいでしょう。

グローバルスコアカードの最も重要な特徴の一つは、人々の内的現実と関わるということです。内的な世界は、ビジネスコンサルタントからは伝統的に軽視されてきました。彼らは、習慣的に心理的なものや精神的な領域より、ファイナンスやIT、マーケティング、戦略といった領域をより得意とします。しかし、内的現実は個人とビジネスの両方の成功に必須のものです。

たとえば、私がコーチしたあるシニアエグゼクティブは、成功は一時的で、問題は長引くと深く信じていました。この信条は建設的に作用し、彼は能力いっぱいに働き、新しいゴールを設定し、決して自己満足に陥ることはありませんでした。一方、この信条により、成功を楽しみ、祝福することができないことも認識していました。そのため、コーチングのプロセスでは、彼が心の落ち着きや幸福を感じることがなく、そのかわりにストレスやフラストレーションを感じていることに気付きました。彼はまた、この信条が、いかに効果を上げることを妨げているかも認識しました。担当部署の成功を祝福しないことにより、彼はその素晴らしい業績を、トップマネジメントに売り込む機会を逃していたのです。

その結果、彼は彼の部署が受けられたかもしれない、そして彼の組織全体に利益をもたらしたかもしれない投資とプロジェクトを獲得することができませんでした。興味深いことに、このマーケティングの専門家は、顧客を説得するためには優れた製品やサービスの品質のみでは不十分で、洗練されたマーケティングが必須であることを十分知っていました。しかし、一緒にコーチングを始めるまで、彼は自分の成功自体は、何もしなくても自然と周囲に知れ渡るようになるはずで、それをあえて売り込む必要はないと固く信じていました。さらに、彼のこの信条は、過去においては有効に機能していました。成功をあえてマネジメントに売り込むことなく、彼は一定の評価を得て、昇進も果たしていたからです。彼をかなりシニアな地位にまで押し上げた従来の信条を変えるのは、簡単ではありませんでした。しかし、彼は新しい信条を目標とすることを決心しました。そして、それは感情（ストレスや不安定感ではなく、心の落ち着きや幸福感）とビジネス上の成功の両方をもって計測される、彼の成功への原動力を構成することとなりました。数カ月後、「成功は続いていく」や「達成を祝福することは適切であり、有用である」という考えは感覚的なものから、実際の信条に変貌したのです。日ごとに、新しい信条は良好な影響を与え、それによって、さらに強化されるという好循環をもたらしました。

このような状況において、「信条」と「感覚」は極めて重大な役割を担います。だからこそグローバルスコアカードの一部をなすのです。これら内的な原動力や結果に関する目標は、バランストスコアカードなど従来のスコアカードではカバーされてきませんでした。

一方、「自分自身」カテゴリーにある「外的基準」は、「ライフバランス」「健康とフィットネス」「楽しく、充実した活動」「達成」などを含みます。

「ライフバランス」は、ここでは主観的な印象ではなく、観測できる客観的な基準です。それは、典型的には時間の計測となります。たとえば、幸せを感じる一定の活動にどのくらいの時間を使う予定かなどです。したがって、目標への進捗を定期的に確認するためには、正確でなければなりません。ただし、時間の質は主観的な計測であり、やる気の源泉など内的基準のサブカテゴリーに属することを忘れないでください。たとえば、あるエグゼクティブは、彼が家族とともに過ごす時間を本当に楽しんでいることを、私に話してくれました。彼は、長い時間ではないものの、確実に良質な時間を過ごしていたのです。限られた時間でも濃密に過ごすことで、家族全員が十分な幸せを感じていました。彼の同僚はこれに気付かず、彼が長い時間仕事をしているのを見て、適切な「ライフバランス」を持っていないと誤解していました。

「健康とフィットネス」も非常に重要です。ローマ人いわく、「健全な精神は健全な体に宿る」です。良好な状態とパフォーマンスは、「健康とフィットネス」に依存します。「健康とフィットネス」に関して自己評価を行い、それに応じて特定の目標を設定してもよいでしょう。医師、栄養士、スポーツのコーチやトレーナーは、コレステロール値、血圧、体脂肪率、抵抗力や持久力、その他の目標設定の手助けができます。喫煙者にとっての目標は禁煙することかもしれません。中国の格言に、「大金持ちになれても、健康のない富は何の意味も持たない」というものがあります。健康的な食習慣を身につけることにより、今まで通り食事を楽しむことができるのです。「理想的」食生活からときおり離れてみることは、体を傷つけることなく、舌を喜ばすことになります。運動は楽しみにもなりえます。自分の好きな場所を選び、家族や友人と行ってください。できれば、あなたの「健康とフィットネス」の追求が、禁欲的強迫観念になりませんように（それがご自身の欲求でない限り！）。

「楽しく、充実した活動」は、あなたを幸せにして、刺激を与えるものであり、自分自身で追求したいと思うものです。たとえば英国バクスターレナルには、さまざまな武術を楽しんでいる社員もいれば、意外にもサッカーチームのファンだったり、自動車レースを好んでいる社員がいたりします。また、恵まれない子どもたちのスポーツチームでコーチをしたり、地震のあとのトルコの人たちの救援をしたり、盲目のスキーヤーのガイドをしたりと、人に奉仕する活動を好む人たちもいました。このサブカテゴリーにおける目標は、達成度よりも、それに費やした時間の観点から定式化されます。これらの活動のために時間をつくることが、ここにおける目的となります。

一方、「達成」は目標にどれだけ到達したかを示します。たとえば、リーダーシップのある点を改善したいと思っている場合、360度フィードバックにおける他者の評価が基準となるかもしれません。目標は、たとえば書きたいと思っていた本を書き上げることや夢に見ていた会社を始めること、狙っていた職を得ることかもしれません。一方、達成はゴルフのハンディをよくすること、アマチュアサッカーの試合で勝つこと、画廊であなたの描いた絵を飾ることなど、趣味に関わることかもしれません。

自己管理を十分に行うことは、他人に気を配ることと両立します。事実、愛情や友情を分かち合いながら、自己管理を十分に行うことができます。次に、グローバルスコアカードの次のカテゴリー「家族と友人」に移りましょう。

家族と友人——愛情や友情を分かち合うこと

家族や友人は、普通は最も大切な人々ですが、必ずしも「ライフスタイル」に反映されていません。多くの場合、仕事が優先されます。「もし、余命1年となったら何をしますか?」という質問に対して、マネジャーたちが配偶者や子どもたちと世界中を船で旅したいと夢見ているのを非常によく耳にします。彼らにとって最愛の人たちと過ごしたいと思う時間ほど過ごせていないのが、悲しい現実です。

西洋社会において、独身者の増加はもとより、子連れ再婚によるブレンデッド家族など、家族の形態は変化しています。「家族と友人」カテゴリーでは、家族構成や構成員は重要ではありません。重要なことは、あなたの人生における優先事項を反映した目標を設定することであり、それは普通、あなたにとって大切な人々を含みます。もし、仕事が忙しく、愛情や友情を分かち合う特別な人がいないことに気付いたら、目標はそういった親密で友好的な結び付きをつくることかもしれません。

「家族と友人」のサブカテゴリーは、「自分自身」カテゴリーの外的基準のサブカテゴリーと同じです。ただし、実際の目標も同じというわけではありません。たとえば、私たちは家族や友人と一緒に楽しい充実した時を過ごしたいと思うとともに、自分だけの時も楽しみたいと思うでしょう。配偶者と定期的にレストランで食事をしたり、友人とゴルフをするとともに、一人で読書を楽しんだり、散歩したりなどです。

重要な点は、ワーク(仕事)とライフ(生活)は、片方が増えるともう片方が減る、競合する優先事項として見られてきたことです。私たちが望めるのは、せいぜいバランスの取れた妥協点を見出すことです。ハーバード・ビジネス・レビューの「仕事と生活——ゼロサム・ゲームの終焉」(Work and Life:The End of the Zero-Sum Game)という論文は私の経験とも一致し、ワークとライフの優先度を活用するという新しいアプローチの一例となるものです。▼3

伝統的見方では、従業員の仕事と個人の生活の仕切りを決めるのは経営者であり、ワーク・ライフ・バランスプログラムは福利厚生の一環としてのみ見られていました。しかし、新しいタイプの経営者は、従業員と協力して、全員の利益になる仕事と個人の両方の目的を達成する方法を模索しています。

こうした経営者は、以下の3つの原則の下に行動します。まず、経営者として従業員たちに仕事上の優先順位を明確に伝達するとともに、従業員たちにも彼らの個人の優先順位を明確にするように薦めます。次に、従業員を一人の人間として認識し、サポートし、彼らの社外での役割を認知するだけではなく称えます。3番目に、組織としてのパフォーマンスを高め、また従業員の個人としての目標を追求できる方策を継続的に試します。

これらの原則の下で行動している経営者は、仕事と個人的優先事項の衝突は、実際は、職場における非効率を見つけ出す良い材料になりうることを発見しました。たとえば、ある経営者はスタッフとともに、彼らの24時間体制の指令センターで増大する仕事量に対処する方法を見出し、従業員により集中した休暇を与えることができました。[4]

自分の仕事と個人の時間を活用することについて考えてみてください。午前9時から午後5時までの間に仕事をする必要があると思いますか？　それとも、目的が達成できれば、柔軟で創造的な対応が考えられますか？　電子メールやボイスメール、電話会議システムといった通信手段を用いて、自宅で仕事することはできますか？　ジョブシェアリングやパートタイムはどうでしょう？　結局のところ、重要なことは働いた時間ではなく、あなたが組織にもたらした価値です。家族や友人と関わっているときにも、効率性を高める新しい方法を模索しなければなりません。もちろん、新しい方法を機能させるためには、相互の信頼を基礎とした「OK－OK」の発想でなければなりません。

これは、組織や政府がキャリアと家庭生活を両立させるような方針や政策を決定するときにも役立ちます。シルビア・アン・ヒューレットの研究[5]は、特にアメリカにおいて、仕事からのプレッシャーを阻止する道のりは、まだまだ険しいことを示しています。たとえば、「彼女は、顧客の時間帯で働く用意がないと、プロフェッショナルな仕事にはつけないね」と言われたりもします。しかしヒューレットは、効率的なワーク・ライフ・ポリシーは、従業員と彼らの組織に利益をもたらす可能性があること、そして実際に利益をもたらしていることを示しています。

組織——組織のステークホルダーに付加価値をもたらすこと

リーダーやエグゼクティブコーチにとって、「組織」は非常に重要なカテゴリーです。コーチングは他の分野にも貢献するかもしれませんが、結局のところ、組織のステークホルダーに価値を与える限りにおいて、その投資が継続されるのです。「組織」のカテゴリーは5つのサブカテゴリーに分類できます。すなわち、「ファイナンシャル」「顧客」「従業員」「内部プロセスと資源」、および「パートナーシップ」です。組織の未来像や目的が一般的方向性を決定します。また、組織の戦略が競争優位の源泉、言い換えれば成功への道筋を決めます。組織の未来像、目的、そして戦略は、それ自体は評価の対象とはされません。評価されるのは、さまざまなステークホルダー、つまり、顧客、従業員、株主、その他のパートナーへの有効なサービスの遂行です。

理想は、複数のステークホルダーに同時に奉仕することです。たとえば、顧客の目から見て割増料金を払ってもかまわないくらい価値のある良質なサービスを継続的に提供していけば、顧客のロイヤルティは増し、より多くの収益をもたらし、顧客と株主の両方が満足するでしょう。あなたの努力が活用されて、同時に複数の目的が達成されるのです。

もちろん、時にはどれかを選択しなければならないこともあります。従業員に巨額の給料を支払い、顧客には高品質な製品を無料で届け（彼らはとても喜ぶでしょうが）、同時に、大幅な利益を上げること（株主も分け前を与えられるべきです）は、いうまでもなく不可能です。

しかしながら、私の経験からすると、相乗効果を達成するのに失敗している場合も多々あります。そのような機会を逃す理由の多くは、短期的収益の重視です。たとえば、価値の創造よりもコスト削減に集中しすぎると、最終的に組織は顧客と従業員を同じように遠ざけ、フラストレーションと急速な業績悪化の悪循環を助長してしまうでしょう。双方向のウェブサイトを例にとってみましょう。完全に自動化されたプロセスは、コストを削減して、より良い業績を生み出すことを目的としています。しかし、コスト削減にも限度があります。最低限のサービスが与えられなければ、顧客は自分が大切に扱われていないものと感じます。もし企業が、顧客サービスに関してさらに偽善的な美辞麗句を並べ立てたとしたら、また従業員に対しても「あなたたちは私たちの最大の資産である」というようなメッセージを発したとしたら、おそらく顧客と従業員の怒りと疎外感を助長して、事態はいっそう悪化するでしょう。もし、顧客や従業員により良い選択肢があるとしたら、彼らはいつでもそちらへ行ってしまうでしょう。

あなたは、ステークホルダーのすべてにサービスするという精神に支えられた創造的な目標を設定しなければなりません。その目標は、満足した従業員は最大限の努力を払いながら顧客に尽くし、顧客は組織に好業績をもたらすといった好循環を促進します。これによって、さらにその組織の事業への追加的な投資が促され、顧客や従業員の一層の拡大を可能にしていきます。

最後に、測定は直接的でも、間接的でもありうることを述べておきます。たとえば、従業員の満足度を測るために、従業員の離職率を見ることも考えられます。これは、間接的基準です。高い離職率は不満の表れかもしれませんが、他の要因の結果かもしれません。適切で直接的な測定（この場合は、職場の従業員調査を利用する）[6]はより正確ですが、常に利用可能というわけではありません。

また、測定は客観的でも、主観的でもありえます。主観的な領域では、サーベイや指標を使用するような意識調査があります。「顧客」や「従業員」のサブカテゴリーにおいて、主観的な基準は必須です。かれらの認識こそ、実際に取り組むべき現実なのです。

以下、それぞれのサブカテゴリーにおける一般的目標の定義と実例について触れます。細部に入り込みすぎないようにしながら、具体的にしてみました。

ファイナンシャル　好業績を確実にすること。一般的な目標の例としては、成長性（増益率、目標市場での売上増加率）、収益性（営業利益、粗利益、投資収益率、自己資本利益率、総資産利益率、ＥＶＡ）、キャッシュフロー、株価、配当、予算の達成などがあります。

顧客　ウィン-ウィンの価値のある提案をして、ターゲット顧客のニーズを満たすこと。一般的な目標には、マーケットシェア、顧客忠実性、顧客満足度、顧客収益性、顧客獲得、製品・サービス特性、イメージや評判などが含まれるでしょう。顧客忠実性は客観的にも（「取引継続期間の長さ、提案に対する有効性、発注の頻度や金額、今までの取引金額、苦情や賛辞の数、新規の取引と失った取引、顧客のリテンション率」[7]）、主観的にも（「再購入の意思、その組織から製品やサービスを購入する意思、その組織を他人に薦める意思」[8]）計量できます。

従業員　ウィン-ウィンの形で、人材を獲得し、維持し、育成し、活用すること。 一般的な目標の例は、従業員満足度、従業員のリテンション率、従業員の生産性、コンピテンスや目標の一致などを含みます。従業員満足度は、勤続率や離職率、無断欠勤数、ストライキなど客観的で間接的な指標でも計測できます。また、仕事それ自体、仕事の条件、ストレス、同僚、ダイバーシティ、上司、トップのリーダーシップ、給与、福利厚生、仕事の安定性、昇進、フィードバック、プランニング、倫理、品質、革新性、一般的な満足度などの項目を含む従業員調査により[9]、直接的で主観的にも計測できます。

内部プロセスと資源　効果的で効率的な内部プロセスを構築するとともに、人的資源以外の適切な資源を確保していくこと。 目標としては、革新性、品質（欠陥発生率、返品率）、効率性、サイクルタイム、その他が挙げられます。革新性や創造性は、たとえばテレサ・アマビールと創造的リーダーシップセンターによるKEYSという調査によって計測できます。KEYSは創造性に対する企業風土を評価する直接的で主観的な調査です。各要素は、「従業員」のサブカテゴリーか、「内部プロセスと資源」のサブカテゴリーに関連し、以下の2点に焦点が当てられています。1つ目は自由度、やりがいのある仕事、十分な資源、上司による創造活動への奨励、職場のサポート、組織としての創造活動への奨励など「創造性への刺激」、2つ目は組織としての妨害、仕事量の重圧など「創造的活動への障害」です[10]。客観的で間接的な基準は、1年間に取得した特許数や従業員に受け入れられた提案の数が含まれるでしょう。

パートナーシップ　類似の、あるいは、補完的な製品やサービスを供給して、互いに有益なパートナーシップを築くこと。 この場合、一般的な目標として「サプライヤーの実績、サプライヤーの価格、数値・価値を付加するパートナーシップ、パートナーによって生成される数値・価値を付加する革新的な製品・ソリューションサービス、パートナーと一緒に行う数値・価値を付加する改良、パートナーの貢献の認知」などが挙げられるかもしれません[11]。パートナーシップにはいくつかの形態があります。M&Aに比べて、提携は最小限のリスクで新規事業を試す機会を与え、最近流行しているアウトソーシングに適しています。たとえば中核事業へ回帰する企業は、製造部門や流通部門など非中核部門を担当してもらう多くのパートナーを必要とします。また、世界的な市場を目指す企業は、外国の市場に参入するために現地のパートナーが必要です。[12]

このテーマをさらに掘り下げ、「組織」カテゴリーにおける基準を考案するために、ファイナンシャル、顧客、内部のビジネスプロセス、そして学習と成長の4分野において指標を提供するバランストスコアカードをお薦めします。[13] バランストスコアカードは、企業世界における重要な組織上の指標をすべて一目瞭然にする系統だったアプローチを提供するツールであり、経営者がビジネス戦略を実行し、ビジネスを望ましい方向へ運営する手助けとなる重要な基準から構成されています。

コミュニティと世界――世界をより良いものにする

成功の意味について考え、自分の行動がコミュニティや世界全体にいかに貢献できるかを考えたことがありますか？ ひとたびこういったことを考え始めると、最終的にビジネス上の成功を超える大きな目的を見出せないと、ひどく落胆してしまうかもしれません。たとえば、あるエグゼクティブは、彼の高いエネルギーレベルを奮い起こすことができなくなりました。彼は、死後に自分が残していくであろうものについて考え始め、そこに何の魅力も感じなくなり、記録的な業績を達成することが突然むなしく思えるようになりました。彼は、自分に欠けているのは、人類のために役立つ何かをしているという純粋な自尊心であることに気付きました。そして、そう考えるに至り、うわべを飾ったり、目標をより高くしたり、ナンバーワンになる見込みを持つことだけでは興奮できなくなりました。

ポール・レイとシェリー・ルース・アンダーソンは広範な学術調査を行い、より知られているモダン（最も有力な文化で、物質的進歩に専心する）やトラディショナル（社会的に保守的で敬虔）[14] と並び第三の社会グループを形成しつつある5000万人のアメリカ人の特徴をカルチュラル・クリエイティブスという用語で表現しました。カルチュラル・クリエイティブスは無視できない力となり、またアメリカだけのものでもなくなってきています。カルチュラル・クリエイティブスは、世界をより良いものにすることに非常に関心があることがわかっています。

65％が「私たちの仕事を社会に貢献させること」はとても、もしくは極めて重要であると表明しています。45％は「より良い社会をつくることに関わりたいと望むこと」はとても、もしくは極めて重要であると表明しています。彼らは、地球の生態系の状態や、人間の健康状態について最も関心の高い人々です。カルチュラル・クリエイティブスの81％が「世界の環境問題、すなわち地球温暖化や熱帯雨林の破壊、種の絶滅やオゾン層の減少といった問題に」とても、もしくは極めて関心があると述べており、73％が「地球と調和して暮らしていくことが」とても、もしくは極めて重要であると表明しています。78％が「アメリカ人は世界の資源消費量における自国の割合をかなり下げる必要がある」と述べています。68％が「私たちは、生態系の持続性のために、まったく新しい暮らし方を考案しなければならない」と述べています。[15]

レイとアンダーソンは、環境にやさしい特別な自動車、たとえば重量を半減し、燃料消費を抑えるためにカーボンファイバー素材を用いるなど、現在の航空宇宙の技術を備えた未来型自動車のために自らの知的財産権を無償提供するカルチュラル・クリエイティブスの例を示しています。彼らは、大儲けするよりも、地球を救うことに興味があるのです。

カルチュラル・クリエイティブスの中核である約2400万人のアメリカ人は、社会正義にも非常に関心があります。また、彼らは社会運動や社会改革にも興味があります。興味深いことに、彼らの個人的成長への欲求は他者への奉仕や社会活動と一致し、グローバルコーチングやグローバルスコアカードの直観的前提を支持しています。事実、カルチュラル・クリエイティブスは、二重性を活用するような習性を身につけています。彼らにとって、「現実は、感情や知性、私的なものや公的なもの、個人やコミュニティを含むものです」

2001年に『消費者のための倫理ガイド』(***le Guide éthique du consommateur***) がフランスで出版されました。これは、10年前に発行され、100万部を売り上げたアメリカの『より良い世界のためのショッピング』(***Shopping for a Better***

World）を基にしています。

ＢＳＥ（狂牛病）や遺伝子組み換え食品、ダイオキシンまみれの鶏肉やホルモンを投与された牛肉、地域全体に打撃を与える石油流出のような環境の大惨事といった新しいリスク、ひいては多くの人々に影響を与える雇用安定へのリスクに直面して、大衆は目を覚まし、一層の透明性を求めるようになり始めています。[16]

このガイドは、消費者や従業員、そして投資家に向けて書かれています。それは、単純な消費活動を投票活動に変えてくれます。従来、私たちは企業の非倫理的行動を非難しながらも、買い物をするときにはそれを忘れ、最もお買い得なものを選ぶという分裂症的行動をしばしば取っていました。この状況は変わりつつあります。『消費者のための倫理ガイド』は、消費者が教養ある行動を取るための一助となる試みです。一定の基準を決定し、企業の倫理的パフォーマンスを評価するために「倫理監視協会」という組織も設立されました。倫理の持つ意味は、単なる法令順守を超えています。それは、環境的、社会的な問題への真剣な取り組みであり、世界をより良いものへ変える実際の公約なのです。現在までに、アメリカ、カナダ、イギリス、ドイツ、フランス、ベネルクス、インド、イタリア、スウェーデンなどを含む世界の各国で、倫理監視協会が設立されています。

１９８７年にスウェーデンのグロ・ハーレム・ブルントラントを委員長とする委員会により、持続可能な発展とは「将来の世代のニーズを満たす能力を損なうことなく、今日の世代のニーズを満たす成長をすること」として初めて定義されました。１９９２年のリオ・サミットにおいて、１５０カ国の代表は環境に関する共通の懸念について討議しました。１９９５年のコペンハーゲンにおける世界会議では、「経済的発達、社会的発達、環境保護は、すべてのものにより良い生活を保証する持続可能な発展のプロセスにおいて相互依存的な要素を構成する」と確認しました。

多くの非政府組織（ＮＧＯ）もまた、建設的な貢献を果たしています。環境や社会の向上は、いくつかの国際的組織のまさに主たるミッションです。グリーンピース、世界野生生物保護基金（現在の世界自然保護基金：ＷＷＦ）、国境なき医師団（Médecins Sans Frontières）、アムネスティインターナショナル（Amnesty International）などはほんの一例です。

「世界をより良いものにすること」は、以前は、理想主義的な、ともすると世間知らずの考えのように見えていたかもしれませんが、最近の出来事により、それは必要な活動であることが明らかになりました。関連する目標を、すべての人々のスコアカードに組み入れるべきです。

「コミュニティと世界」のカテゴリーで相互に関連する目標は、「環境」「社会的」「経済的」「政治的」、および「科学と芸術」の5つのサブカテゴリーにまとめられます。ここでは、このトピックスをさらに深く追求するための指標や材料を提供しましょう。重要なことではありますが、単純に迷惑行為や虐待を排除するだけではなく、率先してより良い世界をつくるような指標をより多く見出してください。

環境　自然の生態系システムを守り、地球を保護し、水、大気、土地の汚染や騒音などを排除し、種の多様性を守ること。 環境に関する目標を達成するための1つの資料として、サステナビリティ・レポーティング・ガイドライン[17]（Global Reporting Initiative）があります。この資料は、持続可能な発展に取り組みたい組織に対して、具体的な目標の例、さまざまな参考文献や報告の手順を提供しています。また、ＩＳＯ１４０００シリーズ[18]の一部であるＩＳＯ１４０３１は、環境マネジメントの標準的枠組みを提供しています。ＩＳＯ１４０３１は、内部管理報告やコントロールのための一般的な環境に関する数々のパフォーマンス指標を含むとともに、指標を選択していくプロセスにおけるガイドの役割も果たしています。１９９７年に、バクスターレナル[19]は、世界で初めてＩＳＯ１４００１の認証を受けた会社となりました。バクスターは、２００５年末までに、以下の5つの環境に関わる目標を達成することを表明しました。

社会的　人権を強化し、世界中の社会状況と福祉を向上させ、すべての人に十分な食料と住居を提供し、病気と闘い、健康を増進させ、教育を普及し、スポーツやレジャーの習慣を広めること。 前述のサステナビリティ・レポーティング・ガイドラインに加えて、ＳＡ８０００も有用な資料です[20]。ＳＡ８０００は、社会的説明責任に対する基準を明確に定義し、以下の9つの点をカバーします。すなわち、未成年者労働、強制労働、健康と安全、結社の自由と団体交渉権、差別、懲罰、補償、そして、この基準やその他の法規制に従い、継続的向上を目指すためのマネジメントシステムです。組織という枠を超えて、より広い視点に立つと、いくつかの目標が非常に重要となります。それは、自由や食料、住居、教育の最低限の基準といった人権、個人の尊厳に関わるものです。これらの基本的目標が世界中で実現される道は、依然として遠いです。人権や個人の尊厳の奨励ほどではないにせよ、私は幸福の増進も提案したいと思います。これは、たとえばスポーツやレジャーをすべての人が楽しめるようにするといったさまざまな目標を達成することで実現します。

経済的　経済的な価値を創造して、金銭的な投資や寄付によりプロジェクトに資金を供給し、世界中の人々の生活水準を向上させること。サステナビリティ・レポーティング・ガイドラインは、経済の領域でも有用な資料ですが、ある組織の経済的パフォーマンスを正確に描写するには、一層の検証が必要です。

ガイドラインでは、以下に示す統合された指標も提案しています。

❶システム全体の指標　ミクロレベル（たとえば組織レベル）の経済、環境、社会状況に関するパフォーマンスを、マクロレベル（地域、国または世界レベル）のパフォーマンスと結び付けることです。たとえば「職場の事故や差別など組織レベルの事例を地域や産業全体と関連付けて表現する」などです。

❷横断的な指標　組織のパフォーマンスの持続性に関わる要素（経済的、環境的、社会的）のうち、2つまたは3つすべてを「繋げる」情報です。場合によっては、統合された指標は、システム全体的と横断的アプローチを結び付けます。たとえば、ある組織の排気ガスを、地域全体の排気ガスや、排気ガスが人間の健康に与える影響の推定と関連付けて表現することは、システム全体的（ミクロ－マクロ）指標の側面と横断的（環境的－社会的）指標の側面を統合します。

もちろん、コーチはこれらすべての分野のエキスパートにはなりえません。より合理的な目標は、どこに情報源があるかを知り、目標設定の過程でこれらの情報源を薦めることができるようになることです。コーチーは、しばしば特定の成功の指標を提案する作業を、専門的な知識のある同僚やコンサルタントに委託します。それでも、リーダーは一般的な方向を決定し、従来のスコアカードを超える責任があるのです。最終的に重要なのは、指標の選択が①成功を測るに相応しい基準であるかどうかということ、②コーチとしてのあなたが支援するコーチーが、向かう方向を示しているかということです。

政治的　民主主義を発展させ[21]、世界平和を実現し、環境、社会、経済の各分野での前進を可能にする。コーチーの多くは組織の中で働いていますが、すべての人々が、建設的な政府や機関、協会、NGOの活動を推進することにより、これらの目標達成に積極的に貢献できる市民です。政治的活動に参加することは、確実に、社会をより良いものにする一つの手段です。この分野の情報源はよく知られており、容易に入手可能です。

科学と芸術　科学の進歩とその建設的な応用を推進するために、人類の創造力と知性を結び付けること、そして文化や美学、美しいものを大切にすること。科学の進歩は倫理的な危険とジレンマを孕んでいます。2つの例を挙げるなら、原子力の技術や遺伝子工学は両刃の剣の代表例です。ここでは、この重要な議論には深入りせず、ただ、芸術と科学の推進は可能な目標であることを申し上げたいと思います。これらの活動は人類の創造力と潜在能力の発露であり、人類の能力開放を手助けするという目標を掲げるコーチにとって考慮に値するものです。科学や芸術は、必ずしも直接的に価値を高めるものではありません。たとえば、基礎研究は刺激的でリスクを伴います。何を発見するかも、どのくらいの時間を要するかもわかりません。しかしながら、基礎研究は次の大躍進を遂げ、世界をより良いものにするために、一般的には必要なものです。そのため、優先順位の決定に際して、こうした努力を記憶しておき、レーダースクリーンの視界に捉えておくことは重要です。

GLOBAL――目標設定の諸原則

前述の通り、グローバルスコアカードはあなたとコーチーの目標設定を助けるために設計されています。他方、なすべきことはたくさんあり、時間や情報源は限られており、ことは簡単に運びません。どうすれば、適切な目標を選択できるのでしょうか?

この質問の答えとして、GLOBALの頭文字を取った、あなたとコーチーが考慮すべき6つの重要な原則を以下に示します。

偽りのないこと（Genuine）　目標の選択が単なる義務感からされるのは、成功の秘訣とはいえません。「欲望こそが人間の本質」としたスピノザの思想を思い出してください。設定されたゴールは自分自身の欲求に共鳴するものであり、心から、そして情熱を持って実現したいと思うものでなければなりません。

レバレッジすること（Leverage）　最大限の影響を与えるために一石二鳥を求めるでしょう。言い換えれば、一度に何人かのステークホルダーに役立ち、複数の目標を達成する機会が求められるでしょう。たとえば、あなたは顧客の利益になり、社会に好影響を与え、自然環境を守り、満足をもたらすようなプロジェクトに従事するかもしれません。レバレッジするために、さまざまな文化的視点を考慮して、その統合された組み合わせを最大限に利用しなければなりません（たとえば、経済的、社会的、環境的文化を活用するなどです）。

結果（Outcomes）　文字通り自分自身を未来に投影して、成功がどのようなものかをできるだけ正確に思い描いてください。その目標は、高いパフォーマンスと高い充足感を正確に示すものでなければなりません。イメージを持つことは、ゴールを実現する過程の重要なステップです。アスリートは、競技の前に、次のレースの（視覚的のみならず、聴覚的や運動感覚的な）メンタルイメージを思い浮かべます。あなたは、成功の結果を示す指標を考え出さなければなりません。それらの基準によって進捗状況を測ることもできます。

バランス（Balance）　もし、私たちがさまざまな目標を常に活用できるとしたら、とても素晴らしいことでしょう。しかし、実際には二者択一の選択を迫られることもあります。同時に活用することができない場合は、バランスを取るのが次善の策です。２つの選択肢、目標Aと目標Bに直面した場合にバランスを取るとは、①AかBのいずれかを採用する、②AとBそれぞれを部分的に採用するという2つの妥協案のどちらかを選択することを意味します。バランスを取るということはゼロサム・ゲームであり、一方を増やすことはもう一方を減らすことになります。それは、すべてを手にすることはできないという希少性とも関連し、常に天秤にかける「ｏｒ」の力学です。

対照的にレバレッジするということは、プラスサム・ゲームです。一方を増やすことは、もう一方を減らすことを意味しません。事実、Aを達成することは、Bの達成を助けることもあるし、その逆もあります。それは好循環を生み出し、相乗効果となる、すべてを手にすることができる潤沢性「ａｎｄ」の力学です。

とはいえ、バランスを取る、つまりライフバランスを達成するということは、しばしば、十分にやりがいがあり、かつ望ましいものと思われています。もし、すべてを同時にできないのであれば、一定の組織の目的を優先するという決断をするかもしれませんし、家族が優先事項だと決断するかもしれません。いずれにせよ、選択する目標は求められるバランスを反映したものでなければなりません。バランスは、4つの外部カテゴリーとともに、外的成功および内的成功の基準をバランスさせるという点で外的、内的現実とも関わります。

評価（Assessment）　目標設定のプロセスは、綿密な評価を基にしています。いったん成功の指標を決定したら、それらの指標の現在の状況を把握しましょう。これは、参考地点となります。たとえば、ある商品のマーケットシェアは現在80％であり、目標は1年後に90％にすることかもしれません。また、顧客満足度指数は現在60であり、半年以内に10％上昇させなければならないかもしれません。多くの場合、成功の基準を決定するために、現時点の状況を正確に測定しなければならない場合があります。評価のためにサーベイが必要となる場合、かなりの重労働になるでしょう。

限定（Limited）　すべてのことを同時に行うことはできません。優先順位をつけて、それに従って努力を集中させることが、重要な成功の鍵です。限られた数の目的を明確にすることで、本当に重要なことに焦点を定め、的を狙うことができるのです。上手くいけば、さまざまな目標を活用して、いくつかの厳選されたターゲットを追い求めながら確実な利益を実現できるでしょう。主たるターゲットは3つから5つに限定するのがよいのではないでしょうか。

付録B　コーチングツール

第1章　学習日誌を始める

もし、現在あなたが学習日誌を使っていないのでしたら、ぜひ地元の文房具店に行きましょう。洗練された皮革カバー付のものや、白紙のシンプルな小冊子を選ぶといいでしょう。状況が明確になるか、プロジェクトが進行するにつれて、古くなったページを捨て、新しいページに入れ換えられるリフィル形式もいいでしょう。大切なことは、その日誌があなたに書く気持ちを与える、適切なものであることです。

学習日誌は、あなたが自分自身の個人のジャーニーについて考察し、自分にとって何が真に大切かを考える一助となる重要な道具です。学習日誌は洞察力を獲得し、経験から学ぶ場所です。また、学習日誌はあなたが自覚を高め、世界観を広げ、あなたの目標を規定する触媒としても機能します。あなたは個人的な信念やアイデア、疑問、価値観、長所、短所に対する考え、同僚との接し方など、あらゆることを学習日誌に書き留めることができます。それらがどのように訪れようと、論理的であろうとなかろうと、完璧であろうとなかろうと、その時点のあなたの考えや感情は、後日反すうするために日誌に書き留められ、少しずつあなたの頭を整理していくうえで役立ちます。

あなたはあとでこれらのノートを見て、重要なテーマを見極め、取るべき行動を明確にしていくでしょう。たとえあなたの文化では、人々が個人的情報を公にする傾向があっても、私は自分の学習日誌を「秘密の花園」として扱うことをお薦めます。ですが、自分の信頼する親友にはいつでも、その一部を打ち明けることができます。

付録Aで紹介したグローバルスコアカードを用いて、あなたの日誌を体系化することもできます。そのツールを使う唯一の正しい方法があるわけではありませんが。

書物は、コーチングの最中に起こる、豊かな人間的な触れ合いを真似できるものではありません。しかしながら、学習日誌は、私がお薦めする積極的な学習方法を可能にするでしょう。そうすることで、自分自身をコーチし、実りある内面的な会話が可能となります。

第4章　ビジョニングモデル

ビジョンとは、企業が努力して到達しようとする理想的な状況のことを指します。たとえば、1977年に表明された英国バクスターレナルのビジョンは、「患者の介護や腎不全の治療に関与している購買担当者、病院関係者、組織などの支援において指導的な役割を果たすことです」。成功する企業は、将来に向けたビジョンと、それを実現するための戦略を展開します。そのため、エグゼクティブコーチには、ビジョンや戦略を明確化する手助けが求められます。しかし、それ以上に、リーダーやそのチームがビジョンや戦略を実現するために潜在能力を活用できるかどうかは、コーチの貢献にかかっています。

ここでは、ビジョンを描くためのツール、ビジョニングモデルを自分のチームとどのように使うかについて紹介します。そして、このモデルが3つの志向性、つまり支配、調和、謙虚にいかに依拠しているかについて説明します。

ビジョニングモデルの前提は、最良のビジョンや戦略だけでは、興奮や全身全霊のコミットメントを引き出すうえで不十分だということです。戦略とそれに続く進歩という梃によって、ビジョンを現実に変えることができます。図表B－1に表現されている6つの梃は相互依存的であり、目標に向かって最大のエネルギーを解き放つためには、できるだけ整合性の取れたものとすべきです。これによってビジョンが真に人を動かし、つまり人々の動機に共鳴し、外的環境にある要求や機会に取り組み、特定の戦略、文化、組織によって支援された行動を促すうえで効果的になるのです。

外的影響力　職場における外的影響力を認識することで、ビジョンや戦略を確実に現実に根付かせます。マイケル・ポーターの古典的モデルでは、ある産業における「業界内の競合」「サプライヤーの交渉力」「バイヤーの交渉力（チャネルと最終ユーザー）」「代替製品・代替サービスの脅威」「新規参入の脅威」が体系的分析に関与します。マイケル・ポーターは、これらの基本的要因はインターネット時代においても鍵であると主張します。[1] 他の影響力は法規制や政治的環境などと関係しています。社会学的、人口統計的傾向も消費者行動を決定する要因であり、認識する必要があります。

戦略 ビジョンは企業が最終的に到達したい理想の姿です。戦略はビジョンを実現するために利用できる、競争優位の源泉を入手することです。戦略も企業が生存し、繁栄するために選択した方法と見ることができます。

組織 組織は組織改編と関わります（第6章）。基本的な組織は変形させることができます。たとえば、よりフラットに、またはより階層的に、分権的に、あるいは集権的にしたり、企業買収や合併、業務縮小などを通じて再編成することができます。世界的な規模で、異なる国際的組織をつくることも可能です。組織的慣行もそうです。つまり、外部または内部からの昇進、降格、解雇などです。業務プロセスの改善やリエンジニアリングなどもこの範疇に入ります。

文化 文化は無視されがちで、不十分にしか習得されない梃です。ですから、本書で強調しているのです。人々の考え方を変えるだけで能力を発揮できるようになるにもかかわらず、きまってエグゼクティブたちは苦痛で破壊的な組織の再構築に取り掛かってしまいます。ビジョニングモデルでは文化は静的なものではなく、少なくともある程度は動的に形成され、進歩の武器となると想定しています。

能力 成功を収めるためには、才能を育成し、技能を開発し、知識を習得しなければなりません。情報化時代において、人間の能力は主要な資産です。

動機 動機付けとは、人々にスイッチを入れ、最善の努力を傾注させる内面的な力です。願望に関する議論（第1章と第10章）では、この梃の卓越性および自分のニーズと夢を、間違って他人に投影することに潜む危険性などについて示唆しました。また、第6章では、「存在すること－行動すること」というディメンションが、典型的な動機の差異になりうることを強調しています。

個人や集団との議論を支援するために、あなたはビジョニングモデルを用いることができます。ビジョニングモデルにはいくつもの変型があります。しかし、各課題について最適な取り組みができるよう設計し直す必要があります。

チーム演習

まずチームメンバー全員に「自分の会社が努力して到達すべき、理想の状態をどう表現しますか?」と質問して、自分のビジョンについて、できるだけわかりやすく書いてもらいます。このとき、チームメンバーのビジョンについての考えを刺激するために後述する創造性のツールを使ってもいいでしょう。しかしながら、ここでの目的はメンバーが以下のステップを踏むことによって、ビジョンを確実に具現化することです。

ステップ1　チームメンバー一人ひとりにそれぞれの梃（動機、コンピテンシー、文化など）について以下の点を書き出してもらいます。

- 成功を可能にする3つのイネイブラー（ビジョンを達成するうえで現在役に立っている3つの要因）
- 3つの障害（成功を妨げる3つの障壁）

これによってそれぞれ18の成功要因と妨害要因のリストを作成することになります。たとえば、「文化」という梃は、思いやりの気持ちを共有することが成功要因のリストに入ってくるでしょうし、個別対応の解決策がよりビジョンに沿うものであるならば、普遍主義（同じ普遍的な方法ですべてのケースを取り扱おうとする傾向）は主要な障害として挙げられるでしょう。また、「動機付け」では、技術的な問題を解決することがビジョンの達成上重要であれば技術的課題が成功要因に、チームワークが求められるのであれば自由裁量対集団主義が障害要因になるでしょう。「組織」に対しては、国際的な存在感（成功要因）や分権的な意思決定の欠如（障害要因）などが考えられますし、「能力」は、技術力の高さ（成功要因）や対人能力の乏しさ（障害要因）などが挙げられるでしょう。

リストは参加者特有のビジョンに対して、できるだけ明確なものでなければなりません。なぜならば、ある状況において成功要因となるものも、別の要因では障害要因となりえるからです。

ステップ2　答えを集め、フリップチャートに書き出します。その項目を書いた人が元々意図したポイントが維持されてい

図表 B-1◆ビジョニングモデル

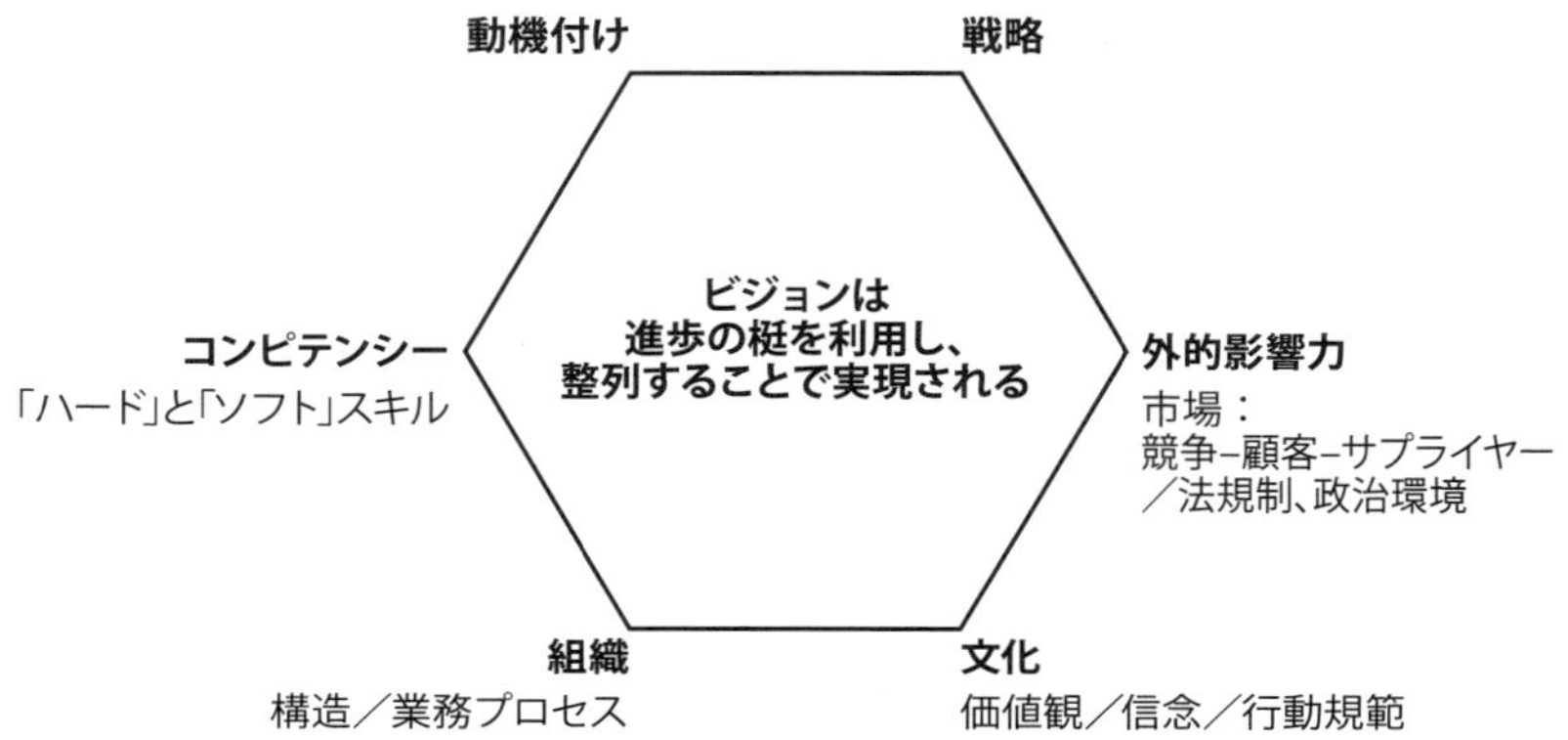

ることを確認しながら、いくつかの項目をグループ化します。グループ化する際、参加者は議論を始めたくなるかもしれません。その場合は、「皆さんが時間を有効に使いたい場合には、この段階ではグループ化を明確にすることに関する質問だけ受け付けます」と説明するといいでしょう。

ステップ3　チームメンバーに、成功に対して最も重大な成功要因と障害要因となるものを投票してもらいます。メンバー一人ひとりがそれぞれの梃に対して3票持っていることにします。

ステップ4　投票で選ばれた主要な成功要因と障害要因を丸で囲むか、何か別の方法でわかるようにしておきます。チームの議論は、この段階では以下の2つの質問を中心に展開することになります。

①主要な成功要因を最大限に活用するためにどのような行動を開始しますか？
②主要な障害要因を克服するためにどのような解決策を提案しますか？

ビジョニングモデルを用いることで、支配、調和、謙虚について活用できます。支配志向は、このアプローチ自体の能動的な性質の中に（ビジョンを確立する、実現するなど）

現れています。ここで想定していることは、人間には、最良の梃を望ましい方向に整合させることで、将来を築く能力が備わっているということです。同様に、調和志向も存在しています。このモデルは外部的・内部的力（動機付け）の両方を含みます。調和は、両方の力が重要であり、協調しながら作用する必要があることを示唆しています。

最後に、この手法は謙虚についても求めています。障害が特定されても、取り除くことができない障害もあります。その場合、そうした障害を受容するよう、チームメンバーに奨励することができます。謙虚とは、まさに不可避な自然の限界があることを想定することです。支配や謙虚を活用することは、自分が影響力を発揮できる場所に焦点を当て、障害を克服するために、自分が到達できる範囲で実現できる方法を見付けることで、チームメンバーがエネルギーを節約することを示唆します。もちろん、どのようにこの手法を用いるかによって、異文化間での適応性にも影響します。たとえば、第5章の例を用いれば、あなたの時間管理に対するチームの期待は、彼らの文化的背景によって異なるということに敏感でありたいと思うようになるでしょう。

第5章　タイムライン

コーチは、コーチーが高いパフォーマンスと成果に到達するための長期のジャーニーに旅立つ手伝いをします。タイムラインは、過去、現在、未来の志向性を活用して、人々が立ち止まり、大局的に自分のキャリアや人生について見る手助けをします。タイムラインは、以下のようないくつかの質問から構成されます。

演習

ステップ1　コーチーに以下のような質問について考えてもらってください。

遠い過去

・現在ある課題に取り組むために役立つ、過去から学んだ重要な教訓は何ですか？

図表 B-2◆タイムライン

最近の過去

・昨年（先月、先週、前回の会合から等）を振り返って、何が上手くやれましたか？　どのような成功がありましたか？　何が未だに問題ですか？

現在

・あなたを幸せにする10の活動を書き出してください（現在実際にやっていようといなかろうと）。言い換えると、あなたはどのように「充電」しますか？

・あなたの活力を消耗させる10の活動を書き出してください。あなたはどのようにエネルギーを消耗させますか？

近い将来

・ここ1、2年のリーダーシップについて、どのようなビジョンをお持ちですか？　現在の課題や近い将来予期する挑戦を考えたとき、どのようなリーダーになりたいとお考えですか？

遠い将来

・後世に名を残すとしたら、どのような業績についてそうされたいですか？　どのような伝説を残したいですか？　どのように記憶に留めて貰いたいですか？

ステップ2　コーチーに自分の将来を予想し、幸福で健康な100歳の老人になったと想像してもらいます。その立場で、何がこのような羨むべき結果をもたらしたか、話してもらってください。どのようなライフスタイルを持たれていたのでしょうか？　仕事上、また個人としてどのようなことを達成されたでしょうか。

ステップ3　コーチーに「あと1年の余命しかないとしたら、何をなさるでしょうか」と尋ねます。私はコーチーたちが家族と一緒に（時には一人で）世界一周の長旅に出ると話すのを何度も耳にしました。しかし、彼らの多くは、現在のところ自分の愛する家族と一緒の休暇にそれなりの時間を費やすような状況ではありません。

タイムラインは人生が過ぎていくことを思い出させてくれます。あなたは何を待っているのでしょうか。

第6章　共通の目的を表すコラージュ[2]

この演習の目的は、「存在すること」と「行動すること」の両方の観点から、コーチーが自分の目的を探し出すための手助けをすることです。くわえて、集団で行なうことによって、個人主義と集団主義の見方を活用するための一助ともなるでしょう。この演習は、事前に多様なジャンルにわたる雑誌や写真を用意するだけですぐに始められます。たとえば、斬新な旅行誌、地方の写真、ファッション、スポーツ、芸術、子ども、女性、男性などを題材にしたものです。また、大きな用紙、はさみ、そして接着剤も必要です。

スピノザの言い方を借りると、この演習は「一人ひとりの本質」ともいえる願望という概念を中心に展開します。第1章で示した通り、願望こそがコーチングの評価が始まるところです。コーチングにおいて、まず質問することは以下のようなものです。

●何があなたを幸せにしますか？　何をして楽しみますか？　あなたは何が好きですか？
●何があなたにとって本当に重要ですか？

ところで、私はコーチとして、コーチーが、自分のやりたいことをできるだけするように、そしてしなければならないという理由だけですることをできるだけ少なくするよう、お手伝いしたいと思います。

チームの場合、図表B‐3のような状況になります。

私たちは、人々が異なる願望を持っていることを認め、一人ひとりが自分の希望を追求することを奨励さえしますが、

図表 B-3◆チーム メンバーの願望図

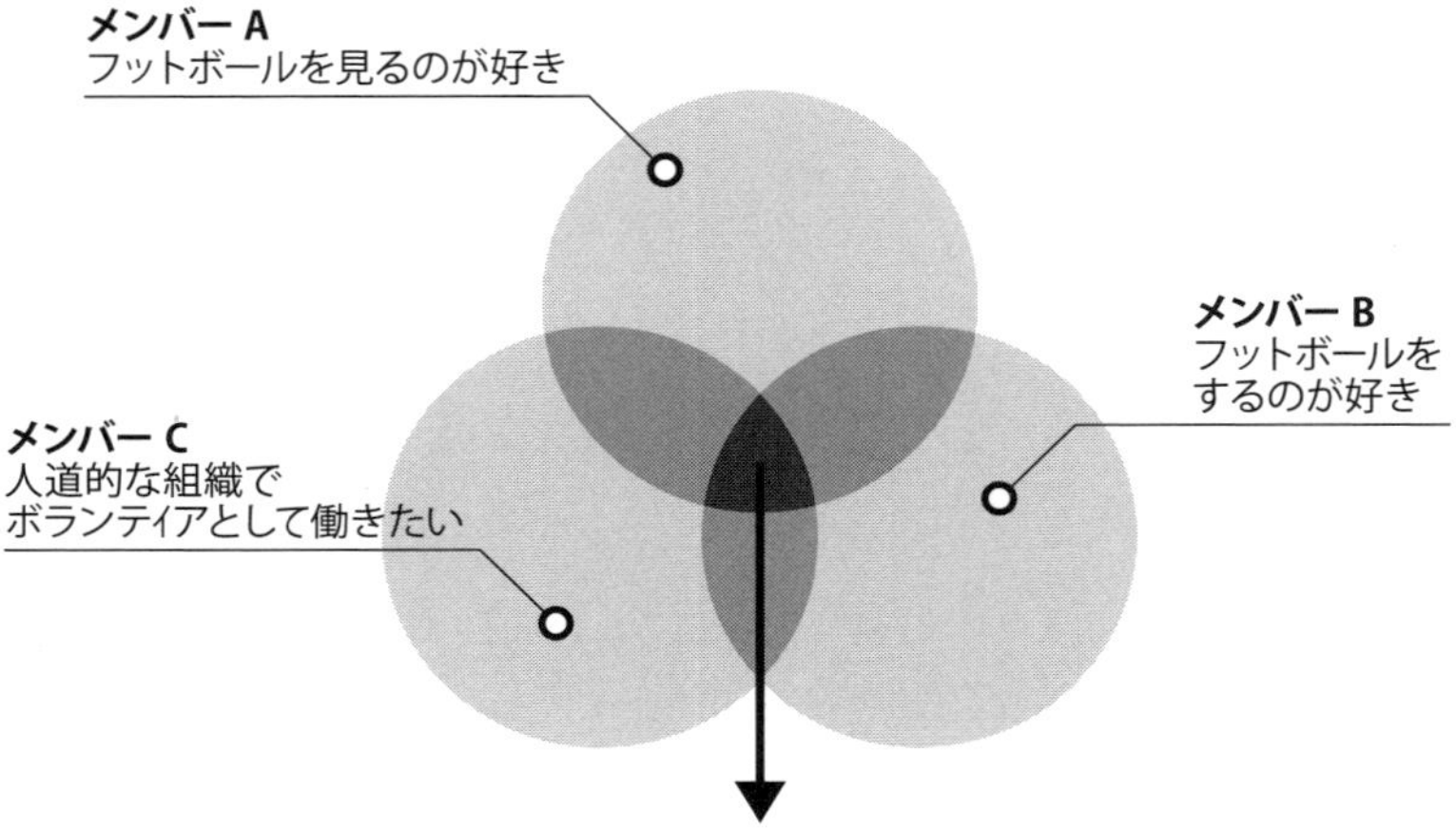

チームメンバーの願望が一致するところが、
共通のプロジェクトやミッションの基礎、原動力となる

同時にこれらの願望が交わるところが、チームが潜在的に交わり、築かれる場所であるということも知っています。この交わりが、チームの共通のプロジェクトやミッションを築くための基礎であり、原動力となります。この交わりはすべてのメンバーが真に求めるものを表わしているため、実現に向けた多くのエネルギーがその場所に結集されるだろうということを、メンバーは知っています。

演習

コーチーに、コーチーが所属しているチームのことを考えてもらってください。現在所属している組織における集団でも、異なる組織から派遣されたプロジェクトチームでも、あるいは単に協力し合っている独立した人々のネットワークでもいいです。コーチーがチームを決めたら、以下の質問をします。

- このチーム／組織／プロジェクト／ネットワークの何があなたにとって魅力ですか？
- このチーム／組織／プロジェクト／ネットワークの特別なものは何ですか？
- このチーム／組織／プロジェクト／ネットワークの何が、成功への情熱を育くみますか（成果や達成）？

この質問は、コーチーの心の中に明確に記録してもらってください。そうしたら、質問のことを忘れてもらい、コラージュをつくってもらいます。

ステップ1　コラージュは、芸術的なコンテストではなく、何か凄い大発見を期待されているものではないことを忘れずに説明しておいてください。コーチーには、単に制作の過程を楽しんでもらってください。

ステップ2　気に入った写真を探し出し、雑誌から切り抜くか、写真の山から取り出してください。

ステップ3　写真を用紙の上にどんな方法でもいいので置いてください。

ステップ4　配置が決まったら、のりで用紙に貼り付けてください。

コラージュの制作には、20分から30分程度の時間をみます。この芸術作品が完成したら、コーチーによく見てもらい、絵はがきによる演習と同じように（第3章）、元々の質問に関連して、コラージュに語りかけてもらいます。

コーチーは、ここでの洞察を学習日誌に記録したいと思うことでしょう。ポラロイドでコラージュの写真を撮り、学習日誌に記録したいとさえ思うかもしれません。コラージュの素晴らしいところは、絵の才能がなくても、満足のいく結果を生むことです。

その次に、コーチーのコラージュを、ペアまたは小グループで一緒に見ます。コーチーの作品と自己発見をコーチーの同僚に見せてください。そのイメージは何を表していますか？　全体的な配置や動きはどんな感じですか？　空いている空間や光や影や色は？

コラージュを見たコーチーの同僚に掘り下げた質問をしてもらい、「もし、これが私のコラージュだったら、……。どういう意味だったでしょう」というようなコメントをもらってください（コーチーは、同僚がコーチーの動機を発見したことを、したり顔で指摘してほしくないと思うでしょう）。

コーチーの同僚にコラージュを見せると、面白い現象が起こります。関連性や類似点が自然に見えてきます。2人が会話するときも同様です。身振りや態度が似てきます。つまり、人々は似た周波を発見することになるのです。誰かと一緒に歩いているときもそうです。あなたがゆっくりペースを上げたり落としたりすると、もう一人は無意識のうちにそれに合わせようとするものなのです。

コラージュの中に発見する類似性は、まさにコーチーが探している共通点です。大きなグループで、コーチーが創作したものを壁に陳列したり、小さな画廊を開いてみてください。これらのコラージュを何回か見てみると、新しい洞察や関連性を発見することができるでしょう。

さらに、2つの質問をすることで、積極的に相乗効果を探し出せます。それは、「コラージュをすべて見て、相乗効果をもたらすどんな機会が発見できますか?」「目立っているテーマは何ですか?」という質問です。コーチーの芸術は自己表現の手段です。それはコーチーに自分の情熱を語り、会話の中で共通の目的を浮き彫りにしたり、確信するための道具を与えます。

部屋は幼稚園のように見えるかもしれません。自分を抑えないでください。創造性や自発性、生命力が宿る自分の内面にある子ども心と結び付けてください。あなたにとっての挑戦は、チームプロジェクトを始めるときまでこのような興奮を維持できるかどうかです。

第7章　同盟を築くこと

コーチは、人々が重要かつ有意義な目的を達成するうえで役立ちます。組織において、相互依存は、コーチーが自分の目的を達成するために他人に依存しなければならないことを暗示します。それは、第7章の冒頭で、コーチーが建設的な社内政治に取り組むことを示唆した一つの理由です。第7章の「建設的な社内政治」の項で述べた力の源泉の一つは、コーチーが築くことができる社内同盟です。

社内同盟を築く作業は、体系的な方法で行います。自分自身をコーチしていると仮定しながら、以下のような手順で行なってみてください。

図表 B-4◆ステークホルダー査定表

重要なステークホルダー（氏名、地位）	戦略的同盟関係	関係の親しさ	戦略的位置関係	願望（動機）
ジョン・スミス 上席VPマーケティング	a	b	c	d

ステップ1　自分にとって重要なステークホルダー（利害関係者）を見つける。 学習ノートに、重要なステークホルダーの名前とその地位を載せた組織図を描いてください。たとえば、あなたの仕事に直接間接に影響を及ぼすような会社の方向性や資源の配分などを決定するうえで、発言力のあるエグゼクティブなどです。

ステップ2　それぞれの重要なステークホルダーとあなたの関係について評価する。 戦略的視点と関係的視点の両方から評価してください。図表B-4のような雛形に沿って簡単な「ステークホルダー査定表」をつくると評価しやすくなります。

それぞれの重要なステークホルダーごとに、1行つくり、簡単な定量的測定から評価を始めます。

①+は自分の戦略的見解と合う場合、−は合わない場合、0はその他（中立的な場合）

②+は自分が親しいと感じる場合、−は反感を感じる場合、0は中立的な場合

体系的に重要なステークホルダーについて考えるとき、そのうちの何人かについては、ほとんど知らないことに気付くことがあります。その場合、「+」や「−」、「0」の代わりに「?」を記入します。

さらに、aをあなたのプロジェクトのどれか一つに相当

するいくつかの小分類に分けます（同じステークホルダーが、あるプロジェクトに関してあなたと同意見で、別のプロジェクトについては意見が合わないことがあります）。反対に、重要なプロジェクトごとに別のステークホルダー査定表を作成するのもいいでしょう。

また、bを2つの小分類に分けるのもいいでしょう。たとえば、社交的次元と個人的次元です。社交的次元とは趣味（会話の中であれ実際の活動の中であれ）や興味など共有することと関係しているもののことです。個人的次元は、あなた方の両方が感情や考え方についてオープンに共有していると確信するような、より親密なやりとりを指します。

次に、cとdに定性的な感想を追加してみてください。cはあなたの業務に影響する問題に関するステークホルダーの戦略的位置や見解、dはステークホルダーの願望（または個人的動機）、動機の源泉、価値観、興味の範囲（趣味を含む）などです。

ステップ3　重要なステークホルダーのことを知り、相乗効果を見つける。 表から「?」を探し出します。そして、「?」をつけたそれぞれのステークホルダーと接触してみます。目的は、ステークホルダーと関係を構築し、彼の戦略的見解を理解することで、疑問符をなくすためです。最初の目標はステークホルダーの行動計画や動機について理解することです。

その人と彼の戦略的見解がわかったら、目標は相乗効果やウィン-ウィンのシナリオを発見することです。たとえば、両方のアジェンダが交わるところに焦点を合わせる「エレベータースピーチ」[3]の準備をしてください。

ステップ4　困難な状況に対処する。 戦略的または関係上、あるいはその両方の次元における意見の不一致から生じる困難な状況については、学習日誌に記入しておきます。もし、あなたとその人の間に個人的な触れ合いがあれば、その触れ合いについて具体的に書面に残すようにしてください。

交流分析やNLP、第9章を参考にしながら、1人であるいはコーチと、後日ノートを再検討してください。できるだけ建設的な関係を構築するためのいくつもの選択肢を探索していきます。もし、「調停不可能な相違」がある場合、否定的効果を減少させるための行動を吟味してください。

以下のコメントで完結します。第一に、あなたのニーズに沿った「ステークホルダー査定表」の作成をお薦めします。たとえば、「安定－変化」についての議論を参考にしながら、それぞれのプロジェクトについてステークホルダーから見た受け入れやすさについて触れることができます。つまり、「起業家」から「オピニオンリーダー」「追随者」「遅い承諾者」「落伍者」までです。対象範囲を広げて、提携先企業などで働いている人々を入れることもできます。この方法は外部のネットワークに対して適用してもよいでしょう。[4]

第二に、あなたの目的が、組織の目的や価値観と基本的に一致している場合、同盟関係を築くことで、あなたが組織に奉仕し、より多くの効果を達成することができるでしょう。このことは、同僚、顧客、さらには社会にポジティブな効果をもたらすでしょう（あなたの組織が社会に奉仕するために努力していると仮定すればですが）。

第8章フィードバックと自己開示

演習

この演習の目的は、フィードバックと自己開示によって自覚を高めることです。演習方法は、グループディスカッションをビデオに録画して、皆で鑑賞します。言い換えれば、共有志向の美点を追求するということです。同時に防衛志向についても認識します。次のルールに従えば安全な環境を確保できます。つまり、何を共有するかを自分で選択し、それについてフィードバックを受けたいかどうかも自分で決定します。裏返せば、もし他人にフィードバックを与えたければ、まず、その人から許可を貰う必要があるということです。

コーチへのインストラクション

全員の顔が映るようにビデオカメラをセットします。人数的には6～8名のグループが理想的です。ディスカッションのトピックは、そのグループにとって何らかの議論を呼ぶものを選びます。目的は、意見が食い違って対立が起きるような場面におけるチーム内の力学を観察することにあります。

30分間議論してもらったあと、参加者を集めて一緒にビデオを見て、コメントを共有します。あなたはコーチとして、以下のことを行ってください。

- グループに、フィードバックの与え方と受け取り方を手短かに説明する。
- グループに、ビデオを見ながら、非言語の行動（姿勢の変化、身振り、声調等）と言語による発言の両方を観察してもらう。
- ビデオを頻繁に止めて、参加者にフィードバックを求めたり、そのときに何を考えていたかを自分で説明する機会をつくる。
- フィードバックの交換と自己開示だけを行うよう仕向ける。議論を蒸し返さないようにする。
- 「発言しないで、ビデオを受け身で見るのは止めてください」と注意する。
- 参加者が新たな行動を試すことで間違いを犯すのを許容する。

この演習の目的は他人を評価したり、審判を下すことではありません。この演習はあくまでも実験であり、アセスメントセンターではないのです。

参加者へのコメント

自分の行動を見るのは、個人や集団の自覚を高めるよい機会です。相手の邪魔をし続けていたり、声が低かったり、相手が不満や異議を示しているときに非言語のサインを見落としていたりということが、たちどころに理解できます。また、褒めることの意義やグループに和をもたらす振舞いのポジティブな影響も理解できます。

フィードバックと自己開示により、盲点や仮面を取り払い、効果と信頼を得ることができます。リーダーとして、あるいはチームとして、維持したい行動の長所や失いたい短所について決めることができます。

第9章　ビデオ撮りしたロールプレイをコーチする▼5

コーチング vs. 影響を及ぼすこと

コーチは、人々が目的を達成し、大切なことを実現できるよう努めます。彼らのリーダーとして、彼らの目的と自分の目的の交点を探し求め、願わくば両方のニーズが合致する共通点を見つけ出します。しかし、この場合、スタート地点は他人のアジェンダであり、自分のではありません。

「影響者（インフルエンサー）」は、自身のアジェンダに載っている事項を他人に説得してやらせようとします。他人を操作するわけではありませんが、機嫌を取って彼らが本当にやりたいわけでもないことや、彼らにとって最善ではないことをやるように仕向けます。インテグリティをもって影響を与える（インフルエンシング）ことは、コーチングと同様に、他人と自分のアジェンダの共通点を見出そうとすることです。しかし、そのプロセスは、他人ではなく自分のアジェンダからスタートしているという点で、やはり、コーチングとは異なります。

コーチングの領域においても、ある程度影響を与えることはありえると認識するのは正しいことです。コーチは完全に中立的になれないでしょうし、そうあるべきでもありません。たとえば私は、本書で、ダイバーシティが豊潤さの源であるなど特定の価値観や、グローバルスコアカードなど目的のカテゴリーについて示唆を与えています。しかしながら、影響することが不可避だとしても（たとえ無意識のうちにそうしていたとしても）、コーチーのアジェンダからスタートし、純粋にコーチーや彼らの周囲の人に最善と思えることをコーチーが行う手助けをするという点で、インフルエンサーとは異なります。

もし、あなたが次の演習でコーチングしようとして結果的に影響を与えているのであれば、ロールプレイで不満や怒りを見える形で買うことになるでしょう。他方、その議論をコーチングとして位置付けなければ、あなたの主目的が他者に奉仕することだとは期待してもらえないでしょう。

図表 B-5◆コーチングとインフルエンシング

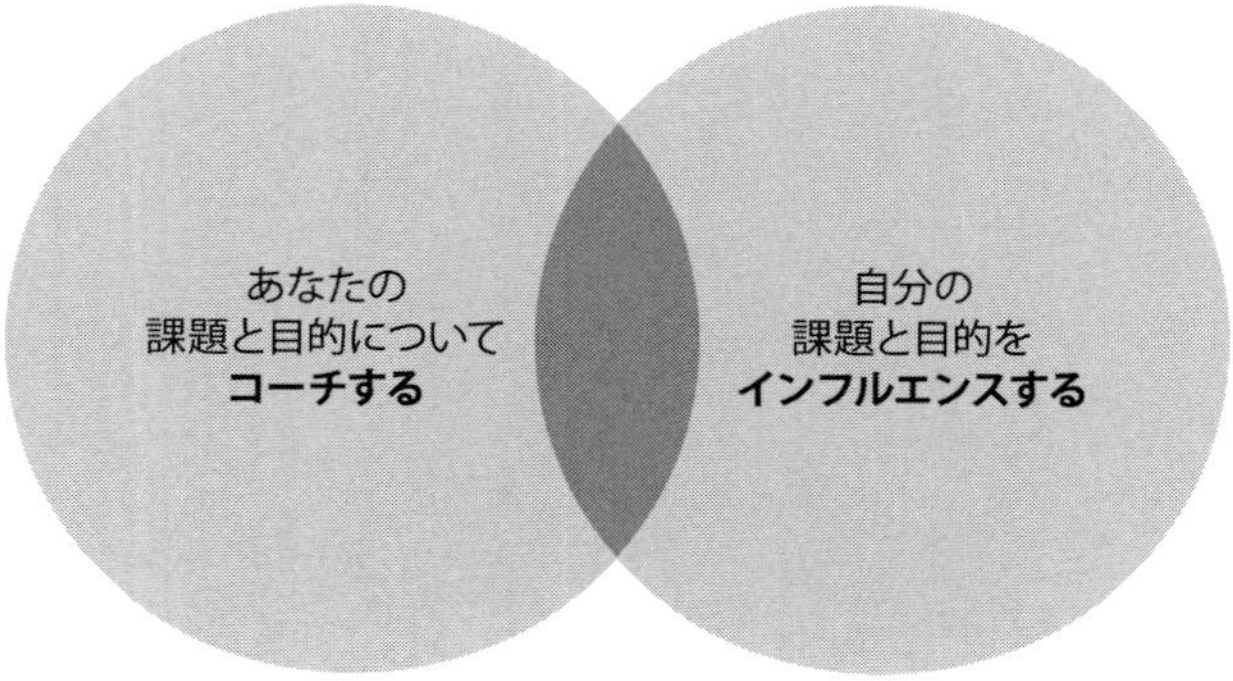

ロールプレイ演習

目的　この演習の目的は、参加者が困難な状況下で、協力者の能力を活用して目標を達成できるようにすることです。その状況は、参加者の部下の能力が期待レベルに達していない、あるいは業務にしっかり貢献している、そのどちらもありえます。後者の場合は、部下がさらに潜在能力を開花させて業績を上げることを目的とします。コーチであるあなたの目標は、参加者がコミュニケーションの戦略や開発のアイデアに、新たな選択肢を見出すのを助けることです。

説明　この演習は2～5名で行うのが最適です。また、外部コーチを招いてプロセスを運営してもらったり、まとめを手伝ってもらったり、その場でコーチングをしてもらうのもよいでしょう。私がコーチするときは、参加者にシナリオを用意してもらいます。

このロールプレイでは、対人コミュニケーションに焦点を当てます。対人間のやりとりは、言語、非言語ともチェスみたいなもので、一方が動くと、それに応じて相手がいろいろな選択肢で反応します。この比喩が示唆することは、あなたが扱いづらい状況に対処できる効果的な戦略を持っていても、さらに優れた選択肢があるかもしれないということです。1回のロールプレイはまとめの時間を含めて30分くらいです。

準備　小さなテーブルに椅子を2つ向かい合わせに置きます。それがロールプレイの舞台となります。舞台に上がる役者は2人で、他の参加者は見学です。ロールプレイ撮影用のビデオカメラと、撮影後にチームに見せるためのビデオとモニターを用意します。コミュニケーションをより効果的に行うために、参加者には、できれば事前にロールプレイで演じてみたい困難な状況を考えてもらっておきます。その状況とは、他者から考えや意見を聞いて参考になるような状況です。あるいは、コーチであるあなたがあらかじめシナリオをつくっておいてもいいでしょう。シナリオは、参加者が職場で実際に出くわしそうな状況です。

これらの状況はコーチング以外に使っても構いません。たとえば、コーチングとインフルエンシングの両方に有益です。いずれにせよ、参加者はコーチングとインフルエンシングを混同させやすいものです。私は、両者の違いを説明し、あとで参加者がどちらの観点で演じたかを考えさせます。

プロセス　演習は以下のステップを踏みます。

ステップ1　各参加者に困難な状況を選んでもらい、①状況、②演者A（何者か、何をしようとしているか）、③演者B（何者か、どのように振舞っているか）を書いてもらいます。Aは困難な状況に対処するコーチで、Bはコーチーです。一例を上げると、Bを非常に細かく実務を管理したがるマイクロマネジャーとします。Bはハードワーカーですが、数名の部下はBがコントロール志向で権限委譲しないと不満を持っています。Bのチームのモラルは低く、業績も上がりません。しかし、Bは自分のリーダーシップの責任や、自分の管理スタイルのネガティブな影響について認識していません。AはBのマネジャーです。AはBがこの状況と対処し、リーダーシップ能力を向上させるところを見たいと思っています。Aは、Bが自らベストの選択をするのを真に助けたいと考えています。すなわち、専門職から管理者に移行してリーダーとして成長するか、専門職の方が向いていると自覚して、もっとBに相応しい仕事を選ぶかです。

ステップ2　各参加者の書いたシナリオを集めて、その中から最初のロールプレイで演じるものを決めます。フリップチャートに2、3の単語を書いて、簡単にシナリオを要約します。

ステップ3　参加者から各役柄のボランティアを募ります。また、他の参加者には見学してもらいます。各参加者が、A役とB役を1回ずつ計2回演じて、各々がどう感じるかを体験してもらいます。直属の上司、同僚、顧客等を混ぜても結構です。

ステップ4　Bを脇に呼んで、Aと働くのに抵抗を示すように指示します。すなわち、BはAの思う通りにいかないようにするのです（抵抗の程度はさまざまで、Aはどの程度抵抗されるのか確実にはわかりません）。ただし、Bにはリアルに反応してもらい、もしAが上手く対応したら好意的な反応をするように指示します。

ステップ5　見学者にはAを観察し、まとめのときに、外部コーチと一緒にAへのフィードバックと提言ができるよう準備してもらいます。見学者は、観察事項をロールプレイ中に書き、3つくらいの質問に沿ってまとめておくとよいでしょう。たとえば、「Aのコミュニケーションでどの点が効果的だったか？」「どの点が効果的でなかったか？」「どうすればもっと効果的だったか？」などです。

ステップ6　ここまでの準備ができたら、ロールプレイとビデオ撮影を開始します。ロールプレイは7分くらいです。

まとめ

①Aに「どんな点を効果的に行いましたか？」と尋ねます。Bおよび見学者にも同じ質問をします。参加者には、ネガティブな批判で反応するのを避け、当たり前のこととして受け流すのでなく、ポジティブな点を褒める習慣をつけさせるように促します。

コーチは長所を伸ばしたいものです。自分が上手くいったと思った点についてコメントを追加し、Aの行為のうち何が効果的だったかを把握するモデルを共有します。そのモデルによって、効果的なコミュニケーションのパターンを反復したり、一般化できます。

②Aに「どんな点が効果的でなかったか？」「他にどうすればよかったか？」と質問します。Aが答えたら、今度はBに、最後に見学者に同じ質問をします。次に、コミュニケーション理論の知識から気付いた問題点を指摘し、それらを克服するための戦略を議論します。

質問する際には、この演習はただのロールプレイで、リアルでないことを強調します。同時に、この演習がつくりごとだという批判が出るのを先に封じておきます。参加者がこの演習からの学びに、必ず驚くことがわかるでしょう。結局、設定された状況は参加者が選んだわけなので、現実に即しているのです（私が、参加者にシナリオを書かせるのを好む理由の一つはここにあります）。

最初に、参加者に実際のコーチングの議論は7分以上かかることが多いということを知らせます。また、演習の意図は同じ状況をつくり出すことや演技を評価することではないことも注意します。

ロールプレイは能力開発が目的です。演者には、いろいろと新しいことを試し、たくさん失敗することを奨励しましょう。7分間に多くの行動が試されたり、建設的なコミュニケーションの好機が上手く捕捉されたり、見過ごされたりします。言葉、声、姿勢、身振り等が豊かな洞察力を引き出します。

あなたはコーチとして、参加者に心理的嗜好と文化的志向のつながりを指摘したくなるでしょう。可能であれば、TAやNLPなどのコミュニケーション理論を実体験に関連付けてください。たとえば、「OK－OKポジションでしたか？」「どの振舞いであなたは、OK－not OKに移行しましたか？」「相手への影響はどうでしたか？」

ビデオは見ても見なくてもいいですが、演者が自分でも気付かない興味深い非言語行動を見せたときには、ビデオを見るのは特に役立ちます。たとえば、会話を妨げる障壁をつくるような仕草や、交流を促すような開かれた姿勢などです。

③締めくくりに参加者に何を学んだかを声に出して話してもらい、より良いコーチになるには何に取り組むことが必要かを要約してもらいます。

最初のロールプレイの前に、ジョン・ウィットモアのGROWモデル[6]を提示して、参加者が演習の準備をするのを助けてもよいでしょう。

Goal　そのやりとりで何を達成したいかを知る。

Reality　現実をチェックすることから始める（相手の状況は何でしょうか？）
Options　1つの考えに固執せずに、いろいろなオプションを想像し、議論する。
Will　正確な合意とコミットメントをもって議論を終結する。

第10章　創造的な問題解決

創造力とは、「従来のやり方では解決が難しい問題と取り組む際に、独創的なアイデア、これまでと異なるアプローチを見出す才能[7]」です。自分が直面するそのような課題を考えてみてください。普通のやり方では埒が明きません。あなたは、別の角度から見ようとします。スタート地点として適切なのは、その課題について違う考え方をしてみることです。そして、本章で提示された思考法や、あなたが見過ごしていたかもしれない異なる解決策を適用するなどして、何か違うことにトライしてみましょう。

次に紹介する創造力開発のテクニックは、さまざまな思考法を最大限に活用します。ここでは、あなたが自分自身にコーチすることを想定していますが、当然他者をコーチするときにも使えます。このような創造力開発のテクニックは、創造的プロセス、ツール、メソッドを含みます。

創造的プロセス

創造的プロセスは、課題に対する創造的解決法を導き出すために従う基礎的なステップです。通常、以下の4つのステップが使われます。

準備　何か新しいことを試してみようとして「従来の枠を超えた考え方」をするために必要な情報を集める段階です。
種まき　あなたの心が、意識的努力なしに目標に向かって機能する必要不可欠な熟成段階です。
解明　カギとなる関連や洞察が起こる段階です。

図表 B-6◆創造的プロセス

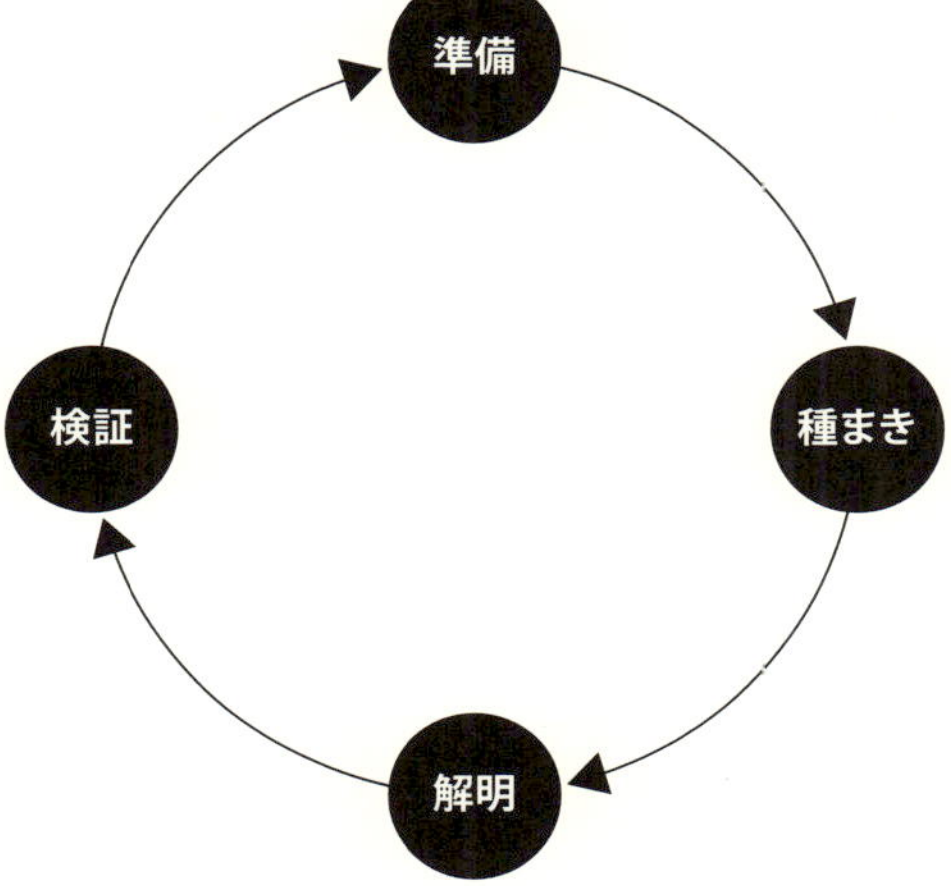

検証　最後のステップで、論理的な理由付けや実行可能性をテストすることで考えを検証する段階です。

この連続は、コーチーにとっての課題が、主要な目標を明確化することにあるコーチングプロセスにおいて最初に起こります。評価のステップは、準備の一形式です。コーチーは利害関係者の期待について体系的にデータを集め、現在の自分のパフォーマンスに関してフィードバックをもらい、自分の願望や強み、弱みについて考えを巡らします。評価が完璧であれば、洞察は通常、種まき段階のあとで起こります。コーチーの目標がほとんど自然に浮かび上がってきます。論理よりも直観が、統合、つまり解明をもたらします。コーチーにとって、何を目指すべきかが明らかになります。最後に、コーチーは自分にコミットする前に、その目的が本当に重要で有意義で現実的かを検証します。

創造的プロセスをマスターする良い方法は、さまざまな思考方式に気付き、異なる志向に基づく考え方を練習することです。強力な創造的プロセスは、さまざまな思考様式を活用します。

たとえば、体系的思考によって、あなたは大局を念頭に置く準備をすることができます。また、帰納法は解明に有利でしょう。分析的思考法と演繹的思考法は検証に便利です。

ツール

創造力開発ツールは、創造的プロセスを刺激して、従来の枠内の考え方を深め、枠外の発想の幅を広げ、自然な思考プロセスのスピードを上げます。以下のツールが種まきと解明の段階で役立ちます。

連想　研究対象または概念について自由に連想します。ブレインストーミングは、アレックス・オズボーンの古典的手法です。最初の拡散の段階では判断を保留し、最初の対象や概念から連想されるものを何でも挙げていきます。そして、ブレインストーミングの段階で出てきた、すべての考えやアイデアをリストに書き出します。次の収束の段階では、リストを見て、実際に役立ちそうなアイデアを探します。

ブレインストーミングは、「帰納的リスト」を使って強化することができます。たとえばシドニー・ショアの「CRETIVITY」等を使って連想を膨らませてみてください。Combine、Reverse、Enlarge、Tinier、Instead of Viewpoint Change、In other way、To other uses、Yes! Yes! の頭文字です。たとえば、あなたの課題が、コーチーのパフォーマンスと達成の向上を助ける新たな方法を見出すことであれば、このリストは次のようなアイデアを刺激できるかもしれません。

C：コーチングと研修を融合する。基本的概念をカバーし自覚を高めるようなリーダーシップ開発セミナーを提案し、その後、行動に洞察を加え、目標を達成させるような1対1のコーチングでフォローアップする。

R：あらかじめ決めたアジェンダや内容ではなく、顧客の課題から導かれるアプローチを採用する、すなわち、ティーチングではなくコーチングする。

E：異文化から学んだ教訓によってパフォーマンスと達成を向上させる。

T：「より少ないものからより大きなもの」を得るよう努力する。たとえば、最も重要なことに努力を集中させることで、より少ない努力からより多くの効果を達成する。あるいはより少ない原材料や廃棄物で、顧客にとってより大きな価

図表 B-7◆発見マトリックス

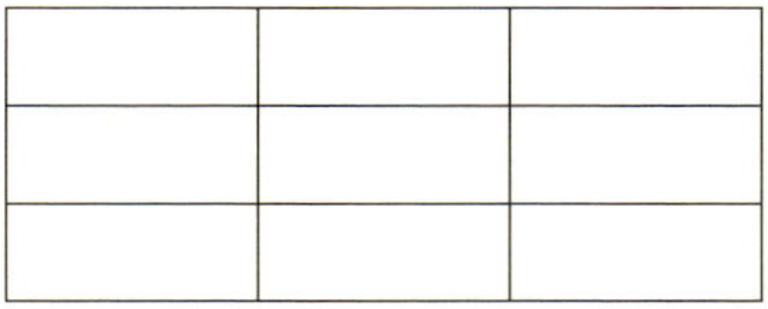

値を創造する。

Ｖ：あらゆる課題を別の文化的観点から見る習慣をつける。

Ｙ：人が良い行動をしている場面を捉え、長所を伸ばす。

連想をグラフィックの木のように描写する「メンタルマップ」[8]についても触れておく価値があります。

組み合わせ　２つの変数の組み合わせは、新しい可能性を発見するために役立ちます。「発見マトリックス」によって、たとえば１つのコラムに能力、別のコラムに顧客ニーズといった組み合わせを表現し、願わくば新たな機会を発見します。

比喩　比喩とは「想像力によってもたらされる、本質的に異なる２つ以上の思考対象の間にある類似性」を指します。[9] たとえば、「エンジニア」や「マネジャー」を研究対象とするとき、「もし、エンジニアがチャンピオンだったら」というように、「スポーツのチャンピオン」に喩えることができます。役に立ちそうな喩えは、意見を収束させる段階まで残しておきましょう。

比喩の対象は、あまりかけ離れてもいけませんが、元のものと十分に区別できる差があるべきです。その対象はあなたの知っている、あるいは学ぶことができるトピックと関連していなければなりません。あるグループがＴＱＰ（Total Quality Procedure）改善のお手伝いをしたことがあります。参加者は、Ｆ１、劇場のプログラム、百科事典、温室などのような比喩の対象から有益なアイデアを生み出しました。それらは、類似した領域（生物、スポーツ、神話など）からなる、より多くのロングリストから参加者が絞り込んだものです。

次の質問は、「品質向上の手続き、すなわち研究の対象がＦ１カーだとしたら、何が必要となりますか？」です。たとえば、Ｆ１では常に故障時のバックアップ用の車が必

図表 B-8◆比喩

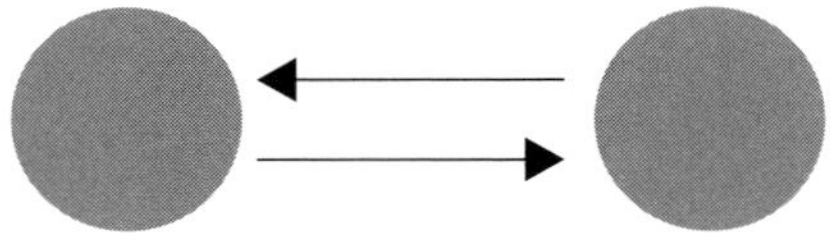

要なように、機械の故障時にはバックアップ対策が必要です。F1では、技術者は規制の変化に対応しながら、たゆみなく車の性能向上に力を注ぎ競争力の維持向上を図ります。品質向上も同様に、継続的プロセスです。F1では安全管理が不可欠です。同様に、TQPでも、工場や消費者の安全を最大限保証しなければなりません。実際、参加者は数多くの類似点を挙げますが、自由なアイデアが出るのを妨げないよう、それらを校閲しあうべきではありません。最後に、「品質向上手続きはF1とは違うので、これに何の意味があるでしょうか?」と尋ねます。そうすると参加者は適当でないアイデアを排除して、特定の解決策に注力するようになります。

芸術的技法　絵や彫刻、映画、詩、音楽等の芸術的技法を使うと、脳の違う部分を活性化します。たとえば、あなたは夕焼けの絵を描くとき、現実を別の見方から見つめます。この本でも、絵はがきとコラージュを使ったコーチングツールをすでに紹介しました。

メソッド（手法）

いくつかの創造力開発ツールを利用した創造的プロセス全体をファシリテートする手法が開発されています。ウィリアム・ゴードンの古典的な「シネクティクス」[10]や私の「類推メソッド」[11]は主に類推に依拠しています。これらの方法を説明するのは、本書の目的ではありません。詳しい情報は、バッファロー州立大学の創造力研究センターにあります。

要約すると、問題や課題に取り組むためには、意識的に異なる思考法を用い、上述の創造的プロセスに従うということです。創造力開発ツールやメソッドをさらに勉強して、プロセスを強化することをお薦めします。

自分の問題をどう提起するかについて疑念を挟むことを躊躇しないでください。問題を、あるがままに単純に解こうとするのは止めましょう。問題をいかに表現するかということ自体が、あなたの制約となっているかもしれません。創造力は、問題を探求し、その表現方法を加工、調整しながら、適切な形式を探すことから始まります。

たとえば、技術者や科学者は、今日でもニュートンの物理学の法則を使っていますが、それは光速よりはるかに遅い通常のスピードで通用するからです。しかし、アインシュタインは、光速が観察者の位置にかかわらず一定である理由を理解しようとしたとき、時間は絶対的尺度を持たないと仮定して、古くからの前提に挑戦しました。この大胆な仮説は、後に高速で動く特製の乗り物に乗せた時計が巡航後に示した時間と、地上に置いてあった時計が示した時間を比較することによって証明されました。アインシュタインの新しい枠組みは大きな飛躍につながりました。「相対性理論」がこうして誕生し、それはさらに20世紀の物理学に他の多くの躍進をもたらしました。しかし19世紀には、多くの科学者たちは物理学の研究はほぼ終了したと信じていました。物理学者のアラステア・レイはこう言いました。「19世紀末までには、物理的宇宙の動きを支配する基礎的原理はあらかた解明されているように見えました」[12]。いかにその認識が間違っていたことでしょうか。

脚注・参考文献・訳注

はじめに

1　インターカルチャリズムとは、インターカルチャリスト、すなわち異文化研究を業として取り組む人の学問です。彼らのバックグラウンドは、典型的には文化人類学、国際関係論、心理学、異文化コミュニケーション等の人文科学系です。インターカルチャリストたちは、研究者、学者、コンサルタント、トレーナー、教育者、政治家、平和運動家、調停者などです。彼らは、異文化の知識を広汎にマスターし、グローバルな異文化にまつわる課題を理解しているゼネラリストです。また、彼らの一部は、特定の国や文明のスペシャリストでもあります。

2　私が、最初に「コーチング・アクロス・カルチャーズ（文化を超えたコーチング）」を披露したのは、1999年にロンドンで開催された第2回リンケージ・ヨーロッパ・コーチング・メンタリング・コンファレンスにおいてでした。

Introduction

1　原書では、Part III で「アセスメント」（第11章）、「グローバルスコアカード」（第12章）、「目標への前進」（第13章）からなるグローバルコーチングプロセスが紹介されています。本書ではそのうちグローバルスコアカードの要約のみ、付録Aで紹介しています。

第1章

1　"Global Executive and Organizational Development" IBM,June 2001.

2　この定義はコーチングとその他の関連する分野（セラピー、コンサルティング、ティーチング）の違いについて焦点を当てていますが、境界線が明確に引かれているわけではなく、重複は存在します。しかし、脚注6で示すように、自分の能力と任務の枠の中で取り組むことが大切です。また、それらの関連領域から学び、その潜在的貢献を高く評価することも有益です。リチャード・キルバーグ（*Executive Coaching*, American Psychological Association, 2000）は、コーチング、コンサルティング、セラピーの違いがいかに不明瞭になりえるかを示す、興味深い議論をしています。

3　個人のコーチーが唯一のステークホルダーであるパーソナルコーチングを除きます。パーソナルコーチングのときでさえも、コーチーは他者に奉仕する何らかの目的を明確にします。純粋に他者に奉仕したいという願望だけでなく、社会生活の相互依存性によってこのような状況が生じます。率直にいうと、「自分が他人に奉仕して、自分の目的達成を手助けしてもらいたいと思えば、自分が他人に奉仕する必要がある」ということです。

4 付録 B の図表 B-3 参照。

5 ハワード・ガードナーが *Frame of Mind: The Theory of Multiple Intelligences*, Basic Books, 1983 で述べているように、「知性（Intelligence）」はオックスフォード英語辞典では「知識とスキルを獲得し、応用する能力」と定義していますが、複数の形で存在します。第 10 章では、直観とその力強い思考法について詳説していますが、(頭の知性である）思考だけでなく、心の知性（感情的知性）、肉体の知性、精神的知性に触れておくことにも意味があります。これらすべての形式の知性がコーチングの際に役割を発揮し、人の潜在能力を制約せずに、解き放つのに貢献します。

6 人が同じ障害にとらわれて、前に進むことに困難を感じている場合、セラピーが必要かもしれません。苦悩を和らげるためには心理療法の前に、（あるいは少なくとも心理療法と合わせて）投薬が必要な場合もあります。どのケースでも、適切なのは他の支援方法で役立つ能力やオープンさを高めつつ、倫理的に顧客の最大の利益を考え、自分の能力と任務の範囲で取り組むことです。

7 Richard Kilburg, *Executive Coaching*, American Psycholcgical Association, 2000.

8 Frederic Hudson, *The Handbook of Coaching*, Jossey-Bass, 1999.

9 原書では、PartIII の中で、ここで手短かに説明したコーチングプロセスの延長版であるグローバルコーチングプロセスを紹介しています。グローバルコーチングプロセスは、文化のディメンションを統合することによって、評価（アセスメント）の領域や目標およびそれに到達する手段の範囲は拡大しますが、3 段階の構造は同じです。

10 これらは、以下のコーチと著者を含みますが、彼らの著作は有用な参考図書です。
シェリル・リチャードソンの中心的主張は「あなたは自分のことをとても大事にする資格がある」というものです。
Take Time for Your Life-A Personal Coach's 7-Step Program for Creating the Life You Want, Broadway, 1998（『理想のわたしになる！　最強のセルフプロデュース術』大山晶子訳、きこ書房、2001 年）
The Life Makeovers, Bantam, 2001（『しあわせ練習帳』山田聡子訳、きこ書房、2004 年）
ローラ・バーマン・フォートガングは *Take Yourself to the Top*, Warner Books, 1998（『なぜこの人ばかり出世するのか』西村美由紀訳、ベストセラーズ、2002 年）で最高レベルの能力の解放と、*Living Your Best Life*, Tarcher/Putnam,2001（『生き方のコーチング――あなたの中の「黄金の地図」が見つかる』米山裕子訳、PHP 研究所、2005 年）で、自分にとっての最良の人生を送ることを薦めています。
タレン・ミーダナーは *Coach Yourself to Success-101 Tips from Personal Coach for Reaching Your Goals at Work and in Life*, Contemporary Book, 2000（『人生改造宣言――成功するためのセルフコーチングプログラム』近藤三峰訳、税務経理協会、

2004年）で、仕事と人生で目標を達成するための101のセルフコーチ法を指南しています。

11 トマス・レナードはインターネット大学であるコーチUの創設者であり、*The Portable Coach*, Scribner, 1998(『いつも「いいこと」が起きる人の習慣』堀紘一訳、三笠書房、2001年）の著者でもあります。

12 たとえば、アリッサ・フレアスのStrategic Executive Coaching's Bottom-Line (www.linkageinc.com、2001年取得）を参照。

13 コーチングプロセスの結果、「ビジョン」「戦略」「文化」が定義されることもあります。

14 リー・スミス博士とジェニー・サンドストロム博士が、1999年に編纂したSummary Findings from the International Executive Coaching Summit: A Collaborative Effort to Distinguish the Professionを参照。

15 2000年にロンドンで行われた第3回リンケージ・ヨーロッパ・コーチング・メンタリング・コンファレンスにおけるフィリップ・ロジンスキーのワークショップCoaching Executive Teams。コンファレンスの論文集（2000年7月）を参照。

16 1998年にアムステルダムで行われた第1回リンケージ・ヨーロッパ・コーチング・メンタリング・コンファレンスのThe Team Intervention Process: How It Worked for Baxter Renal。コンファレンスの論文集（1998年10月）を参照。

17 Hard Training for Soft Skills, *Training Magazine*, June 2001.

18 Leadership That Gets Results, *Harvard Business Review*, March/April 2000.

19 6つのスタイルとは、「強制的（即座に従うことを要求）」「権威的（人をビジョンに向かわせる）」「親和的（調和を醸し出し、感情の絆をつくる）」「民主的（参加によって同意を形成する）」「目標設定的（高い業績の基準を設定する）」「コーチング型（将来に向けて人を開発する）」。ゴールマンによると、より伝統的なスタイルである強制型と目標設定型は、危機的状況や有能でやる気に満ちたチームの場合に迅速に結果を得るのに有用なスタイルです。しかし、このスタイルは企業風土にネガティブな影響を与えます。他の4つのスタイルは、逆に組織の労働環境にポジティブな影響があり、その結果業績に影響を与えます。ゴールマンは、企業風土が業績の3分の1近くの説明要因になると主張します。彼の調査では、企業風土にポジティブな影響を与えるスタイルを用いるリーダーは、そうしなかったリーダーより明らかに収益を上げたことを示しています。

20 たとえばデヴィッド・キャンベルは、リーダーシップには「重要で、定常的で、継続する」7つの仕事があると考えています。それらは、「ビジョン」「マネジメント」「権限委譲」「社内政治」「フィードバック」「起業家精神」「個人のスタイル」です。キャンベルは、そこから5つのリーダーシップの重要な特徴を挙げており、それはさらにリーダーの仕事を遂行するために必要な21の段階に分けられます。

・リーダーシップ：先頭に立って行動し、新しく創造的なことを起こす。

・エネルギー：リーダーに必要な体力的要求に対する認識。
・好感度：リーダーがチームワークと協働精神を醸成し、部下が自分に価値があると感じさせる意識。
・信頼度：信用でき、任せられて、組織の資源を配分して細かいことを管理できる。
・我慢強さ：楽観を示し、精神的な忍耐度と感情のバランスを持つ。

David Campbell, *Manual for the Campbell Leadership Index*, National Computer Systems, 1991; Dianne Nielsen and David Campbell, *Development Planning Guide for the Campbell Leadership Index*, NCS, 1991.

21 ユニリーバのエグゼクティブコーチ向けノート Leadership for Growth Competencies（2000 年）より引用。

22 ユニリーバ・ホームアンドパーソナルケア・プロダクツ・ヨーロッパ。私が創造的リーダーシップセンターのカスタムプログラム担当ディレクターだったときに、同センターのリーダーシップ開発および研究のノウハウに触れて、このデザインを企画しました。

23 "Strengthening Leadership at IBM—An Assessment Handbook for Executives", IBM 1997 より引用。

24 同上。

25 2000 年 7 月 31 日、アメリカで行われたチャブ保険のリーダーシップ開発セミナーでのディーン・オヘア氏の挨拶より引用。

26 チャブ保険の人事部兼研修・人材開発部担当幹部で、本プロジェクトで私と一緒に働き、積極的な役割を果たしていただいたクリストファー・ハミルトン、ジェニファー・ラインハート、ヘレン・フォークナー、デイビー・ブラッドリーに感謝します。

第 2 章

1 Sandra Vandermerwe, “How Increasing Value to Customers Improves Business Results”, *Sloan Management Review*, Fall 2000.

2 *Swedishness*（Bengt Anderson, Sandberg Trygg, 2000）という小冊子を読むと、スウェーデン文化に関する洞察が得られます。本書は私がスウェーデンで観察し、マーク・フィリップが説明した行動について読み解く手助けとなりました。本書におけるスウェーデン人に関する一般化は、単なる共通した傾向に過ぎず、確認されたものではありません。したがって、それらを典型的なもの（ステレオタイプ）と捉えるべきではないことに注意してください。

3 Gilles Verbunt, *La Société Interculturelle*, Editions du Seuil, 2001.

4 Edgar Schein, *Organizational Culture and Leadership*, 2d. ed., Jossey-Bass, 1992（『組織文化とリーダーシップ』梅津裕良他訳、白桃書房、2012 年）

5 Fons Trompenaars, *Riding the Waves of Culture*, Economist Books, 1993（『異文化の波――グローバル社会：多様性の理解』須貝栄訳、白桃書房、2001 年）

6 エドガー・シャインは、芸術品や信奉する価値観、基礎となる想定に言及して文化のレベルという概念を導入しました。しかし、ここで紹介するモデルは、私の文化の定義に関するもので、目に見える特質と水面下の特質を示しています。

7 同様の分析は、コーチとしてのリーダーに対しても行うことができます。

8 本当に重要なもの、すなわちここで考慮される真の価値は「オフィシャルな（抽象的な）」価値とは異なるかもしれません。この区別が意味することは、手短かに説明した抽象的規範と実際の規範の違いと類似したものです。

9 第 6 章の脚注1参照。クルックホーンとストロッドベックが、成長すること（Being-in − Becoming = Growing）と、存在すること（Being）の違いについて説明しています。

10 私も「信念」という言葉を使います。それは「想定」と十分類似したものです。つまり、われわれが、両方とも「本当のこと」（新オックスフォード英語辞典；Oxford University Press；1998 年参照）として受け入れ、真実そのものと誤解している何かです。「信念」も「想定」も、人がそれらを持っていることに気付いてもいないという点で無意識のものでしょう（たとえば、意識の上では、そのような想定を無意識のうちに行ったり、信念を持っていることに気付かないまま、当然「時間には限りがある」と考えています）。
しかし、「信念」や「想定」はコーチングや訓練を通して意識化することができます。そのニュアンスとしては、意識のレベルでは「信念」は「固く信じている意見または確信」（新オックスフォード英語辞典）であり、「想定」は議論の前提となる一時的な仮定と考えられます。

11 Milton Bennett, "Toward Ethnorelativism：A Developmental Model of Intercultural Sensitivity", in *Education for Intercultural Experience*, edited by R.Michael Paige, Intercultural Press,1993.

12「否定」はベネットの第一段階で使われている言葉です。

13 フランスの社会心理学者であるマックス・パージュは1950年代にアメリカでセミナーに参加したときの経験を想い起こしました。「私の持つ文化でなく、私自身が受容されたことは明らかでした。たとえば、特殊な型のシャツのように、私はフランス人であるというエキゾチックな特異性を持つもう一人のアメリカ人として扱われました。概して私の住んでいた知的世界や私が読み書きした本の種類、フランスやヨーロッパで起きていることとアメリカで起きていることの違いなどには、関心を持たれませんでした」
Max Pagès, 1971, Geert Hofstede in *Culture's Consequences*, 2d ed.,. Sage 2001（『経営文化の国際比較――多国籍企業の中の国民性』万成博・安藤文四郎監訳、産業能率大学出版部、1984 年）より引用。

14 訳注：自分が心地よいと感じる心理的な領域のことです。この領域から踏み出すことでパフォーマンスの向上につながると言われています。

15 www.sietar-japan.org

16 www.interculturalpress.com

17 "Beyond Cultural Identity: Reflections upon Cultural and Multicultural Man", in *Culture Learning: Concepts, Application and Research*, edited by Richard W. Brislin, University Press of Hawaii, 1977.

18 *The New Oxford Dictionary of English*, Oxford University Press, 1988（『新オックスフォード英語辞典』）

19 同様にファイナンスでは、負債を活用して資本にレバレッジをかけることができます。もし、資金の生産的な使い方ができるなら、負債は限られた資本を生産的に使うのに役立ちます。しかし、負債を使うとリスクが増し、損失も膨らみます。儲かるときはより多く儲かりますが、損するときはより多く損するのです。

20 違いを活用するために必要とされる思考類型（第 3 章「弁証法的 vs. 二進法的考え方」）を参照。

21 このプロセスは、ユングの文化の領域に対する個体化原理（individuation principle）の延長と見なされます。

22 "Global research project study of 115 merger operations by A.T. Kearney in 1998-1999", in "Fusions: La guerre des cultures", *Enjeux Les Echos*, January 2001.

23 "Fusions: Les 20 principales opérations announcées en 2000", in "Bilan du Monde" Edition 2001, *Le Monde*.

24 訳注：その後、多くの M&A が失敗するなか、ユニリーバによるベストフーズの買収は代表的な成功事例として広く知られるようになりました。企業文化の融合に意識的に取り組んだマネジメントの努力が実を結んだと理解されています。

25 私の見方は他の著者のものと一貫しています。その中でもとりわけリチャード・ルイスの *When Cultures Collide* , 2d ed., Nicholas Brealey, 1999（『文化が衝突するとき――異文化へのグローバルガイド』阿部珠理訳、南雲堂、2004 年）や、Joerg Schmitz, *Cultural Orientation Guide*, Princeton Training Press, 2000 等を参照。この場合、いくつかの志向が併用されています。特に目立つのは支配と調和（第 4 章）、個人主義と集団主義（第 6 章）、階層と平等（第 7 章）、直接的と間接的（第 9 章）等です。

26 第 8 章の調和を保ちながらフィードバックする方法に関する記述を参照。

27 Michael Tang, *A Victor's Reflections and other Tales of China's Timeless Wisdom for Leaders*, Prentice-Hall, 2000.

第3章

1 Terence Brake, Danielle Walker, and Tim Walker, *Doing Business Internationally*, McGraw-Hill, 1995.

2 Meena Wilson, Michael Hoppe, and Leonard Sayles, *Managing Across Cultures—A Learning Framework*, Center for Creative Leadership, 1996.

3 Edward C. Stewart and Milton J. Bennett, *American Cultural Patterns: A Cross-Cultural Perspective*, rev. ed., Intercultural Press, 1991.

4 Geert Hofstede, *Culture's Consequences*, 2nd ed., Sage, 2001（『経営文化の国際比較——多国籍企業の中の国民性』万成博・安藤文四郎監訳、産業能率大学出版部、1984年）

5 訳注：4つのディメンションとは、「個人主義－集団主義」「不確実性の回避」「男らしさ－女らしさ」「権力格差」です。ホフステードは、のちに他の研究者とともに調査を拡大し、「長期志向－短期志向」「放縦－抑制」という新たなディメンションを追加しました。

6 ヒポクラテスは、ギリシャの医師で医学の父と見なされています。

7 Pierre Cauvin and Geneviéve Cailloux, *Les Types de Personnalité*, ESF éditeur, 1994.

8 Carl Jung, *Psychological Types*, Princeton University Press, 1971. 訳注：本書は、1923年の英語訳の改訂版です。

9 Isabel Briggs Myers, *Introduction to Type*, 6th ed., Consulting Psychologists Press, 1998.

10 ユングは人格形成に関して親の影響が重要な役割を果たしていることは認めていますが、少なくとも通常の環境では、生来の傾向、すなわち生物学的傾向が人格の形成に決定的な要因であると述べています（*Psychological Types*）。性格は変化しうるし、実際変わりますが、おそらく大きくは変わらないものなのです。

11 アルフレッド・コージブスキー（1879～1950年）は、技師でしたが、人生のほとんどの時間を人間の精神の機能に関する研究に捧げました。彼は、特に言語と私たちが現実を表明することの間の相互依存関係を分析しました。彼のポイントは、言語は単に何かを創造的に表現するプロセスではないというものです。言語は、むしろ、不明確であったり、制限のあるものでもあります。コージブスキーの意図は、特定の言語の構造に対する認識を高め、より正確さと精緻さをもって現実を見ることを学ぶことでした。モニック・エセールは *La P.N.L. en perspective*, Editions Labor, 1993で、彼の研究がNLPの認識論的ルーツの一つであることを示しました。

12 2000年にバンクーバーで開催された国際コーチ連盟（ICF）のコンファレンス。

13 Stewart and Bennett, *American Cultural Patterns*. 彼らは2つの現実の間のさらなる

関係を観察します。「客観的な文化は、通常、具象化される主観的な文化の外部化と見なされます。すなわち、人間の活動の延長と見られる制度や組織は外部の実在物として独立したステイタスを持ちます。それらは正にそこに「存在」していたように見られ、元々人間がつくったものであることは忘れ去られます」

14 Michel Fustier, *Pratique de la dialectique* ,ESF, 1986.

15 James Collins and Jerry Porras, *Built to Last*, HarperBusiness, 1994（『ビジョナリー・カンパニー――時代を超える生存の法則』山岡洋一訳、日経 BP 社、1995 年）

16 簡単に説明すると、3 つの志向を持つ 2 つのディメンション（支配－調和－謙虚と過去－現在－未来）は、連続体の中心に位置する「調和」と「現在」がゼロ値と見なされます。

17 「多様性」の数値については、第 2 章に示した文化の多様性を扱うための 7 段階モデルに基づいて、次のスコアリングを指します。正の数値は「文化相対主義」、たとえば「一貫して多様性を活用している」ならば +5、反対に負の数値は「自文化中心主義」を指します。

第 4 章

1 Florence Kluckhohn and Frederic Strodtbeck, *Variations in Value Orientations*, Row, Peterson, 1961.

2 Terence Brake, Danielle Walker, and Tim Walker, *Doing Business Internationally*, McGraw-Hill, 1995.

3 Craig Storti, *Figuring Foreigners Out: A Practical Guide*, Intercultural Press, 1999.

4 Eun Kim, *The Yin and Yang of American Culture: A Paradox*, Intercultural Press, 2001.

5 John Heider, *The Tao of Leadership*, Bantam,1985（『タオのリーダー学――新時代を生きぬくための 81 の戦略』上野圭一訳、春秋社、1992 年）

6 Kluckhohn and Strodtbeck, *Variations in Value Orientations.*

7 Storti, *Figuring Foreigners Out.*

8 Idries Shah, *The Way of the Sufi*, Penguin-Arkana, 1968.

9 "What Makes Us Strong?", in *One Voice* ,IBM, 2001.

10 "We're All of These Things", in *One Voice* ,IBM, 2001.

11 Stephanie Mehta, "What Lucent Can Learn From IBM", *Fortune*, 25 June 2001.

12 "From Mindshare to Marketshare", in *One Voice* ,IBM, 2001.

13 *One Voice* ,IBM, 2001.

14 たとえばChristophe Bouchet, "Cyclisme: dopage à l'italienne", *Le Nouvel Observateur*, 12-18, juillet 2001 等を参照。

15 Catherine Berthillier and Anne de Loisy, "Les naufragés du dopage", in *Envoyé special*, Antenne 2 (French public television), 5 July 2001.

16 この段落のいくつかのセクションは、Donald Smith, "Costa Rica Deals with Environmental Pressures", *NationalGeographic.com*, December 2000 より引用。

17 ジム・ロアーとトニー・シュワルツは「エグゼクティブたちはかつてないほど職場で高い要求に直面している」と指摘しており、実際「企業戦士」は鍛えられなければならない("The Making of a Corporate Athlete", *Harvard Business Review*, January 2001)。

18 Shah, *The Way of the Sufi*.

第5章

1 エドワード・スチュアートとミルトン・ベネットは、*American Cultural Patterns*, Intercultural Press 1991 で次のように説明しています。「近代のアメリカ人の時間についての価値観は、バージニアの植民地時代に遡ります。そこでは時間と労働に対する見方が早期に変化しました。植民地ジェームスタウンで煙草によって大もうけできることがわかったので、バージニアカンパニーのエージェントは、生産性を最大化すべく土地と労働をできる限り活用しました。1620 年代までに、時間節約の考え方は、時間当たりのアウトプットを重視せず、1 日 4 時間の労働しか要求しない元来の労働観に取って代わりました(Richard Brown, *Modernization: The Transformation of American Life,1600-1865*, 1976)。時間の節約思考は、ベンジャミン・フランクリンの「時は金なりと覚えよ」という訓戒により、早くから大流行しました。技術の進歩は、時計の大量生産をもたらしました。1840 年までに、廉価な時計はどこでも入手でき、アメリカの家庭の必需品となりました。
ウィルソン、ホップ、セイルズは時間について「希少ー豊富」という用語を使っています。その問いかけとは「時間の使い方の志向は、急ぐかゆっくりするか」というものです(*Managing Across Cultures: A Learning Framework*, Center for Creative Leadership, 1996)。

2 訳注：フランス語で génération vitesse です。"Génération Vitesse", *Le Nouvel Observateur—hors-série*, Mars/Avril 2001.

3 François Aelion, *Manager en Toutes Lettres*, Les Editions d'Organisation, 1995.

4 Nancy Adler, *International Dimensions of Organizational Behavior*,South-Western College Publishing, 1991.(『異文化組織のマネジメント』江夏健一・桑名義晴監訳、マグロウヒル出版、1992 年)

5 "Assis sans rien faire", in "Génération Vitesse", *Le Nouvel Observateur—hors-série*, Mars/Avril 2001.

6 訳注："dare tempo al tempo" と "donner du temps au temps" は、イタリア語とフランス語の表現で、時間を豊富な資源と捉えることを示唆しています。

7 "Avons-nous encore le temps?" in "Génération vitesse", *Le Nouvel Observateur—hors-série*, Mars/Avril 2001.

8 Edward T. Hall, *Beyond Culture*, Anchor/Doubleday 1976（『文化を超えて』安西徹雄訳、研究社、2003 年）

9 同書。

10 Fons Trompenaars, *Riding The Waves of Culture*, Economist Books, 1993（『異文化の波――グローバル社会：多様性の理解』須貝栄訳、白桃書房、2001 年）

11 Edward T. Hall, *Beyond Culture*（『文化を超えて』安西徹雄訳、研究社、2003 年）

12 Edward T. Hall, *The Dance of Life: The Other Dimension of Time*, Anchor/Doubleday 1983（『文化としての時間』宇波彰訳、TBS ブリタニカ、1983 年）

13 フェルマーの最終定理は、n が 2 より大きい場合、$X^n+Y^n=Z^n$ という方程式には整数解が無いという内容で知られています。この表現の簡潔さは、フェルマーの失われた証明を再発見することの困難さと合致します。Simon Singh, *Fermat's Last Theorem*, Fourth Estate, 1997（『フェルマーの最終定理』青木薫訳、新潮社、2006 年）

14 Rainer Zerbst, *Antonio Gaudi*, Taschen, 1990.

15 私の「普遍主義と特殊主義」（第 7 章）の議論も、この種の問題を解決する方法に光を当てています。

16 *The New Oxford Dictionary of English*, Oxford University Press 1998（『新オックスフォード英語辞典』）

17 Michelle Conlin, "Sabbaticals—Give a Geek a Break", *Business Week*, 10 July 2000.

18 Jean-Yves Tadié and Marc Tadié, *Le Sens de la mémoire*, Gallimard, 1999.

19 "La Mémoire"—Jean Cambier—collection 2001, Editions le Cavalier Bleu.

20 "Cultivez vos neurones", in "Les nouvelles clefs de la mémoire", *Le Nouvel Observateur*, 17-23 Mai 2001.

21 Fons Trompenaars, *Riding The Waves of Culture*（『異文化の波――グローバル社会：多様性の理解』須貝栄訳、白桃書房、2001 年）より引用。

22 John Hennessy, "Building an Education That Won't Wear Out", *Stanford*, January February 2001.

23 ソクラテスの目標は、つまるところ各人が賢明に自らの結論を出すことにあったと論じることもできます。もしそうだとしたら、ソクラテスが目指したことはコーチングとは異なり、彼が産んだ手法もコーチングと同一ではありません。しかし、コーチングの強力なツールと見ることはできるでしょう。

第6章

1 フローレンス・クルックホーンとフレデリック・ストロッドベックは著書 *Variations in Value Orientations*, Row, Peterson, 1961 で、人間の活動の 3 つのモデルを説明しています。具体的には、Being（存在すること）、Being-in-Becoming（「別のものに」なるために存在すること）、Doing（行動すること）です。
Being 志向で好まれるのは、人の性格に生来備わっていると考えられるものを自由に表現するような行動です。Being-in-Becoming 志向や Doing 志向に比べ、Being 志向は発展的な行動ではありません。
Being-in-Becoming 志向は、人はなしうることより人が何者であるかが重大な関心事であるという点は Being 志向と同じですが、共通点はそこまでです。Being 志向では、発展という概念はさほど重視されませんが、Being-in-Becoming 志向では最も重視されます。Being-in-Becoming 志向は、自己の持つあらゆる面を統合し、発展した自己となることを目的とするような行動を重視します。
Doing 志向はアメリカ社会であまりにも顕著で支配的な傾向なので、ここでは特に詳しく述べません。同志向の最も際立った特徴は、外部の基準で測れる実績につながる行動を要求することです。その人が何をするのか。その人は何ができて何を達成するのか。これが、アメリカ人が常に他人を評価する主要な論点です。
ブレイク、ウォーカー、ウォーカーは、共著 *Doing Business Internationally*. McGraw-Hill, 1995 で、クルックホーンとストロッドベックに触れながら、Being-Doing の 2 つを好ましい行動を表現するために使っています。本書では、私も Being-Doing の 2 つを使っていますが、Being が Being と Being-in-Becoming の両方を含むと理解したうえでのことです。言い換えれば、Being は自由な生活と自己の成長の両方を選好することを意味します。クルックホーンとストロッドベックが指摘するように、doing との違いは「何をなしうるかより、何者であるかが関心事である点」にあります。

2 Kurt Rosso, *Finding the Middle Ground: Insights and Applications of the Value Orientations Method*, Intercultural Press, 2000 から引用、換言しました。

3 Paul Hersey, Ken Blanchard, *Management Of Organizational Behavior: Utilizing Human Resources*, 6th ed., Prentice-Hall, 1993（『入門から応用へ　行動科学の展開――人的資源の活用』山本成二他訳、生産性出版、2000 年）

4 私の being（存在すること）の定義と一つ異なるのは、状況適応型リーダーシップモデルにおいて関係性行動は有用であることです。それは、特定の業務に関する場面で起こります。あなたは、「よくやった（仕事を）！」とは言いますが、必ずしも「仕事のできばえにかかわらず、あなたを人間として高く評価します」と言っているわけではありません。交流分析の用語を使うと、あなたは「無条件の強化」というより、「条件付き強化」を提供したのです。その両方が必要です。

5 Timothy Gallwey, *The Inner Game of Tennis*, Random House,1974,1997（『新インナーゲーム――心で勝つ！―集中の科学』後藤新弥訳、日刊スポーツ出版社、2000 年）
The Inner Game of Golf, 1998 rev.ed（『新インナーゴルフ』後藤新弥訳、日刊スポーツ出版社、2002 年）
The Inner Game of Work, 2001（『インナーワーク――あなたが、仕事が、そして会社が変わる。君は仕事をエンジョイできるか！』後藤新弥訳、日刊スポーツ出版社、2003 年）

6 この例は、個人主義と集団主義の併用も例示しています。

7 第 7 章および Philippe Rosinski "Constructive Politics: Essential to Leadership", *Leadership in Action* 18, no.3, 1998 を参照。

8 第 4 章の支配に関する記載および交流分析の犠牲者の役割に関する説明を参照。

9 最近の研究については Center for Creative Leadership in 2000 の「ベンチマーク（Benchmarks）」を参照。

10 Brian Hall, *Values Shift*, Twin Lights, 1995.

11 Cheryl Richardson, *Take Time for Your Life*, Broadway Books, 1998（『理想のわたしになる！　最強のセルフプロデュース術』大山晶子訳、きこ書房、2001 年）

12 John Whitmore, *Coaching for Performance*, 2d ed., Nicholas Brealey Publishing, 1996（『潜在能力をひきだすコーチングの技術』真下圭訳、日本能率協会マネジメントセンター、1994 年）

13 これは古典的なディメンションです。タルコット・パーソンズは著書 *The Social System*, Macmillan, 1951（『社会体系論』佐藤勉訳、青木書店、1974 年）の中で私的な利益と集団の利益間のジレンマについて書いており、そこで自己志向と集団志向を対照しています。クルックホーンとストロッドベックは以下の 3 つの小分類をしています。直系、傍系（2 種類の集団主義）、個人主義です。ヘールト・ホフステードは著書 *Culture's Consequences: International Differences in Work Related Values*, Sage, 1980（『経営文化の国際比較――多国籍企業の中の国民性』万成博・安藤文四郎監訳、産業能率大学出版部、1984 年）で、個人主義と集団主義を対照しています。フォンス・トロンペナールスはパーソンズの自己志向と集団志向をスタート地点とし、個人主義と集団主義について、その差異の克服方法を示唆しつつ、明確かつ実務的に違いを記述しています。"The Group and the Individual", in *Riding the Waves of Culture*, Economist Books, 1993（『異文化の波――グローバル社会：多様性の理解』須貝栄訳、白桃書房、2001 年）の第 5 章参照。

14 Craig Storti, *Figuring Foreigner Out*, Intercultural Press, 1999.

15 同書。

16 James Collins, Jerry Porras, *Built to Last*, Harperbusiness, 1994（『ビジョナリー・カンパニー――時代を超える生存の法則』山岡洋一訳、日経 BP 社、1995 年）

17 "Japan's Decline Makes One Thing Rise: Individualism", *The Wall Street Journal* Europe, 29-30 December 2000.

18 訳注：ホフステードの有名な個人主義-集団主義のディメンションでは、日本は 53 カ国中 22 番目に個人主義的な国、つまり、その指標においてほぼ中間に位置しています。他方、欧米先進国のほとんどすべてが日本より個人主義的であるため、日本は集団主義的という見方をされることが多いです。

19 私は個人主義の概念を一般化し、1 つの国または地域に適用しています。これに対して国の集合体としての欧州は、これと対極的な概念ということになります。

20 Bengt Anderson, *Swedishness*, SandbergTrygg, 2000.

21 第 2 章の「チャブ保険における西洋文化と東洋文化の合成」参照。私は、アジア人の中に重要な差異があるのに気付きました。たとえばシンガポール人は、いくつもの文化と宗教が平和に共存する、驚くべき多文化社会に暮らしています。公用語は英語なので、西洋の影響を強く受けています。このおかげで、シンガポール人は、日本人や韓国人の同僚と比較して、英語で会話して意見を主張するのが容易です。

22 集団思考（または集団浅慮）は、「他に採りうる選択肢の現実的な評価よりもコンセンサスが勝る現象」です（Stephen Robbins, *Organizational Behavior*, Prentice-Hall, 1989)。大多数の優勢な意見と異なる見方を持つ個人は、自分の真の感情や信念を抑えたり、控えたり、変更する圧力に晒されます。

23 危機に直面した際、チームリーダーは迅速に一方的な意思決定を下さなければならないこともあります。これは明らかにコーチングではありません。つまり、コーチングは万能薬とはいえないのです。

第 7 章

1 *Petit Larousse Illustré 1996* の定義による。

2 Henry Mintzberg, *Mintzberg on Management—Inside Our Strange World of Organizations*, The Free Press 1989.

3 Geert Hofstede , "*Culture's Consequences*" 2d ed., Sage 2001（『経営文化の国際比較――多国籍企業の中の国民性』万成博・安藤文四郎監訳、産業能率大学出版部、1984 年）

4 Gareth Morgan, "*Images of Organization*" 2d ed., Sage 1997.

5 Chistopher Bartlett and Sumantra Ghoshal, "Managing Across Borders: New Organizational Responses", *Sloan Management Review*, Fall 1987.

Managing Across Borders: The Transnational Solution, Harvard Business School Press, 1989（『地球市場時代の企業戦略——トランスナショナル・マネジメントの構築』吉原秀樹監訳、日本経済新聞社、1990年）
Nancy Adler, *International Dimensions of Organizational Behavior*, 3d ed., South-Western College Publishing, 1997（『異文化組織のマネジメント』』江夏健一・桑名義晴監訳、マグロウヒル出版、1992年）
Stephen Rhinesmith, *A Manager's Guide to Globalization*, McGraw-Hill, 1996（『マネジャーのための新グローバリゼーション・ガイド』齊藤彰悟監訳、春秋社、1999年）

6 Thomas Cummings and Christopher Worley, *Organizational Development and Change*, 6th ed., South-Western College Publishing, 1997.

7 権力格差（Power Distance）はヘールト・ホフステードのディメンションの一つです（*Cultures and Organizations*, McGraw-Hill, 1991『多文化世界——違いを学び共存への道を探る』岩井紀子・岩井八郎訳、有斐閣、1995年）。ホフステードはラテン系ヨーロッパ（フランスとスペイン）、ラテンアメリカ、アジア、アフリカのように権力格差志向の強い国（階層的）と、イギリスとその旧自治領、非ラテン系西欧諸国のように権力格差志向の弱い国を比較しています。テレンス・ブレイク、ダニエル・ウォーカー、ティム・ウォーカーは階層（ヒエラルキー）－平等という言葉を著書 *Doing Business Internationally*, McGraw-Hill, 1995で使っています。ミーナ・ウィルソン、マイケル・ホップ、レナード・セイルズは平等－不平等という言葉を著書 *Managing Across Cultures—A Learning Framework*, Center for Creative Leadership 1996で好んで使っています。

8 これと前段落での引用は Craig Storti, *Figuring Foreigners Out: A Practical Guide*,Intercultural Press, 1999からです。

9 S. Couvreur, *Confucius—Entretiens du Maître avec ses disciples*, Editions Mille et Une Nuits, 1997（『論語』の仏語訳）

10 第8章の「フィードバックの交換」を参照。

11 組織内のポリティクスはしばしば悪習のように見られがちですが、リーダーは建設的に社内政治を利用します。本章の「建設的な社内政治」を参照。

12 2001年6月26日のジャッキー・チャンとの対談より引用。

13 ホフステードの研究によると、イスラエルとオーストリアは権力格差指数が最も低い国でした。*Cultures and Organizations*（『多文化世界——違いを学び共存への道を探る』岩井紀子・岩井八郎訳、有斐閣、1995年）より。

14 これは、直接的コミュニケーション志向でもあります（第9章）。

15 フォーチュン誌2001年6月25日号。同誌によると、シティグループのサンフォード・ワイル氏は2000年に150,688,160ドル、GEのジャック・ウェルチ氏は125,340,263ドルの年収を得たとあります。

16 Philippe Rosinski, "Constructive Politics: Essential to Leadership," *Leadership in Action* 18, no.3 1998.

17 第1章で説明したように、これはメンタリングの際は当てはまりません。ときどきコーチングと混同されますが、メンタリングにおいては平等であることは必要とされません。メンターは普通メンティより年長でシニアです。メンターは経験と知恵を共有します。メンターはまた、自分より経験の浅いプロフェッショナルにゲームの仕方やドアの開け方を説明します。メンターの中にはコーチングのスキルに長けた人もいますが、コーチとしては拙い人もいます。拙い人は伝えるべき良いアドバイスを持っているかもしれませんが、それらをあまり自覚しておらず、相手の状況に応じて強調して伝える能力に乏しいです。そのため、会話が相対的にうわべだけに留まります。

18 リーダーは、その役目に対して相対的にいろいろな志向性を有します。それは他者に対するコミットメントの強さや手を差し伸べる相手の人数だけでなく、他者の話を聴いたり、強調、信頼、尊敬、共有、配慮したりする能力にもよって異なります。

19 Philippe Rosinski, "Constructive Politics".

20 普遍主義ー特殊主義の概念を導入したのはタルコット・パーソンズですが、それを今日のビジネス・プロフェッショナル向けに明確に説明したのはフォンス・トロンペナールスの功績です。しかし、彼が強調していたのは、国の文化の比較のみです。彼のディメンションは、実はどのような文化グループにも活用できます。
Talcott Parsons, *The Social System*, Macmillan, 1951（現代社科学大系 14『社会体系論』佐藤勉訳、青木書店、1974年）
Fons Trompenaars, *Riding the Waves of Culture*, Economist Books,1993（『異文化の波——グローバル社会：多様性の理解』須貝栄訳、白桃書房、2001年）

21 Trompenaars, *Riding the Waves of Culture*（『異文化の波——グローバル社会：多様性の理解』須貝栄訳、白桃書房、2001年）

22 Storti, *Figuring Foreigners Out.*

23 Trompenaars, *Riding the Waves of Culture*（『異文化の波——グローバル社会：多様性の理解』須貝栄訳、白桃書房、2001年）

24 同上。

25 この事例はコミュニケーションにおける「ハイコンテクストーローコンテクスト」のディメンション（第9章参照）も関係しています。

26 Trompenaars, *Riding the Waves of Culture*（『異文化の波——グローバル社会：多様性の理解』須貝栄訳、白桃書房、2001年）

27 Charles Hampden-Turner and Fons Trompenaars, *The Seven Cultures of Capitalism*, Doubleday, 1993（『七つの資本主義——現代企業の比較経営論』上原一男・若田部昌澄訳、日本経済新聞社、1997年）

28 Unilever Annual Review 2000—Meeting Everyday Needs of People Everywhere.

29 ホフステードは著書 *Cultures and Organizations*（『多文化世界——違いを学び共存への道を探る』岩井紀子・岩井八郎訳、有斐閣、1995 年）で、文化の差異を表現する 4 つのディメンションの一つとして「不確実性の回避」を使っています。ウィルソン、ホップ、セイルズは *Managing Across Cultures* で「安定的－動的」という用語を使っています。ブレイク、ウォーカー、ウォーカーは *Doing Business Internationally* で「秩序－柔軟性」という言葉を選びました。安定性においては、不確実性の回避の度合いが高く、変化が低くなります。

30 この前の 2 段落の引用は、Gert Jan Hofstede, Paul Pedersen, and Geert Hofstede, *Exploring Culture: Exercises, Stories, and Synthetic Cultures*, Intercultural Press, 2002 からのものです。

31 Jim Loehr and Tony Schwartz, "The Making of a Corporate Athlete", *Harvard Business Review*, January 2001.

32 James Collins and Jerry Porras, *Built to Last*, HarperBusiness, 1994（『ビジョナリー・カンパニー——時代を超える生存の法則』山岡洋一訳、日経 BP 社、1995 年）

33 Michael J. Kirton, ed., *Adaptors and Innovators*, Taylor and Francis, 1989.

34 建設的な社内政治に関する議論を参照。

35 Henry Mintzberg, *Mintzberg on Management*（『人間感覚のマネジメント——行き過ぎた合理主義への抗議』北野利信訳、ダイヤモンド社、1991 年）

36 ブレイク、ウォーカー、ウォーカーは、著書 *Doing Business Internationally* でホフステードやトロンペナールスも含め、大方の異文化コンサルタントが見過ごしていた「競争的－協調的」と同様のディメンションを使用しています。しかし、彼らの用いた定義は私のものとは大きく異なります。彼らは「競争的」を「達成、自己主張、そして物質的成功が強調される」、「協調的」を「生活の質、相互依存、および関係を強調する」と定義していますが、この定義では「競争的－協調的」と「行動すること－存在すること」との区別が明確ではないと、私は思います。私は自分の提案する定義にできるだけ忠実に、その概念の本質から離れないように努めました。たとえば、生活の質は協業の結果かもしれませんが、その本質ではありません。同様に、生活の質は競争と両立しないものでもありません。なかには競争を楽しんでいる人もいます！

37 Comment Jacques Rogge a conquis le trône", *Le Soir*, 20 July 2001.

38 訳注：EU を中心とするヨーロッパ諸国では、エラスムスプログラムと呼ばれる学生や教員の交流プログラムがあり、多くの学生がヨーロッパ域内の他大学に一定期間通学し、単位を取得しながら交流します。

39 秘密保持の観点から、企業や業種、地域等について特定した情報は開示しておりません。

40 「防衛的－共有的」のディメンションもこれと関係しています（第 8 章）。

第8章

1 Edward T. Hall, *The Silent Language*, Doubleday, 1959（國弘正雄他訳、『沈黙の言葉――文化・行動・思考』南雲堂、1966 年）
The Hidden Dimension, Anchor, 1966（『かくれた次元』日高敏隆・佐藤信行訳、みすず書房、1970 年）
Beyond Culture, Anchor, 1976（『文化を超えて』安西徹雄訳、研究社、2003 年）

2 Talcott Parsons, *The Social System*, Macmillan, 1951（現代社科学大系 14『社会体系論』佐藤勉訳、青木書店、1974 年）

3 特に時間が希少志向の文化の場合。

4 創造的リーダーシップセンターに触れておきます。フィードバックは、1970 年代から同センターのリーダーシップ開発プログラムの中核的な構成要素です。

5 交流分析に関していえば、判断とアドバイスを与えることは「規律的な親（Normative Parent)」の状態、フィードバックを与えることは「大人」と「子ども」の状態からくるといえます。「規律的な親」は、たとえポジティブな意図であったとしても、「迫害者」というネガティブな立場として受け取られやすく、「心理ゲーム」の引き金となってしまうかもしれません。たとえポジティブに受け取られたとしても、「規律的な親」の関心は、「服従する子ども(Submissive Child)」に向けられます。さもなければフィードバックは「大人」に向けられますが、「大人」はフィードバックされた情報を自我のすべてに伝え、考えられる変化について決定する必要があります。なぜならば、誰かに求められたから変わるのではなく、自分で変革を起こす責任があるからです。

6 これは、創造的リーダーシップセンターの SBI モデル（状況［Situation］－行動［Behavior］－効果［Impact］）を応用したものです。

7 これを交流分析に当てはめると、コミュニケーションの受け手を「犠牲者」とする「救済者」に相当します。あなたは、無意識のうちに「ドラマティック・トライアングル」の心理ゲームに他人を巻き込んでいます。

8 匿名性を保つため、本名を使用しておりません。

9 あなたが暴力、拷問、虐待等の犠牲者の場合は例外です。第 4 章を参照してください。たいていの場合、思っているよりも多くの選択肢がありますが、それでもいつもコントロールできるわけではないことを謙虚に認める必要があります。

10 交流分析は一見賢明に見える命令ですが、悪影響もある「制約的メッセージ」を創り出しました。たとえば「完璧であれ」「いい人であれ」などです。処方箋は「許容」という形式を取ります。

11 たとえば Claire Aubé, "L'e-mail sans ses maux", *Enjeux Les Echos*, June 2001 と第 9 章のコミュニケーション様式を参照してください。

12 コーチは、アサーティブネス（自己表現）をマスターする必要があります。最近では、この手の研修は流行りませんが、内容は未だに妥当です。自己表現力があるというのは「OK − OK」ポジションができていることから始まります。すなわち、攻撃的（OK − not OK）、従属的（not OK − OK）、敗北主義的（not OK − not OK）であるというより、強固でかつ冷静である状態です。自己表現力を身につけ、相互の尊敬を育むためには、自分の資質のリスト（I'm OK）、および自分が関わる人の資質の中で評価する資質のリスト（He's OK）を積極的に作成することができます。OK − OK は文化的差異と建設的に対処するために有効な習慣です。その目的のために、本書ではいろいろな文化的志向の長所や前向きな教訓を学びます。

13 このことは、自己の行いに責任を持ち、かつ迫害者の役割を演じる以外の選択肢もあったマネジャーに弁解の余地を与えるものではありません。

14 もちろん「犠牲者」の態度を取ることが虐待を正当化したり、弁解を認めるものではありません。

15 立ち去ることが選択肢とならない例外的な状況については、すでに喚起しました。たとえば心理的ゲームで犠牲者の役割となることを望まない人でさえも、それが現実となってしまう強制収容所のようなケースです。

16 シェリル・リチャードソンの電子ニュースレター Protect yourself（*Life Makeover for the Year 2001*, January 2001）を参照。

第 9 章

1 これはどのような文化にも当てはまりますが、特にハイコンテクストな文化において顕著です。

2 Edward T. Hall and Mildred Reed Hall, *Understanding Cultural Differences: Germans, French and Americans*, Intercultural Press, 1990.

3 "La gestuologie et le langage du corps", in François Aelion, *Manager en Toutes Lettres*, Les Editions d'Organisation, 1995.

4 François Sulger, *Les Gestes Vérité*, Editions Sand, 1986.

5 "How to Spot a Liar", *Time magazine*, 13 March , 2000 を参照。

6 Valerie Sessa, Michael Hansen, Sonya Prestridge and Michael Kossler, *Geograhpically Dispersed Teams: An Annotated Bibliography*, Center for Creative Leadership, 1999.

7 おそらく、より驚くべき研究もあるでしょう。「地理的に離れたチーム（GDT）のメンバーは、通信技術によって、社会的コンテクストを持つサインを伝達できます。時が経てば、GDT はもっと効果的に社会的感情的情報を伝達できるかもしれません」。たとえば、スマイルマークは、e メール以前は存在しませんでした。スマイルマークは顔による表現を指し、感情を伝えます。たとえば、「:-)」はスマイルを意味します（そして、ソフトウェアプログラムによっては自動的に「☺」に転換されます)、そして「:)」は「ハッピー」を意味し、「<3」は「優しさ」を意味し、「>:-<」は「クレイジー」などを意味します。

8 これは、モノクロニックな時間志向も示唆します。

9 ホールはアメリカ（ロ―コンテクスト）と日本（ハイコンテクスト）とフランス（その中間）を比較しています。Edward T. Hall, *Beyond Culture*（『文化を超えて』安西徹雄訳、研究社、2003 年）を参照。

10 第 7 章の普遍的－特殊的ディメンションも、契約や政策策定に影響があります。

11 Richard Mead , *Cross-Cultural Management Communication*, Wiley & Sons, 1990.

12 Talcott Parsons, *The Social System*, Macmillan, 1951（現代社科学大系 14『社会体系論』佐藤勉訳、青木書店、1974 年）は、感情的な文化と感情的に中立的な文化を比較しています。

13 ケイト・キャノンはギーツ・オルムの *Emotionally Intelligent Living*, Crown House 2001 の中で以下の定義をしています。「感情的知性とは、感情の力を、情報源、動機付け、関係構築等に使うことである」

14 コーチングとインフルエンシングー説得の関係については、巻末の付録 B「コーチングツール」を参照。

15 François Aelion, "Convaincre ou Persuader?" in *Manager en Toutes Lettres*, Les Editions d'Organisation, 1995 に引用されています。

16 Carl Jung, *Psychological Types*, Princeton University Press, 1971（『心理学的類型』河合俊雄・吉村博次訳、中央公論新社、2012 年）。1923 年の英語訳の改訂版です。

17 これは、特に普遍主義や帰納法的思考法等の他の文化的ディメンションを明らかにしています。

18 David Whyte, *The Heart Aroused*, Currency Doubleday 1994.

19 この説明は John C. Condon and Fathi Yousef, *An Introduction to Intercultural Communication*, Macmillan 1975 から言い換えています。

20 この文章は、Terence Brake, Daniel Walker and Tim Walker, *Doing Business Internationally*, McGraw-Hill 1995 から応用しました。

21 この説明は Condon & Yousef, *An Introduction to Intercultural Communication* から言い換えています。

22 この説明は Joerg Schmitz, *Cultural Orientation Guide*, Princeton Training Press,2000 から言い換えています。

23 Condon and Yousef, *An Introduction to Intercultural Communication.*

24 同上。

25 Brake, Walker and Walker, *Doing Business Internationally.*

26 フォーマリティは防衛的文化の距離的な特徴の一つともいえます。同様に、インフォーマリティは共有文化の発現と見なすこともできます。では、フォーマルーインフォーマルのディメンションを共有的ー防衛的ディメンションと並べて提唱する理由は何でしょうか？　前者は馴染みやすさ (familiarity)、後者は親密さ (intimacy) に関するものです。その 2 つが共存することは多いですが、別々にも成り立つ概念です。親密だが馴染みやすくないという状況は、たとえば神父に懺悔するときや自己開示して同僚とフィードバックを交換するとき等に起きます。親密ではないが馴染みやすい状況は、人が個人の情報をあまり開示せずにインフォーマルに振舞うときに起きます。あなたの友人や配偶者でさえも、ある範囲については、心理セラピストやコーチ、同僚、あるいは飛行機で乗り合わせた未知の人よりも、あなたのことを知らないかもしれません。コーチがこの 2 つの概念を混同するリスクがあります。インフォーマルに振舞っていたとしても、必ずしも相手があなたと近しいと感じるわけではありません。特に日本人やフランス人は、親密な関係が築かれていない段階では、アメリカ式のインフォーマルには縁がないでしょう。

27 *Petit Traité des Grandes Vertus*, Presses Universitaires de France, 1995（『ささやかながら、徳について』中村昇他訳、紀伊國屋書店、1999 年）

第 10 章

1 Edward C. Stewart and Milton J. Benett, *American Cultural Patterns: A Cross-Cultural Perspective*, Intercultural Press, 1991 より引用。

2 Gary Althen, *American Ways: A Guide for Foreigners in the United States*, 2nd ed., Intercultural Press. 2002（『アメリカ暮らしの常識・非常識』小松哲史訳、ジャパンタイムズ、1992 年）

3 フランシスコ・ベーコンの著書『ノヴム・オルガヌム』（Novum Organum ;「新しい道具」、具体的には「考案のための道具」）を意味します。たとえば、Peter Urbach and John Gibson, Open Court, 1994 は、アリストテレスの有名な『オルガノン』（Organum）に言及しています。

4 Petit Robert dictionary 1973.

5 引用は原著の翻訳から言い換えたものです。André Comte-Sponville, *Le bonheur, désespérément*, Editions Pleins Feux, 2000（『幸福は絶望のうえに』木田元他訳、紀伊國屋書店、2004 年）

6 Cheryl Richardson, "Are We Having Fun Yet?" in *Life Makeover for the Year 2000*, e-mail, 3 April 2000.

7 第 2 章も参照（抽象的 vs 実際の価値）。

8 Michael Maccoby, "Narcissistic Leaders: The Incredible Pros, the Inevitable Cons", *Harvard Business Review*, January/February 2000.

9 訳注：物事をシステム体系として捉え、システムを構成する要素間の関係に注目する思考法のことです。

10 Peter Senge, *The Fifth Discipline*, Currency Doubleday, 1990（『最強組織の法則——新時代のチームワークとは何か』守部信之訳、徳間書店、1995 年）

11 Robert Kaplan and David Norton, *The Balanced Scorecard*, HBR Press, 1996（『バランス・スコアカード——戦略経営への変革（新訳版）』吉川武男訳、生産性出版、2011 年）

12 Senge, *The Fifth Discipline*.（『最強組織の法則——新時代のチームワークとは何か』守部信之訳、徳間書店、1995 年）

13 MBTI についていうと、彼は明らかに感覚より直観を好んでいます。

14 Sandra Vandermerwe, "How Increasing Value to Customers Improves Business Results", *Sloan Management Review*, Fall 2000.

15 プロクター・アンド・ギャンブルのピーター・ヒンドル氏の CEPAC でのプレゼンテーション Cercle de Développement Durable, 23 April 2002 より。

16 Comte-Sponville, *Dictionanaire philosophique*, Presses Universitaires de France, 2001 に引用されています。

1 Robert Kaplan and David Norton, *The Balanced Scorecard*, HBR Press, 1996（『バランス・スコアカード――戦略経営への変革（新訳版）』吉川武男訳、生産性出版、2011 年）

2 訳注：原書では、これらのツールを用いた自己評価（セルフアセスメント）に関してより詳細な記載があります。興味のある方は原書の第 11 章を参照してください。

3 これは、偶然にも行動することと存在することの両方の文化を活用し、より多くを得ることの格好の事例となっています。ライフを優先する場合、友人や家族と関わることが多いですが、場合によっては自分自身とのみ関わることもあります。

4 Steward Friedman, Perry Christensen, and Jessica DeGroot, "Work and Life: The End of the Zero-Sum Game", *Harvard Business Review*, November–December 1998. "Executive Women and the Myth of Having It All", *Harvard Business Review* , April 2002.

5 "Executive Women and The Myth of Having It All", *Harvard Business Review* , April 2002.

6 職場の意識調査は従業員の職場環境、特に仕事の満足度や生産性に影響を与える要因に関して調査するものです。「従業員」のサブカテゴリーにおける例を参照してください。

7 *The EFQM Excellence Model*, European Foundation for Quality Management, 1999.

8 同上。

9 David Campbell, *Campbell Organizational Survey*, National Computer Systems, 1988-1995.

10 Teresa Amabile, *Keys*, Center for Creative Leadership, 1987-1998.

11 *The EFQM Excellence Model*.

12 "Just Good Friends", *The Economist*, 18-24 August 2001.

13 Kaplan and Norton, *The Balanced Scorecard*（『バランス・スコアカード――戦略経営への変革（新訳版）』吉川武男訳、生産性出版、2011 年）

14 Paul Ray and Sherry Ruth Anderson, *The Cultural Creatives*, Harmony Books, 2000.

15 同上。

16 Observatoire de l' éthique , *le Guide éthique du consommateur*, Albin Michel, 2001.

17 Global Reporting Initiative（www.globalreporting.org）を参照。

18 International Organization for Standardization (www.iso.ch) および ISO Technical Committee 207 on Environmental Management (http://www.iso.org/iso/home/standards_development/list_of_iso_technical_committees/iso_technical_committee.htm?commid=54808；ISO14000 シリーズの基準と手引きの策定を担当する委員会) を参照。

19 *A Greener World*, Baxter, June 2000.

20 The Council on Economic Priorities Accreditation Agency (CEPAA) は、任意の基準として SA8000 (1997) を策定しました。

21 民主主義は、自由と平等の価値を前提としています。第 7 章の階層で対比したように、すべての文化が平等を熱望しているというわけではありません。民主主義は必ずしもすべての社会状況にとって、最適ではないかもしれません。ウィンストン・チャーチルは以下の言葉を残しています。「民主主義が完全で賢明であると見せかけることは、誰にもできない。実際のところ、民主主義は最悪の政治形態だと言われてきた。ただし、これまでに試みられてきた民主主義以外のあらゆる政治形態を別にすればという話であるが」(1947 年 11 月 11 日、下院での演説)

付録 B

1 Michael Porter, "Strategy and the Internet", *Harvard Business Review*, March 2001 (「[新訳] 戦略とインターネット――競争のルールも競争優位の源泉も変わらない」DIAMOND ハーバード・ビジネス・レビュー 2011 年 6 月号)

2 私は、このコラージュの演習をチャブの欧州人事チームや、英国バクスターレナルの経営幹部を含めたいくつかのエグゼクティブチームに活用しました。私はそれを、リンケージ・コーチング・メンタリング・コンファレンス (2000 年 7 月ロンドンで開催) のワークショップ「エグゼクティブチームへのコーチング」(Coaching Executive Teams) でプレゼンテーションしました。この演習のコーチングへの応用は私のアイデアですが、コラージュのアイデアは創造的リーダーシップセンターの「創造性をリードする」(Leading Creativity) というセミナーから借用したものです。

3 上級管理職は、メッセージを 30 秒程度で伝える能力のことを「エレベータースピーチ」と呼んでいます。エレベータースピーチは、会社のエレベーターの中での手短かなミーティングにおいてちょうどよい長さです。

4 「組織の外部で、大型の潜在顧客や影響力のある公人のように、その組織を実質的に救うことができる重要人物と知り合い、関係を構築する力があります。新しいアイデアを生み出す知恵袋となるような人と関係を維持すると、さらに力を獲得できます」(フィリップ・ロシンスキー「Constructive Politics」より)。

5 私は 1990 年代の初頭からロールプレイをビデオ撮影することを始めました。この手法は官民両セクターの幅広い層で上手く機能しました。経営幹部、監督者、エンジニア、政治家等々です。

6 GROWモデルのさらに詳しい説明については、John Whitmore, *Coaching For Performance*, 2d ed., Nicholas Brealey Publishing, 1996(『はじめてのコーチング——本物の「やる気」を引き出すコミュニケーションスキル』清川幸美訳、ソフトバンククリエイティブ、2003年)を参照。

7 (とりわけ)創造力に関する参考資料を以下に記します。

Philippe Rosinski, *L'Ingénieur créateur*, Seminar University Louvain-la-Neuve, 1997.; Philippe Rosinski, *Le Management Créatif*, Michel Chalude and Assoiciates, 1993.; Michel Fustier, *Pratique de la créativité*, ESF, 1991.; Bernard Demory, *Créativité?, Créativité... Créativité!*, Les Presses du Management, 1990.; Hubert Jaoui, *Créativité Pratique*, Epi, 1979.

8 Tony Buzan, *Use Your Head*, BBC Books, 1974(『トニー・ブザン 頭がよくなる本』佐藤哲・田中美樹訳、東京図書、2012年)

9 Petit Robert Dictionary 1973.

10 William Gordon, *Synetics, The Development of Human Capacity*, Harper, 1961.

11 Philippe Rosinski, *La méthode analogique*, Michel Chalude and Assoiciates, 1993.

12 Alastair Rae, *Quantum Physics: Illusion or Reality?*, Cambridge University Press, 1994のScience at the End of the Centuryも参照してください。マイクル・クライトンは、彼のフィクション小説 *Timeline*, Century, 1999(『タイムライン』酒井昭伸訳、早川書房、2003年)の導入部分でよい議論を展開しています。

[監訳・訳者紹介]

山内 麻理（やまうち・まり）

同志社大学客員教授、株式会社ネクサス代表
上智大学外国語学部英語学科卒業。ロンドン・スクール・オブ・エコノミクス（LSE）比較産業関係学修士。慶應義塾大学博士（商学）
モルガンスタンレー証券会社、JP モルガン証券会社など主に米系の金融機関を経て、UBS 証券会社にてウェルスマネジメント部門、商品開発責任者、マネージング・ディレクターを務める。カリフォルニア大学バークレー校東アジア研究所客員研究員を経て現職。著書に『雇用システムの多様化と国際的収斂――グローバル化への変容プロセス』（慶應義塾大学出版会、2013 年、第 36 回労働関係図書優秀賞受賞、2014 年、日本労務学会学術賞受賞）、訳書に『外資が変える日本的経営――ハイブリッド経営の組織論』（共訳、ジョージ・オルコット著、日本経済新聞出版社）などがある。これまで、日・米・欧の多国籍企業に勤務。イギリス、アメリカ、シンガポール、ベルギー、ペルー、メキシコ、イタリアに居住。

[訳者紹介]

林 俊宏（はやし・としひろ）

京都大学法学部卒業。ペンシルベニア大学ウォートン・スクール修了（MBA）。
三菱信託銀行をはじめ米欧の運用会社を経て、HSBC 投信株式会社勤務。

比留間 進（ひるま・すすむ）

東京大学法学部卒業。
ＪＰモルガン証券会社にて市場部門などを経て、投資銀行部門マネジング・ディレクターを務める。

[著者紹介]
フィリップ・ロジンスキー
ロジンスキー&カンパニー代表
ヨーロッパ初の国際コーチ連盟（International Coach Federation）
マスター認定コーチ

コーチングへの国際的アプローチ法の先駆者。エグゼクティブ・コーチング、チーム・コーチング、グローバル・リーダーシップ・デベロップメントの分野において世界中の優良企業を顧客に持つ。日本では、大前研一氏が創立したビジネス・ブレークスルー大学大学院にて「マネジメント・コーチングと異文化」の教鞭を執る。1999年以来、リーダー・チーム・組織の継続的、かつ高いパフォーマンスを達成するために必要な潜在能力を発揮できるよう手助けするロジンスキー&カンパニーの代表を務めている。コーチングとリーダーシップ育成の分野で活躍する以前は、欧米でエンジニアとしてのキャリアを積む。

現在ブリュッセル在住。母国語であるフランス語に加え、英語、オランダ語を話す。ブリュッセルのエコール・ポリテクニックで電気機械工学士取得。その後、スタンフォード大学大学院で工学修士、ソルベイ・ビジネススクールで経営学修士を取得。

代表作である本書『コーチング・アクロス・カルチャーズ』は、ハーバード・ビジネススクールでビジネスリーダーシップ部門の推奨本として紹介されている。本書のほかに著書として『*Global Coaching*』、共著書として『*Evidence Based Coaching Handbook*』『*Excellence in Coaching*』などがある。

Coaching Across Cultures

コーチング・アクロス・カルチャーズ

国籍、業種、価値観の違いを超えて
結果を出すための7つの枠組み

2015年1月29日 第1刷発行

著者――フィリップ・ロジンスキー

監訳者・訳者――山内麻理

訳者――林俊宏　比留間進

発行者――長坂嘉昭

発行所――株式会社プレジデント社

〒102-8641
東京都千代田区平河町2-16-1
電話　03-3237-3732［編集］
　　　03-3237-3731［販売］

装丁・DTP　オムジグラフィコ
編集　中島万寿代
制作　関 結香
印刷・製本　凸版印刷株式会社

ISBN978-4-8334-2118-8